比较
COMPARATIVE STUDIES

No.5, 2013

68

吴敬琏 主编

中信出版社
CHINA CITIC PRESS

比较
COMPARATIVE STUDIES

主管　中信集团
主办　中信出版股份有限公司
出版　中信出版股份有限公司

主编 吴敬琏
副主编 肖梦　吴素萍
编辑部主任 孟凡玲
编辑 包敏丹
封面设计 李晓军 / **美编** 杨爱华

经营部
总经理 吴传晖（兼）
总经理助理 黄易
华北销售总监 宋洋 / **客户总监** 胡蓉
市场总监 金楠

发行总监 邱道姗
整合营销总监 周轶
设计总监 石乐凯
品牌传播总监 马玲

独家代理： 财新传媒有限公司
电话：（8610）85905000　传真：（8610）85905288
广告热线：（8610）85905088　85905099　传真：（8610）85905101
电邮：ad@caixin.com
订阅及客服热线：400-696-0110（8610）58103380　传真：（8610）85905190
香港地区订阅热线：（00852）21726522
订阅电邮：circ@caixin.com　客服电邮：service@caixin.com
地址：北京市朝阳区西大望路1号温特莱中心A座16层（邮编：100026）

卷首语

中国改革开放以来，经济发展的成就世人瞩目，然而，以比较视野来看，我们面临的巨大转型挑战风险和避免落入中等收入陷阱的担忧，都是显而易见的。就拿"减少政府干预，让市场发挥更大的作用，给予个人和企业更大的经济自由"这一改革目标来说，说易行难。而这恰与反腐败紧密相连，反腐不仅仅要"把权力关进笼子"，还特别要清除制造腐败的源头，否则设置再高再多的监察，也不过是叠床架屋的另类权力。早在1980年代后期，比较经济学派就对"寻租"理论做了大量引介，安妮·克鲁格和贾格迪什·巴格瓦蒂等经济学家的重要文献就论证了，行政干预管制导致全社会的经济效益降低，腐败丛生，比如根据他们的计算，1964年印度的"租金"占国民收入的7.3%；1968年土耳其仅因进口许可证一项而产生的"租金"就占GNP的15%。政府管制微观经济主体必定导致垄断强权盛行，政府部门设租寻租的行为不断自我增强，社会腐败泛滥，诚如诺奖得主缪尔达尔在其名著《亚洲的戏剧》中所说，源于行政权力的腐败严重阻碍效率提升和经济发展，更因腐败造成的收入分配不公，而夸大了底层民众对贫富不均的感受，放大人们对高层官员腐败的想象力，因此在政治上，往往会演出一幕又一幕的戏剧，致使政局动荡。新一届政府提出了经济体制改革的核心问题是处理好政府和市场的关系，要通过行政体制改革转变政府职能，"把市场能办的，多放给市场；社会可以做好的，就交给社会；政府管住、管好它应该管的事"，这是非常清晰的思路。本辑《比较》围绕这一主题选取的文章，就是讨论如何清晰划分监管范围，减少市场准入门槛，赋予市场主体更多的经济自由，哪些阻碍经济发展和效率的行政权力应该削权，阻断其设租、寻租的路径，减少腐败，以使中国经济的发展可持续。

　　王小鲁的文章"灰色收入和国民收入分配"是继《比较》2007年和2010年之后发布的第三份调研报告。本报告基于2012年对全国各地5344户城镇居民的家庭情况调查数据和最新统计数据，对当前的国民收入分配得出了三个发现：灰色收入相比于2010年仍在增长，达6.2万亿元，约占GDP的12%，依然集中在一部分高收入居民，但有向某些中高收入阶层蔓延之势；城镇居民收入基尼系数为0.501，城镇10%最高收入家庭与10%最低收入家庭之间的收入差距是20.9倍，而非官方统计的8.6倍；相对收入差距有所缩小，但绝对收入差距和灰色收入总量仍在继续扩大。灰色收入膨胀和国民收入分配不公的主要原因是体制方面的，其中，公共资金管理不善、资源性和垄断性收益分配不当、要素市场缺乏规范、行政垄断扭曲分配、公权力缺乏有效监督、公共服务部门腐败高发六个方面的问题最为突出。解决这些问题，除了使用一切必要的行政手段反腐外，还需要以渐进方式，坚决推进财税体制、土地制度、垄断行业和资源行业、行政管理体制以及公共服务等方面的改革，推进法治化和民主化建设，形成社会公众对权力的监督机制，从根本上消除腐败产生的基础。

"法和经济学"栏目是经济学界著名的"四人帮"施莱弗等人讨论准入监管的文章。作者们利用85个国家有关准入监管的详细数据，分析了准入监管带来的结果。他们的分析表明，即使排除腐败和官僚主义拖延的相关成本，企业准入的成本也十分高昂，特别是在那些收入水平不高的国家。更糟糕的是，准入监管往往要么沦为在位企业俘获监管者，为自己创造租金的手段；要么沦为监管者设租寻租的工具，导致"高速公路收费站式"的腐败；甚至两者兼而有之。

科尔奈的文章"个人自由和社会主义经济改革"，有别于单纯从效率、增长、物质福利和世界市场调整等经济或技术角度分析社会主义经济改革进程，而是从道德和政治哲学的角度，讨论社会主义经济改革和个人经济自由之间的关系。他以匈牙利为例，分析了社会主义体制下，限制个人自由选择的两个重要因素：官僚约束和长期短缺。然后，用两个衡量标准——国家完全控制的最大状态和完全无政府的最小状态，比较了改革前后个人在产权和创业精神、就业和工作时间、消费、储蓄和投资等方面的选择自由。科尔奈还讨论了经济增长、社会福利与经济自由之间的关系，在他看来，经济自由有其内在价值，并不仅仅是实现福利或效用的一种手段。对于社会主义改革进程最终会不会演变出一个"正当的中间状态"，其中国家只发挥三个基本功能——实施的积极宏观政策，以实现经济稳定、充分就业、与外部世界保持平衡的经济关系；采取行动，抑制不利的外部性，确保适当的公共品供给；为社会正义，扶贫济弱进行收入再分配——科尔奈认为，更有可能的是一种任意的、临时的中间状态，产生于即兴行为、短视的政治斗争、压迫和反压迫、创新和惯性，以及渴望扩展自由与诱使自由受限之间的妥协折中。

"政府与市场"一文是《比较》对瑞典经济学家、诺贝尔经济学奖评委会前主席林德贝克的访谈。他谈到，经济学界对于政府和市场的关系，有一些非常普遍的共识，包括政府需要为市场参与者设立游戏规则，保护产权，保证合同执行，保持社会稳定和宏观经济稳定，应对环境污染、人力资本积累这样的外部性。他也谈及了日本"失去的二十年"和本次全球金融危机为我们反思政府和市场的关系带来的经验教训。在谈到中国现阶段的经济转型时，他认为，中国政府最应该做的事情，就是简政放权，改善教育体制，推动科技研发和创新，以及建立一个分散式的资本市场。

许成钢的文章从"中国模式"和金融危机的角度，讨论政府和市场的关系。他首先澄清了政府和市场的基本逻辑关系：市场必须是自主的，政府不能直接干预市场，而是要辅助和保护市场。从这个逻辑关系来看，中国经济实际上是一个政府高度控制下的半市场经济，这也是所谓"中国模式"的本质，而其制度基础乃是"分权式威权制"。这个制度基础既造就了中国经济的高速增长，也是中国经济未来可持续发展的重大障碍。随后，许成钢以6月份发生的钱荒为例，分析了中国金融领域扭曲的政府与市场关系，以及由此带来的种种问题和危机隐患。在此分析过程中，澄清了政府作用和宏观政策方面的一些流行误解，如用政府直接管制或政府取代市场来避免金融危机，用宏观政策来解决微观问题，把货币供给误当成是流动性，用金融监管干预企业的激励机制和市场的资源配置等。许成钢主张打破金融垄断，允许民营企业进入，成立专业金融法庭确保司法独立等体制改革，来重塑金融市场和政府的关系。

"前沿"栏目是原英国金融服务局主席特纳讨论如何走出危机的文章。特纳提出了一个一直被视为禁忌的政策建议：财政赤字的货币化融资。他比较分析了这一政策和其他传统宏观经济政策在应对危机后的去杠杆化和经济衰退时的积极效果和潜在的负面效应，并据此认为在当前危机下，财政赤字的货币化融资政策可能是更为有效的应对措施。他还讨论了财政赤字的货币化融资政策在美国、日本、欧元区和英国的适用情况。其中，也谈到了此次金融危机带给我们的诸多教训：宏观审慎政策不应再忽视实体经济和金融体系的杠杆率；自由市场理论对银行业并不适用，银行业需要受到严格的监管；危机之后的去杠杆化过程会从根本上改变设计并实施宏观需求政策的环境；在去杠杆化周期中，单独使用常规和非常规的货币政策工具，效用可能不够强大；在经济上行阶段，应更多地关注私人货币和私人债务的过度创造，应格外小心防止将私人债务和杠杆率上升作为乱中逃生的工具，等等。

十八届三中全会在即，国内外对三中全会可能提出的改革规划颇为关注，也提出了不少改革建议。在本辑的"改革论坛"栏目中，我们也为读者提供了三篇讨论下一步改革建议的文章。中国人民大学陶然教授的文章讨论城镇化问题。他认为，中国未来的城镇化，不能再走大建城市新区、工业开发区的老路，必须从过度空间城市化转向以农民工市民化为导向的人口城市化。为此，需要以土地制度改革为突破口，带动户籍制度改革，真正实现新型城镇化。至于土地制度改革，则可从三个方面入手：一是赋予城市郊区的本地农民一定的土地开发权利，让他们能在符合城市规划和基础设施要求的前提下，合法地为外来流动人口盖出租房；二是工业用地和开发区重整后实现制造业用地更集约利用，同时腾出空余土地并逐年转化为商住用地；三是统筹推进农地整理与确权，以多元化机制生成建设用地指标，同时推进农业基础设施建设与规模化经营。

证监会焦津洪的文章主要讨论金融体制改革。他认为，当前金融体制改革的方向是明确的，关键是改革策略的选择，以及如何重点突破、面临哪些突出矛盾等实际层面的问题。在改革策略上，他提出了三要三重：要知行合一，重在行动；要上下互动，重在基层实践；要软硬兼修，重在体制机制建设。他把明确监管机构的法律地位作为改革突破口，讨论了金融改革要解决的主要矛盾，并据此提出了具体的改革建议。

国家开发银行刘克崮等人的文章讨论当前我国资本市场存在的一些突出问题，提出了通过强化税制改革、降低交易成本、完善市场运行机制、发展多层次资本市场等措施，来建设一个投资和融资功能健全、体系结构合理、运行机制完善、国际竞争力较强、为实体经济提供全方位服务的成熟资本市场。

目 录
Contents

第六十八辑

1   灰色收入与国民收入分配：2013年报告   王小鲁
Grey Income and Income Distribution in China   by Xiaolu Wang

转轨经济   Transition Economy

52   个人自由和社会主义经济改革   雅诺什·科尔奈
Individual Freedom and Reform of the Socialist Economy   by János Kornai

特稿   Special Feature

84   政府与市场   阿萨尔·林德贝克
State and Market   by Assar Lindbeck

95   政府与市场："中国模式"和金融危机   许成钢
State and Market: China Model and Financial Crisis   by Chenggang Xu

前沿 Guide

118 债务、货币和魔鬼：如何走出困境？　　　　　阿代尔·特纳
Debt, Money and Mephistopheles: How Do We Get Out of This Mess?
by Adair Turner

法和经济学 Law and Economics

160 准入监管

A. 施莱弗　S. 詹科夫　R. 拉波塔　F. 洛佩兹－德－西拉内斯

The Regulation of Entry

by Andrei Shleifer, Simeon Djankov, Rafael La Porta and Florencio Lopez-de-Silanes

改革论坛 Reform Forum

190 土地制度改革是新型城镇化的突破口　　　　　陶　然
Land Reform as the Key to China's New Urbanization Model

by Ran Tao

208 以体制机制创新推进金融改革　　　　　　　　焦津洪
Promoting Financial Reform through Institutional and Mechanism Innovations
by Jinhong Jiao

216 深化改革，建设投融资并重的资本市场

刘克崮　王　瑛　李敏波

Deepening Reforms to Develop Capital Markets with Equal Importance of Investment and Financing　by Kegu Liu, Ying Wang, and Minbo Li

灰色收入与国民收入分配
2013年报告

王小鲁

前　言

本报告是中国经济体制改革研究会收入分配课题的研究成果。本项课题已经持续了数年。我们此前分别在2005—2006年和2009年对我国城镇居民的收入分配状况进行了两次调查，并在此基础上形成了2007年和2010年两个研究报告①。2012年，我们第三次进行了城镇居民收入分配状况调查。本报告主要是在这次调查的基础上形成的，同时综合使用了各种统计数据进行分析。

在2007年报告中，作者推算我国在2005年的城镇居民可支配收入中，有

---

* 本文是中国经济体制改革研究会"收入分配课题"研究报告，课题顾问：宋晓梧、石小敏。中国经济体制改革研究会也是本课题历次调查的主要资助方。本项调查还得到了浙江开山集团的支持。瑞士信贷集团和澳大利亚国立大学对课题研究工作提供了帮助。还有许多个人和机构以不同方式支持或参与了本课题的调查和研究工作，或对报告提出了有益的意见和建议，无法一一列举。没有他们的帮助和支持，本课题无法完成。作者在此一并表示深深的感谢。但报告中的任何错误均由作者个人负责。

① 见王小鲁，"灰色收入与居民收入差距"，《比较》2007年总第31辑；"灰色收入与国民收入分配"，《比较》2010年总第48辑，中信出版社。在本文以下部分中分别简称为"2007年报告"和"2010年报告"。

4.8万亿元没有反映在居民收入统计数据中的隐性收入，主要发生在高收入阶层。作者认为这些隐性收入的主要部分属于"灰色收入"。作者通过对城镇居民分组收入数据进行校正，发现在包括了隐性收入后，城镇10%最高收入家庭的人均可支配收入不是统计显示的2.9万元，而是9.7万元；全国居民最高收入和最低收入各10%家庭之间的实际收入差距不是统计显示的21倍，而是55倍。

在2010年报告中，作者推算我国2008年城镇居民可支配收入中，未反映在城镇居民收入统计中的隐性收入高达9.3万亿元，仍然主要发生在高收入阶层。其中，大约5.4万亿元是经济普查也未能查到、来源不明的"灰色收入"。城镇10%最高收入家庭的人均可支配收入应从4.4万元调整到13.9万元，全国最高收入和最低收入各10%家庭的人均收入差距从根据统计数据推算的23倍扩大到65倍。作者还发现，在两次调查期间，隐性收入和灰色收入的增长速度快于国内生产总值的增长速度。

不明来源的灰色收入，其存在严重扩大了收入差距，导致了不公平的收入分配。在上述两个报告中，作者认为，这种情况主要是由制度上的缺陷所导致的，与腐败密切相关，主要发生于权力与资本的结合。这反映了我国多年来经历了市场化取向的经济体制改革的同时，政治体制改革未能取得决定性的进展。只有坚定地推进体制改革，将权力置于人民群众的监督之下，才能遏制腐败的蔓延，从根本上扭转分配不公、收入差距过大、社会矛盾日趋尖锐的严重局面。

与上一个报告时隔三年，我国的收入分配状况发生了什么变化？这是一个非常值得关注的问题。本报告基于最近的居民收入调查和各方面的最新统计数据进行了专门分析，试图对此做出回答。

本报告的第一部分报告我们最新城镇居民收入调查的范围和样本分布情况。第二部分说明了调查方法和数据分析方法。第三部分在调查数据和技术分析的基础上，推算我国各阶层城镇居民可支配收入的真实水平。第四部分计算收入差距和居民收入（包括灰色收入）的总量，及其在GDP中所占份额。第五部分报告本次调查的其他一些有意义的发现。第六部分讨论导致收入分配不公平和差距扩大的体制性原因，并就需要推进哪些方面的体制改革，提出一些初步的看法。

一、城镇居民收入调查的样本分布

1. 调查样本在各省、市、县的分布

2012年,我们在全国城镇地区进行了居民收入和消费状况调查。调查的主要部分在全国东部、中部、西部和东北地区18个省和直辖市进行,覆盖了66个大中小城市和14个县的县镇、建制镇。这些省和直辖市包括:

北京、山西、辽宁、黑龙江、上海、江苏、浙江、江西、山东、河南、湖北、湖南、广东、重庆、四川、云南、陕西、甘肃。上述省市包括了东部地区10个省市中的6个,中部地区6个省份中的5个,西部地区12个省市自治区中的5个,东北地区3个省份中的2个。

调查包括的城市按人口规模划分,可以分为以下5类:

400万人口以上城市(按市区常住人口计算,下同):北京、上海、重庆、沈阳、哈尔滨、南京、杭州、济南、郑州、武汉、广州、深圳、成都、西安。

200万—400万人口城市:太原、无锡、常州、南昌、淄博、潍坊、襄阳、长沙、佛山、昆明、兰州。

100万—200万人口城市:鞍山、齐齐哈尔、洛阳、宜昌、益阳、盐城、泰安、金华、绍兴、嘉兴、宜春、湛江、绵阳、宝鸡。

50万—100万人口城市:运城(山西)、长治(山西)、辽阳(辽宁)、佳木斯(黑龙江)、东台(江苏)、肥城(山东)、周口(河南)、驻马店(河南)、黄石(湖北)、荆门(湖北)、枣阳(湖北)、岳阳(湖南)、九江(江西)、萍乡(江西)、清远(广东)、陆丰(广东)、台山(广东)、南充(四川)、江津(四川)、曲靖(云南)、咸阳(陕西)。

50万人口以下城市和县:双城(黑龙江)、平湖(浙江)、安丘(山东)、大冶(湖北)、江油(四川)、凤翔县(陕西)、宣威(云南)、白银(甘肃)、柳林县(山西)、离石县(山西)、大洼县(辽宁)、崇明县(上海)、海安县(江苏)、淳安县(浙江)、商水县(河南)、京山县(湖北)、桃江县(湖南)、安化县(湖南)、新兴县(广东)、靖远县(甘肃)、会宁县(甘肃)。

之外，我们还利用在校大学生暑假回自己家乡探亲的机会，在其他一些省份和上述省份（包括自治区和直辖市，下同）的其他一些市、县进行了部分小规模的分散调查，但每个省份和市县的样本较少。加上这部分调查涉及的省份，本次调查涉及了全国31个省、自治区和直辖市中的27个。这后一部分涉及的省份（除前面已经列出者外）包括：天津、河北、内蒙古、吉林、安徽、福建、广西、贵州、新疆。

所涉及的城市包括：天津、张家口（河北）、晋中（山西）、永济市（山西）、呼和浩特、赤峰、鄂尔多斯（内蒙古）、通化（吉林）、江阴（江苏）、泰州、六安、桐城市（安徽）、威海市（山东）、商丘、林州市（河南）、鄂州（湖北）、黄冈市（湖北）、钟祥市（湖北）、长沙、吉首市（湖南）、涟源市（湖南）、汕头、开平市（广东）、南宁、泸州市（四川）、贵阳、遵义、六盘水（贵州）、昆明、大理市（云南）、昌吉市（新疆）

县包括：蔚县（河北）、土默特右旗（内蒙古）、辉南县（吉林）、太湖县（安徽）、长泰县（福建）、龙海县（福建）、余江县（江西）、任丘县（山东）、鱼台县（山东）、临沭县（山东）、息县（河南）、蕲春县（湖北）、恭城县（广西）、纳溪县（四川）、威远县（四川）、商南县（陕西）、山阳县（陕西）、镇远县（贵州）。

2. 样本的其他各项分布

这次调查的对象是各地各类城市和县镇、建制镇的城镇常住居民家庭。以往的各类居民收入调查，面临的一个共同问题是收入数据常常失真，尤其是一些高收入居民拒绝调查，以及瞒报、低报收入的情况很普遍。为了保证数据质量，避免数据失真，我们对调查问卷和调查方法进行了精心设计，对调查人员进行了筛选和培训，对调查过程进行了严格规范，对调查结果按照统一的质量检验标准进行了严格检验，并对未遵守调查规范、信息缺失、逻辑检查达不到标准的样本进行了筛除。全部调查样本数为5756个，经检验后确认的有效样本数为5344个，筛除未达标样本412个。

表1—表3提供了有效样本的各种分布情况，并与全国城镇人口的相关分布情况进行了比较。

表1 2012年城镇居民调查样本的地区、城市、年龄、户籍等分布情况

1. 按地区分布	有效样本	有效样本分布	全国城镇人口分布
东部	2114	40%	45%
中部	1445	27%	24%
西部	1180	22%	22%
东北	605	11%	9%
合计	5344	100%	100%
2. 按城市规模分布	有效样本	有效样本分布	全国城镇人口分布
400万人以上	2157	40%	20%
200万—400万人	821	15%	13%
100万—200万人	541	10%	18%
50万—100万人	797	15%	12%
50万人以下城市及县城、镇	1028	19%	37%
合计	5344	100%	100%
3. 按被调查者年龄分布	有效样本	有效样本分布	全国城镇人口分布
20—29	1021	19%	29%
30—39	1678	31%	22%
40—49	1668	31%	20%
50—59	774	14%	14%
60及以上	203	4%	14%
合计	5344	100%	100%
4. 按样本家庭人口年龄分布	有效样本家庭人口	样本人口分布	全国城镇人口分布
0—17	2924	17%	17%
18—29	3213	19%	24%
30—39	3521	20%	18%
40—49	3923	23%	17%
50—59	2426	14%	12%
60及以上	1128	7%	12%
合计	17135	100%	100%

续表

5. 按被调查者户籍分布	有效样本	有效样本分布	全国城镇人口分布
本市城镇	4737	89%	-
外地城镇	247	5%	-
本市农村	172	3%	-
外地农村	159	3%	-
漏答	29	-	-
合计	5344	100%	

注：1）表中第3和第4的全国城镇人口年龄分布定义不同，前者以20岁及以上年龄人口为100%，后者以总人口为100%。2）本次调查的对象是城镇常住人口，即在城镇居住地居住半年以上的人口，也包括一部分外来非户籍人口。3）表中"-"表示无数据。

数据来源：调查样本、统计数据。其中全国城镇人口按地区分布数据来自国家统计局分地区和分城乡人口统计，见2012年《中国统计年鉴》。按不同规模城市的分布是根据各地区人口普查数据等不完全的统计资料近似推算的。全国城市人口按年龄分布数据来自第六次人口普查（长表）数据，见国家统计局网站。

表2 2012年城镇居民调查样本的职业、工作单位等分布情况

6. 按家庭最高收入者职业	有效样本	有效样本分布	全国城镇就业人口分布[1]
（1）一般专业技术人员	455	8.5%	-
（2）中高级专业技术人员	346	6.5%	-
（3）其他一般专业人员	429	8.0%	-
（4）其他中高级专业人员	157	2.9%	-
（5）一般党政干部和公务人员	245	4.6%	-
（6）中高级党政干部	69	1.3%	-
（7）企事业单位社会团体职员	428	8.0%	-
（8）企事业单位社会团体中高层管理人员	316	5.9%	-
（9）服务人员	409	7.7%	-
（10）工人	652	12.2%	-
（11）私企所有者、合伙人、股东	358	6.7%	-
（12）自由职业，个体经营	980	18.3%	-

续表

	有效样本	有效样本分布	全国城镇就业人口分布
（13）其他职业	94	1.8%	-
（14）学生、研究生	22	0.4%[2]	-
（15）退休、无业人员	344	6.4%	-
漏答	40	0.7%	
合计	5344	100%	
7. 按家庭最高收入者工作单位	有效样本	有效样本分布	全国城镇就业人口分布[3]
（1）党政机关、人大、政协、司法部门、军队、警察	312	5.8%	4.1%
（2）文教卫生、科研、艺术机构、事业单位、社会团体	619	11.6%	8.2%
（3）国有和国有控股企业	835	15.6%	18.7%
（4）股份、私营、合伙企业	1654	31.0%	31.6%
（5）外资、港澳台企业	263	4.9%	6.0%
（6）自由职业、个体经营	980	18.3%	14.6%
（7）其他工作单位	241	4.5%	16.8%
（8）无单位	361	6.8%	
漏答	79	1.5%	
合计	5344	100%	100%

注：1. 全国城镇人口的职业分布，全国人口普查数据与本项调查采用的分类不同，不便进行比较。
　　2. 对一人家庭来说，"家庭最高收入者"就是其本人，所以也包括少数学生或研究生。
　　3. 数据来自分城乡就业人员统计，其中第1项和第2项近似取自城镇单位就业人员统计。

表3　2012年城镇居民调查样本的教育程度和家庭人均年收入分布情况

10. 按家庭最高收入者文化程度分布	有效样本	有效样本分布	全国城镇就业人口分布
（1）小学或以下	82	2%	9%
（2）初中	795	15%	40%
（3）高中（中专、中职）	1849	34%	25%

续表

	有效样本	有效样本分布	
(4) 大专、大学本科	2446	46%	25%
(5) 硕士、博士	131	2%	1%
漏答	41	1%	
合计	5344	100%	100%
11. 按人均收入分组分布	有效样本	有效样本分布	城镇居民家庭分收入等级
(1) 负收入或0	1	0.0%	14%
(2) 1万元以下	220	4.1%	
(3) 1万—1.5万	614	11.5%	17%
(4) 1.5万—2万	727	13.6%	20%
(5) 2万—3万元	1059	19.8%	27%
(6) 3万—5万元	1022	19.1%	13%
(7) 5万—10万元	750	14.0%	9%
(8) 10万—30万元	665	12.4%	
(9) 30万—100万元	208	3.9%	
(10) 100万元以上	78	1.5%	
合计	5344	100%	100%

注：全国城市就业人口的教育程度分布来自2010年全国人口普查（长表）数据。城镇居民家庭分收入等级分布由国家统计局城镇住户调查数据近似计算得出。本文后面的部分将说明，该调查数据在某些方面是失真的。

从表1—表3中可见，样本在东、中、西、东北地区间的分布，在大中小城市和镇之间的分布，以及按被调查者及被调查户的年龄、职业、工作单位、教育程度、收入水平等情况的分布总体上都是比较均衡的。样本的地区分布、被调查家庭成员的年龄分布、工作单位分布等情况与全国城镇居民的分布情况都比较接近。对于本课题过去的两次研究报告，都有人质疑，担心定向调查的方法会导致调查样本集中在某些特定职业和特定收入水平的人群。表1—表3显示的样本分布情况说明，这种担心是不必要的。

调查样本与全国常住人口分布有区别的地方是特大城市人口的比重相对较高，高端职业、高学历和高收入人群比重相对较高。这是因为我们考虑到统计数据中，高收入居民数据缺失的情况，有意识地适当增加了高收入居民的调查样本，以获得这部分居民的更准确信息。高收入居民在特大城市分布较多，在高端职业和高学历人群中分布较多，导致了上述区别。

从被调查者和样本家庭人口的年龄结构上也可以看出，按样本家庭人口的年龄分布，总体上是均衡的；但按被调查者年龄的分布，中年人比重高于全国城市居民的该项分布，而青年和老年人口比重相对较低。中年人较多地在家庭经济中扮演主要角色，这符合我们要求被调查者完全了解自己家庭经济状况的要求。此外数据分析也显示，这种情况在一定程度上也是由于样本中的高收入人群比重相对较高导致的，反映了高收入人群与一般人群在年龄结构上的差异。

但样本的上述倾斜并不影响基于样本数据得到的分析结论。本项研究并没有根据调查样本对收入分配状况进行总体推断，而是采用了其他分析技术和推算方法，保证上述样本的某种程度倾斜不会导致推算结果的倾斜。这一点在下面的报告中还要详细说明。

二、调查方法和技术分析方法

1. 调查方法

据了解，关于居民收入的官方统计数据之所以发生较严重的失真，主要是由于一部分居民对调查敏感，不愿意透露其真实收入情况，因此常常发生严重低报收入或者拒绝调查的现象。这种情况通常特别集中地发生于高收入居民（个别情况下也有高报收入的现象，但多发生于低收入居民）。调查发现，高收入居民的实际收入数倍于他们在常规调查中自报收入的情况相当普遍。而上述官方调查可能过度依赖统计调查所要求的分层随机抽样方法和居民自身对家庭收支的记录，但缺乏相应的手段降低调查的敏感度，也没有相应的措施对收入的真实性进行检验。尤其是对来源不明的收入，官方调查根本无法取得信息。

基于上述情况，我们把取得真实可靠的居民收支情况、避免调查数据的系统性失真设为调查的首要目标，其他关于调查方法的要求都首先服从于这一目标。为此，我们的调查并没有采用常规调查所采用的分层随机抽样调查方法，而是采用定向调查的方法，以提高数据的真实性。但因此，我们也不能直接用调查样本对全国城镇居民收入进行总体推断，而是基于比较真实可靠的样本数据进行计量模型分析，取得与居民收入相关的居民消费特征参数，在此基础上对关于居民收入的统计数据进行校正。

我们的调查方法在以下一些方面不同于常规的分层随机抽样调查。

第一，分层随机抽样方法所抽出的样本户是随机形成的，调查者事先并不了解被调查者的家庭情况，通常也没有其他信息来源检查被调查者提供的数据的真实性。而被调查者出于对调查机构官方背景的顾虑以及其他一些顾虑，常常有意对某些类别的收入隐瞒不报（经常被隐瞒的收入不仅包括灰色收入，也常常包括财产收入、经营收入、转移性收入和偶然所得）。

而我们的调查采用定向方法，首先在全国各地慎重选择信誉好、工作规范的专业调查公司作为合作对象，并对这些公司符合要求的调查员进行严格培训，按照一定的配额，通过他们的社会关系，对其所熟悉并了解基本家庭情况的人群进行调查。这包括调查人员的亲属、朋友、近邻、前同学和前同事等。由于调查者事先了解被调查者的家庭情况，包括基本经济情况，并与被调查者之间存在一定的私人信任关系，被调查者一般没有必要对调查者大量隐瞒收入。而且当被调查者明显隐瞒或虚报收入时，调查者常常能够对此做出判断。我们要求每一位调查者事后对每份问卷、每项重要信息的可靠性做出判断，留作记录，并作为数据核查的参考信息。

上述调查方法完全不同于有人猜测的所谓"滚雪球"方法，始终保持了由经过培训的专业调查人员直接进行调查，同时保证调查者对被调查者家庭基本情况的事先了解，以及与被调查者之间的相互信任关系。多次调查的经验证明，这些措施对减少瞒报、漏报收入的现象有非常大的帮助。

此外，通过分配配额的方法，也保证了调查样本在不同地区、不同规模城市、不同收入层次、不同职业类型、不同户籍类别的合理分布。本报告第一部分提供的样本各项分布状况说明，调查样本除了适度加大了高收入居民的比例（但我们的分析方法保证了这不会导致虚增高收入居民的收入）以外，其他各项分布都是比较均衡的，与全国城镇居民的各项总体分布状况基本一致。

第二，调查采取了若干降低敏感度的措施，最大限度地减少被调查者对调查的心理防范。除了调查者和被调查者之间的信任关系外，这些措施还包括如下内容：首先，问卷调查采取匿名的方式，并提供了保密承诺，在很大程度上消除了被调查者对个人隐私被泄露的担心。同时我们强化了对问卷真实性的核查，防止因匿名而出现的问卷造假行为。其次，在问卷设计中，认真分析了不同问题的敏感程度和被调查者的心理反应，严格遵循先询问敏感度较低的问题、后询问敏感度较高的问题的原则设计问卷。

以往调查证明，被调查者对消费调查的敏感程度显著低于对收入调查的敏感程度，对分项数据的敏感程度低于对总量数据的敏感程度，所以消费数据特别是分项消费数据的真实性通常也高于收入总量数据。因此问卷设计先询问分项消费支出，后询问分项收入和各项资产变动情况，总量数据取自分项的加总而不是由被调查者提供。在取得各项消费数据后，如果出现被调查者瞒报收入的情况，调查者也比较容易从消费、收入、储蓄等数据之间的不一致，发现数据偏差，从而与被调查者进行核对。如果数据冲突的问题在调查环节不能解决，则在质量检查环节，按照一定的标准，剔除质量不合格的问卷。

第三，我们的调查采取面访的方式，而不像官方调查采取让被调查者自己记账的方式。如果假设被调查者在主观上都会无条件地配合调查，那么后一种方式自然遗漏更少，准确程度更高。但如果被调查者对提供某些信息敏感，则后一种方式也会给他们提供足够的时间考虑如何隐瞒某些数据，同时又避免各项收支数据互相不一致。而面访的调查方式则不给被调查者从容的时间这样做。结合上述问卷设计上的考虑，如果被调查者有意隐瞒或编造某些数据，也往往导致各项收支数据之间的冲突，因此很容易在质量检查中发现。

第四，我们设计了严格的质量检验程序对数据的真实性进行核查。某些被调查者刻意瞒报、虚报某些信息，通常会造成收支数据的不一致。一个常见的现象是家庭消费支出显著高于家庭年收入。如果情况属实，那么这必然表现在家庭储蓄减少（存款减少、金融资产减少等），或者借贷增加。同时，出现这种情况通常是因为家庭收入突然比往年减少，但消费习惯没有相应改变；或者是发生了某些并非经常性的大额支出，使家庭支出突然增加（例如因买房、买车、家庭成员患大病、子女出国留学等等原因而增加了支出）。而如果这些情况都没有发生，同时各项数据明显不一致，则可以判断数据不真实。

此外，收支检查和其他逻辑检查也有助于发现个别调查人员的问卷造假行为，因为在这种情况下，问卷在家庭人口、年龄、性别、相互关系、居住地、职业类别、各项消费特征等方面，都常常会出现逻辑不一致的情况。此类情况达到一定频数，就超出了常规误差的范围，可以判断为信息不真实。

在2009年调查中，我们回收问卷4909份，经质量检查筛除了14.5%未满足质量要求的问卷，保留有效问卷4195份。在2012年调查中，我们进一步改善了对调查人员的事先培训和调查过程中的监督指导，提高了调查质量；总共收回问卷5756份，经质量检查筛除了7.2%的不合格问卷，保留有效样本5344份。

上述措施当然不可能保证问卷信息百分之百准确，但在可能的条件下最大限度地减少了调查信息的系统性偏差，基本保证了调查数据真实可靠。

2. 技术分析方法

前面已经指出，我们调查样本的各项分布是基本均衡的，接近全国城镇居民的总体分布状况，只是适当增加了高收入居民的比重。但由于抽样方法的不同，我们仍然不能直接使用样本数据来推断全国城镇居民的收入分配状况，而是采用了计量模型方法，通过回归分析估算收入水平与一些主要消费特征参数之间的函数关系，并在此基础上对收入水平随影响变量而变动的趋势进行模拟，据此对统计数据进行校正。

这其中，一个关键的消费特征参数就是恩格尔系数（即居民家庭的食品消费支出占家庭消费支出总额的比例）。经济学界公认，恩格尔系数是一个与收入水平密切相关的变量。随着收入水平提高，消费者在满足了基本的食品需求之后，会逐渐增加对其他消费需求的满足，例如对衣着、居住条件、出行、教育、通信联络、文化娱乐的需求，以及对奢侈品的需求。因此，居民食品支出在消费支出中的比例会随着收入水平提高而递减，使恩格尔系数呈下降趋势。

根据这个原理，我们可以利用一个数据可靠并有代表性的调查样本，使用计量经济学方法，来建立居民家庭的恩格尔系数和人均可支配收入水平间的函数关系。依据所得到的这些关系，我们可以对任意一组居民收入统计数据进行检验。也就是说，只要我们能够得到某一组统计样本的相对可靠的恩格尔系数和其他相关参数，就可以用模拟的方法近似推算出该组居民的人均收入水平。据此，我们可以对官方公布的分组城镇住户的人均可支配收入数据进行检验，以发现这些统计数据是否存在系统性误差以及这一误差有多大，并对此进行校正。

这样做的前提，是要求统计样本的恩格尔系数真实可信。曾经有人质疑，如果居民的收入统计数据有系统性误差，同一样本的恩格尔系数是否也会有系统性误差，使用这样的恩格尔系数进行推算是否可行？事实上，当居民收入数据存在偏差时，他们的消费和食品消费支出数据很可能也存在一定偏差①。但前面已经指出，由于两者敏感度的不同，消费支出偏差通常会显著小于收入偏差。更重要的是，只要消费支出的偏差和食品消费支出的偏差（两者是分母和分子的关系）同方向，并在统计意义上大体保持同比例，那么两者的偏差可以互相抵消，推算出的恩格尔系数仍然是基本准确的。最后，如果消费支出与食品消费支出的偏差不保持同比例，在计算恩格尔系数时，同方向的偏差仍可以在很大程度上互相抵消，使恩格尔系数的偏差远远小于收入水平的偏差。因此统计样本的恩格尔系数仍然可以用来推算收入水平，只是推算结果的准确程度会下降。

还需要说明，统计样本中的高收入居民收入数据偏低的情况，是两种原因导致的。其一是样本户低报、瞒报收入，其二是高收入居民拒访率高，使统计样本发生偏差，遗漏部分高收入样本。本项研究主要针对的是前一种偏差，只能对现有统计样本收入数据的系统性偏差进行校正。但因为无法得到统计样本对高收入样本遗漏的程度和分布情况，这一方法无法对后一种偏差进行校正。因此分析结果仍然有可能在一定程度上低估高收入居民的收入水平。

研究发现，居民的恩格尔系数不仅受到其收入水平的影响，同时还会受到其他一些因素的影响。因此在进行计量分析时，需要把这些因素作为控制变量包括在内，并在计算恩格尔系数与收入水平的关系时把这些因素的影响考虑进来。

除收入以外，其他已知影响恩格尔系数的因素主要有以下几个：

第一，不同地区居民的消费习惯差异。有些地区居民比其他地区居民有较高的饮食偏好，在相同条件下，食品消费支出可能多于其他地区。通过使用分省虚拟变量对各地居民饮食习惯进行计量分析，作者发现在其他条件相同的情况下，黑龙江、上海、江苏、福建、重庆、四川等省市城镇居民的恩格尔系数显著高于其他省份；这5个省份的样本在模型中用虚拟变量 D_2 表示。北京、辽宁、吉林、江西、山东、湖南、广东、甘肃的城镇居民，在其他条件相同的情况下，恩格尔系数在全国属于中上等水平，这些省份用虚拟变量 D_1 表示。浙江、河南、湖北、贵州、陕西的城镇居民恩格尔系数在全国属于中下水平，

---

① "误差"（error）可以是随机分布的，不一定有方向性。只有系统性误差是有方向性的，在本文中称为"偏差"（bias）。

用虚拟变量 D_0 表示。天津、河北、山西、内蒙古、安徽、广西、新疆等省、区、市的恩格尔系数明显低于平均水平，在模型中被用作本底样本。

第二，不同规模城市的居民消费特征差异。这主要是不同规模城市某些消费品（特别是食品）价格水平的差别造成的。大城市通常远离农产品产地，食品产销的中间环节也较多，而蔬菜、果品、肉类、水产品等鲜活农产品的储存和长距离运输成本及中间损耗都较大，导致中间加价，使食品价格高于规模较小的城市。因此在实物消费水平相同的情况下，大城市居民的恩格尔系数可能高于中小城市居民。

在本报告中，作者将所有被调查城市按其市区常住人口规模分为以下5类：第一类，50万人口以下小城市和县镇、建制镇；第二类，50万—100万人口的城市；第三类，100万—200万人口的城市；第四类，200万—400万人口的城市；第五类，400万人以上的城市。我们可以将第一类城市称为小城市，第二、三类称为中等城市，第四类称为大城市，第五类称为特大城市。因为缺乏不同城市物价绝对水平的数据，在模型中作者设定了一个代表城市规模的变量 S，这5类城市按规模从小到大的顺序分别赋值为1、2、3、4、5。

第三，家庭人口规模的差异可能影响恩格尔系数，因为人口较多的家庭在食品支出方面可能具有规模效应，能够节约食品支出。因此设定了一个代表家庭人口数的变量 H。

第四，作者发现家庭成员的平均教育程度对恩格尔系数有影响，因为教育程度较高的居民有多方面消费需求，包括精神层面需求，例如通信联络、教育、文化娱乐、旅游等，而教育程度较低的居民则可能在这些方面需求较少，而在食品烟酒等方面的消费支出较多。这导致这两类家庭恩格尔系数的差异。因此在模型中设定了一个代表18岁及以上家庭成员平均教育程度的变量 E，用1表示小学及以下教育程度，2表示初中，3表示高中及相同学历的中专和职校，4表示大学本、专科学历，5表示硕士和博士学位。各样本家庭该变量的取值是每个家庭所有18岁及以上家庭成员教育程度的平均值。

第五，恩格尔系数还可能与家庭成员的就业面（就业的家庭成员占全部家庭成员的比例）有关。其原因比较复杂：一方面，家庭就业率较高，可能节约食品支出，因为从业者有可能在单位就餐，在某种程度上享受工作单位的就餐补助。另一方面，较高的就业率又有可能导致较多的外出就餐（因为在家里做饭更花费时间），从而导致较高的食品支出。究竟哪种因素占上风，还需要通过检验来证明。模型中设定了代表家庭就业面的变量 M。

由于恩格尔系数与人均收入之间存在某种非线性关系，但与其他一些影响变量的关系可能是线性或接近线性的，作者通过数据分析选择了半对数函数的形式建立模型。该函数以恩格尔系数为被解释变量：

$$N = C + a_1 \ln Y + a_2 S + a_3 H + a_4 E + a_5 M + a_6 D_0 + a_7 D_1 + a_8 D_2 \quad (1)$$

上式中，N 是恩格尔系数，解释变量 lnY 是人均可支配收入的对数，S 是城市规模，H 是家庭规模，E 是家庭成员教育程度，M 是家庭就业面，D_0、D_1、D_2 是区域消费差异虚拟变量，C 是常数项，a_1 到 a_8 分别为各变量的系数。在前期分析中发现就业面变量虽然在多数函数形式中具有负系数，但不具有统计显著性，故从函数中剔除。

模型估计结果见表 4。

表 4　基于 2012 年调查数据的模型分析

变量	系数	t 值	P>|t|	95% 置信区间	
lnY	-0.0590	-31.78	0.000	-0.0626	-0.0553
S	0.0031	2.54	0.011	0.0007	0.0054
H	-0.0170	-8.73	0.000	-0.0208	-0.0132
E	-0.0326	-11.88	0.000	-0.0379	-0.0272
D_0	0.1175	14.99	0.000	0.1021	0.1328
D_1	0.0809	10.77	0.000	0.0662	0.0957
D_2	0.0573	7.29	0.000	0.0419	0.0727
C	1.0698	53.26	0.000	1.0305	1.1092
调整 R^2: 0.2730				有效观察值: 5343	

从表 4 可以看到，除了城市规模估计值在接近 1% 水平上统计显著，其余各解释变量，包括虚拟变量在内，均达到 0.1% 的统计显著程度，说明各解释变量均与被解释变量的关系紧密，模型有很好的解释力。

根据表 4 的结果，就可以通过模拟的方法，求解与不同的恩格尔系数相对应的全国城镇居民分组收入水平。为此，除了恩格尔系数和回归得到的各变量影响系数外，还需要确定各控制变量在全国平均意义上的赋值。

关于不同地区居民的饮食习惯差异，根据表4中D_0到D_2的估计系数，并以这四类地区城镇人口占全国城镇人口的比例为权重，可以计算出全国城镇居民地区差异系数的平均取值为0.0667。

关于城市规模差异，根据不完全的统计数据近似计算城镇居民在按规模划分的5类城市的分布比例，全国加权平均取值（按照前面所说的赋值方法）略低于3。但我们知道不同收入组别的人群在不同城市的分布是有区别的，高收入居民较多集中在特大城市和大城市，而低收入居民则更多集中在中小城市和小城镇。因此根据数据分析，作者把按人均收入排序的居民组合的城市规模取值，近似确定在从1.3—4.3的区间，从低到高平滑变动。

关于城镇居民家庭人口数，统计显示全国城镇居民的平均家庭规模为2.87人，但最低收入家庭的平均规模为3.30人，最高收入家庭的平均规模为2.53人，其余各组从高到低在两者间变动。

关于城镇居民的人均教育程度（18周岁及以上），模型中分别用从1到5的赋值来表示小学及以下、初中、高中和中专中职、大学专科和本科、硕士和博士学历。根据全国人口普查数据，城镇居民教育程度平均取值为2.7。但教育程度在不同收入人群中的分布也是有差异的，作者根据调查数据，把从最低收入到最高收入居民组合的平均教育程度取值确定在2.5—3.65之间变动。

关于城镇居民家庭成员的就业面，根据统计数据，全国平均为0.52。但也存在不同收入分组的差异，从低到高取值在0.39—0.62之间变动。

在完成上述这些控制变量的赋值过程后，就可以根据模型回归得到的参数和各影响因素的取值，求解不同恩格尔系数所对应的城镇居民收入水平。这一结果在下一部分报告。

三、计算城镇居民真实收入

1. 各阶层城镇居民的实际收入

把表4的估计结果以及各控制变量的全国平均赋值代入函数（1），就可以得出恩格尔系数随人均收入水平和其他控制变量的变化而变化的值。再从居民收入统计数据中查出各组居民的恩格尔系数，就可以倒推出对应于不同恩格尔系数的人均收入水平。国家统计局每年公布城镇居民家庭的分组人均收入数据；该数据分为7组，其中最低收入组和较低收入组各占城镇居民家庭数的10%，中下、中等和中上收入家庭每组各占20%，较高收入和最高收入家庭各占10%。表5将按上述方法推算得到的结果与国家统计局公布的城镇居民分组收入数据同时列出，以进行对比①。表中的"统计收入"指国家统计局公布的城镇居民家庭分组人均收入，下同。

表5 基于模型分析法推算的2011年城镇居民家庭分组人均可支配收入

分组	恩格尔系数	统计收入（元）	推算收入（元）	推算收入/统计收入	隐性收入分布
最低收入（10%）	0.458	6876	9026	131%	1.2%
较低收入（10%）	0.437	10672	12646	118%	1.0%
中下收入（20%）	0.417	14498	17048	118%	2.5%
中等收入（20%）	0.390	19545	27061	138%	6.9%
中上收入（20%）	0.354	26420	45250	171%	16.4%
较高收入（10%）	0.326	35579	79654	224%	18.5%
最高收入（10%）	0.275	58842	188448	320%	53.5%
全部城镇居民	0.363	21810	43663	200%	100%

注："推算收入/统计收入"是分别以各组统计收入为100%，"隐性收入分布"是以全部推算收入超过住户统计收入部分的总额为100%。

数据来源：1）国家统计局2012年《中国统计年鉴》，按收入等级划分的2011年城镇居民家庭基本情况；2）作者分析结果。

表5传达了几个重要信息：

第一，与作者2007年和2010年两次研究报告反映的情况相一致，推算收入与统计收入的最大差别发生在城镇10%最高收入家庭。根据统计数据，这些最高收入家庭的2011年人均收入不到5.9万元，而推算结果显示他们的实

---

① 统计数据见国家统计局：历年《中国统计年鉴》，中国统计出版社。本报告以下部分凡未注明出处的统计数据，均来自该出处，不再重复说明。此外需要说明，国家统计局关于居民消费支出的数据仅为现金消费支出，这实际上并不是居民消费支出的全部。而我们的调查数据既包括了居民的非现金收入（他人的实物馈赠和工作单位作为福利发放的实物），也包括了这部分收入的消费。为了和统计数据保持一致，以便进行比较分析，作者在计算居民收入、居民消费支出和恩格尔系数时，都对非现金部分做了扣除。

际人均收入是18.8万元。是统计收入的3.2倍。这与以前两个报告反映的情况基本一致（根据作者前两个报告，2005年城镇10%最高收入家庭的推算收入是统计收入的3.4倍，2008年前者是后者的3.2倍）。但是最高收入家庭的隐性收入绝对数量扩大了，相对比重也仍然占全部隐性收入的主要部分。最高收入家庭和较高收入家庭合计（占城镇家庭的20%），占隐性收入总量的72%。由于高收入居民隐性收入中一个主要部分是来源不明的灰色收入，可以认为其灰色收入的绝对量也在进一步膨胀。

第二，与上一个报告相比，中等及以上收入家庭的统计收入与推算收入之间的差距扩大了。根据作者上一个报告，2008年中等收入、中上收入和较高收入家庭的推算收入分别大约是统计收入的1.3、1.4和2.1倍。而根据表5的数据，2011年这三组居民统计收入与推算收入的差距分别扩大到约1.4、1.7和2.2倍。这似乎说明灰色收入有从最高收入阶层向社会的中、高收入阶层蔓延的趋势。

实际上这一趋势在作者的2010年报告中就已经有所反映，只是趋势还没有今天这样明显（见表6关于2005年、2008年和2011年居民收入推算与统计收入之比的变化）。这可能也意味着腐败之风向全社会扩散，意味着维持社会正常分配秩序的法律制度有进一步瓦解的危险。但这绝不意味着所有居民共同从腐败中受益，受益者仍然是少部分有寻租机会的人群，他们在中、高收入阶层中也只是一部分人。同时，这些行为加重了其他大多数居民的负担。

表6 推算收入与统计收入之比：2005年、2008年、2011年

	2005	2008	2011
最低收入	99%	113%	131%
较低收入	102%	101%	118%
中下收入	107%	117%	118%
中等收入	114%	128%	138%
中上收入	131%	143%	171%
较高收入	139%	209%	224%
最高收入	338%	319%	320%
合计	175%	188%	200%

数据来源：1) 王小鲁："灰色收入与居民收入差距"，《比较》2007年总第31辑，中信出版社；2) 王小鲁："灰色收入与国民收入分配"，《比较》2010年总第48辑；3) 作者推算结果。

第三，低收入居民的统计收入与推算收入之间也出现了较为显著的差异，这是以前没有出现过的情况。2008年城镇最低收入家庭的统计收入与作者推算收入的差距为13%，而这次推算结果显示，该差距已扩大到31%。不过，作者判断这与上文说的灰色收入扩散趋势并不属于同一个问题，可能只是官方住户统计的一般性误差或某些技术性因素所致①。图1显示了这三个年份统计收入与推算收入的比较。各阶层居民在2008—2011年间收入增长速度的情况见表7。其中显示最低收入居民这期间的人均年收入年均名义递增19.0%，实际递增16.1%，均高于统计显示的增长率，也高于高收入居民的收入增长率。

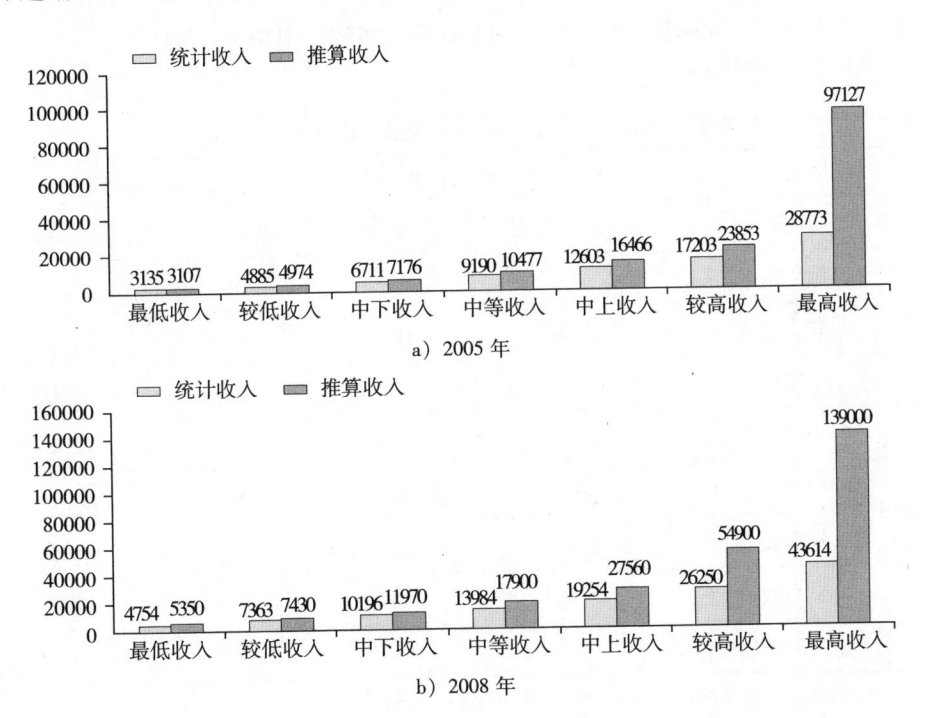

a) 2005年

b) 2008年

---

① 其中需要注意的一点是，在表5中计算的最低收入居民的人均收入，是在剔除了负收入样本之后的计算结果。数据分析发现，大多数负收入家庭都不是真正的贫困家庭，只是因为暂时的生意亏损而导致当年收入由正转负。他们的消费特征与中、高收入家庭的消费特征比较一致。因此作者认为作这样的剔除是合理的。但估计国家统计局的最低收入家庭统计数据没有做这样的剔除。这会使统计样本中最低收入家庭的人均收入更低，恩格尔系数也会相对偏低。这应该是导致作者推算的最低收入家庭数据与统计数据之间差异明显的原因之一。在对作者估算数据和统计数据做比较的时候，应注意到这一区别。

c) 2011年

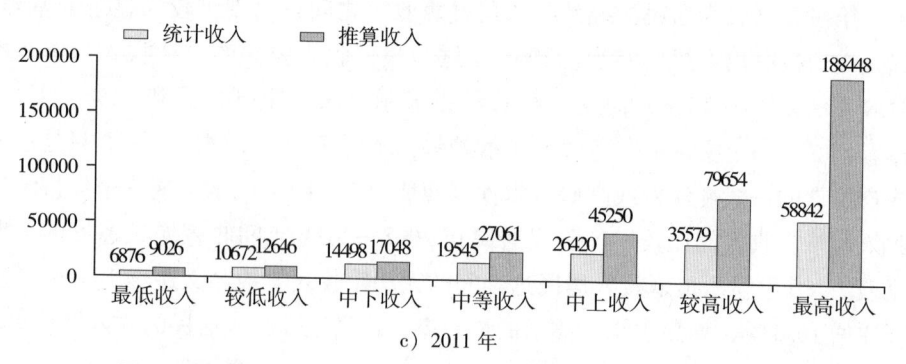

图 1 城镇居民统计收入与推算收入：2005 年、2008 年、2011 年

数据来源：同表 6。

表 7 2008—2011 年间各阶层居民的人均收入年增长速度（%）

分组	名义收入增长 统计数据	名义收入增长 推算数据	实际收入增长 统计数据	实际收入增长 推算数据
最低收入	13.1	19.0	10.3	16.1
较低收入	13.2	19.4	10.4	16.5
中低收入	12.5	12.5	9.7	9.8
中等收入	11.8	14.8	9.1	12.0
中高收入	11.1	18.0	8.4	15.1
较高收入	10.7	13.2	8.0	10.4
最高收入	10.5	10.7	7.8	8.0
全部城镇居民	11.4	13.7	8.7	10.9

数据来源：国家统计局，历年《中国统计年鉴》；作者估算。

根据表 5 的计算结果，2011 年全部城镇居民家庭的人均可支配收入为 43663 元，比城镇住户统计的 21810 元高出了一倍。但多出的部分仍然主要来自高收入居民的隐性收入。据此数据计算，2011 年的全国城镇居民可支配收入总额为 30.16 万亿元，而不是根据城镇住户统计计算的 15.07 万亿元。城镇 10% 最高收入家庭和 10% 最低收入家庭的人均收入之比是 20.9 倍，而不是城镇住户统计所显示的 8.6 倍。相比于作者在 2010 年报告中推算的 2008 年最高收入和最低收入之间相差 26 倍，2011 年城镇居民相对差距有所收窄。显然这是近年来低收入居民收入增长加快带来的结果。但是收入差距仍然巨大,这一基本情况并没有改变。

2. 关于上述推算可靠性的讨论

以上结果与统计数据相差悬殊,它是否准确可靠,是否符合实际情况?这是需要讨论的问题。

第一,有证据证明国家统计局的住户统计数据对居民收入有重大遗漏,而且偏差在逐年扩大[①]。根据第一次全国经济普查,2004年全国居民可支配收入总额为9.85万亿元(见国家统计局历年《中国统计年鉴》资金流量表数据,下同)[②],而据该年城乡住户调查数据推算,全国居民可支配收入总额仅为7.34万亿元,遗漏了25.5%。根据第二次全国经济普查数据,2008年全国居民可支配收入总额为18.59万亿元,而据住户调查数据推算仅为13.20万亿元,遗漏了29.0%。根据分析,两者的差额中,只有一小部分来自统计口径的差别,更大的部分源于住户调查对居民收入的遗漏[③]。

表8显示,如果以资金流量表数据为基准,住户统计数据的偏差逐年扩大的趋势明确可见(前者目前仅公布到2009年)。后者的遗漏率已经从2004年的25.5%上升到2009年的29.4%。表中的资金流量表数据,2004年和2008年直接来自经济普查,其他年份数据是国家统计局基于经济普查年份数据和其他当年数据计算得到的,是一个覆盖全面、遗漏较少的数据。

第二,作者以前对2005年和2008年城镇居民收入分配状况的分析(见作者2007年和2010年报告)表明,虽然资金流量表数据来自经济普查,比住户统计数据准确程度更高,但仍然无法把某些居民的灰色收入包括在内。这些灰色收入主要集中于一部分高收入居民,数额非常巨大。根据作者之前的研究报

---

① 其中城镇住户调查数据的偏差非常突出。农村住户调查数据是否准确,还有待验证。
② 经济普查的对象是在我国境内从事第二、第三产业的全部法人单位、产业活动单位和个体经营户,并不包括居民家庭。但因为普查涵盖了上述所有这些组织的工资、福利费、利润等财务数据,可以比较方便地用来推算全国居民可支配收入。这有利于避免随机抽样调查过分依赖样本户自报收入而产生的遗漏和偏差。
③ 资金流量表中的住户部门可支配收入包括居民自有住房虚拟租金收入,而住户调查不包括该项收入。不过前者的虚拟租金收入是基于住屋造价乘以折旧率计算的,与住屋的实际市场价值相差甚远,只占居民收入总额中一个相当小的比重。因此统计口径差异对收入数据差异的实际影响并不大。

表8 居民住户调查数据与流量表数据相比对居民收入的遗漏

	2004	2005	2006	2007	2008	2009
城镇人均可支配收入（住户调查），元	9422	10493	11759	13786	15781	17175
农村人均纯收入（住户调查），元	2936	3255	3587	4140	4761	5153
城乡居民收入（住户调查），亿元	73375	83247	94786	113187	131991	146322
全国居民可支配收入（流量表），亿元	98509	112910	131426	158558	185926	207302
住户调查收入/流量表收入	74.5%	73.7%	72.1%	71.4%	71.0%	70.6%
住户调查数据的遗漏率（流量表=100%）	25.5%	26.3%	27.9%	28.6%	29.0%	29.4%

数据来源：国家统计局，历年《中国统计年鉴》。

告，2008年经济普查没有反映出来的灰色收入超过5万亿元①。这些灰色收入的存在，尽管没有确切的官方统计可查，但从高收入居民的巨额房地产投资、股市和金融市场投资、在国内和国外市场的奢侈消费品支出、巨额银行储蓄以及流向国外的资金中都能够反映出来。这些项目的数额之大，不仅用住户调查的居民收入数据完全无法解释，就是用资金流量表提供的居民收入总量数据也很难解释清楚。

以2008年为例，资金流量表提供的全国居民可支配收入为18.6万亿元，而根据当年居民在金融机构的储蓄存款增加额，居民购买住宅和自建房净投资，居民在股市、债市和其他金融市场的净投资，居民对实体经济的私人净投资（各项投资均扣除了贷款的部分）以及支出法GDP中的居民消费支出总额等数据推算，当年居民储蓄和消费总额应为23.0万亿元，超过资金流量表的居民可支配收入总额4.4万亿元（基本估算方法见作者2010年报告，个别数

---

① 作者将"灰色收入"定义为"合法性无法确认的收入"，事实上也必然包括非法收入。在数量上，作者近似用推算的居民实际收入未反映在经济普查数据的部分来表示。作者发表2010年报告时，依据经济普查的2008年资金流量表数据尚未公布，作者计算的2008年灰色收入为5.4万亿元，是基于更早的资金流量表数据推算的。但基于国家统计局后来公布的经调整的资金流量表数据计算，该年灰色收入约为4.7万亿元。

据有调整）。但这没有将居民在海外奢侈品市场上的消费和每年通过非法途径流向海外的私人资金包括在内。据一些研究，后面这两项的数额也非常巨大。这说明居民的实际收入总额超过资金流量表的居民收入数据5万亿元左右的推算是合理的。

2009年，按同样方法计算的居民储蓄和消费总额为26.9万亿元，与资金流量表的居民可支配收入20.7万亿元相比，差额超过了6.2万亿元，为历年来之最。资金流量表数据目前仅公布到2009年，因此还无法对2011年的情况进行比较。但根据以前年份已有数据计算的情况，的确说明历年都存在与作者估算基本相当的巨额灰色收入，而且数额在有数据的年份呈逐年扩大趋势。

第三，表6显示，在最新的居民收入推算结果中，不仅最高收入居民的实际收入是统计收入的3.2倍以上，最低收入居民的实际收入也高出统计收入约30%。这两个最低收入哪个更接近事实？这可以通过其他一些数据来验证。

首先，近年来各地最低工资标准有大幅度提高，2010年，全国30个省市自治区的最低工资标准平均比上年增长了22.8%；2011年25个省市自治区最低工资标准又增长了22.0%。一些实地调查显示，这期间普通工薪劳动者的工资涨幅与最低工资标准的涨幅大体一致或接近。作者推算，2008年到2011年期间，城镇最低收入家庭的人均收入名义年增长率为19.0%，实际增长率16.1%。但根据国家统计局的城镇住户调查数据，这期间最低收入家庭人均收入名义年增长率和实际年增长率分别只有13.1%和10.6%，大幅度低于最低工资标准的年增长率。这提示近年来的最低收入居民收入统计数据有可能偏低。

其次，近年来统计局的住户收入统计数据与工资水平统计数据差异较大。据国家统计局数据，2011年城镇私营单位就业人员平均年工资为24556元；全国外出农民工平均月工资为2049元，后者按年平均工作10个月计算，折合年工资20490元[①]。

城镇私营单位就业人员以收入较低的普通劳动者为主，是工薪阶层的较低端，其平均工资显著低于城镇单位平均工资（41799元），可以近似代表城镇较低收入就业者的收入水平。外出农民工可以说是工薪阶层的最低端，其工资水平可以近似代表城镇最低收入就业者的收入水平。再按家庭平均就业面为

[①] 数据来自国家统计局：《中国统计年鉴》（2012）；《2012年全国农民工监测调查报告》，见国家统计局网站。

0.5折算为家庭人均可支配收入，那么两类家庭的人均可支配收入分别为12278元和10245元，与作者在前面表5中推算的前者12646元和9226元接近（后者还高于作者的推算），说明作者推算偏高的可能性不大，但显著高于城镇住户统计的较低收入家庭人均收入10672元和最低收入家庭人均6876元。

这样看来，在2011年城镇住户收入统计中，低收入阶层的收入水平很可能也在一定程度上偏低。当然，偏差程度远远小于高收入阶层的收入偏差程度。

上述情况可以说明，表5中对2011年城镇各阶层居民收入水平的推算，是基本符合实际的。

从这些推算结果可以看到，近年来经济结构和人口结构的变化，以及一系列关注民生的政策，对于缩小收入差距产生了一定的作用，使低收入居民的收入增长出现加快的趋势，并明显超过最高收入居民的收入增长速度。这是一个积极现象，有助于国民收入分配的合理化，促使居民收入差距缩小。但同时也要看到，收入差距过大、灰色收入数额巨大的基本状况并没有根本改变，尽管相对差距有所缩小，收入分配的绝对差距仍在继续扩大。

例如，基于作者对2008年和2011年城镇分组居民收入的推算，最低收入居民在2008—2011年间的年收入名义增长率为19.0%，明显高于最高收入居民的年收入名义增长率10.7%。但由于基数相差悬殊，城镇10%最低收入家庭2011年比2008仅增加年收入3367亿元，而10%最高收入家庭在此期间增加年收入40258亿元。后者尽管收入增长率较低，但收入增加额是前者的12倍。

还需要引起注意的一点是，虽然近年来中、低收入居民货币收入增长较快，但也要看到其中相当一部分人的实际生活水平并没有实现同步增长，有些人的实际生活水平反而下降了。这主要是因为房价连年暴涨和连带的房租上涨在相当程度上吞噬了居民收入的增长；而且房价并不包括在CPI中，使扣除物价因素的居民收入实际增长率仍然包含一定的水分。地价、房价和房租上涨的受益者主要是地方政府、房地产商和拥有多余住房的富裕阶层，而付出成本的是广大工薪阶层和对住房有刚性需求的中等收入居民，尤其是对新进入职场的年轻一代和新城市居民构成了巨大的经济压力。这是一个使收入分配实际状况恶化的重要因素，不容忽视。

因此，仅靠已有的关注民生政策，不足以从根本上解决收入差距过大和分配不公平的问题。只有坚决推进体制改革，逐步消除现有体制中一系列导致收入差距过大和不公平分配的因素，才可能从根本上解决这方面的问题。

四、收入差距与灰色收入

根据上一节的推算结果，我们可以对我国当前的居民收入差距和实际收入总量进行简要的计算。

1. 收入差距与基尼系数

前面的推算结果说明，我国居民收入差距仍然巨大，而且显著大于统计数据显示的收入差距。根据城镇居民收入统计，2011年城镇10%最高收入家庭和10%最低收入家庭的人均可支配收入之比为8.6倍，而根据作者上一节的推算，城镇最高和最低收入家庭的实际收入之比为20.9倍（作者推算2008相差26.0倍）。如果假定农村居民收入水平与统计数据一致，并近似以城镇20%高收入家庭和农村20%低收入家庭的人均收入来代表全国城乡居民最低和最高各10%的家庭的人均收入，那么按居民收入统计数据计算，两者之比为23.6倍，而根据作者的推算，为67.0倍（作者推算2008年为64.6倍）。

这显示由于低收入居民的收入增长加快，城镇居民的相对收入差距近年来略有缩小，但绝对差距仍在继续扩大；而包括农村居民在内，全国居民的相对和绝对收入差距都进一步扩大了。这主要是因为农村低收入居民的收入增长仍然显著慢于其他农村居民和城镇居民。据统计局数据，在2008—2011年期间，农村20%低收入家庭的人均纯收入实际年增长率只有6.9%，显著低于农村全体居民人均10.3%的收入年增长率和城镇居民收入10.9%的年增长率（作者推算数）。

根据城镇居民收入的推算数，我们可以对2011年城镇居民家庭的收入基尼系数进行近似计算。基尼系数的计算公式如下：

$$G = 1 - \sum_{i=0}^{n}(\sigma Y_i + \sigma Y_{i-1})(\sigma H_i - \sigma H_{i-1}) \tag{2}$$

式（2）中，G是基尼系数；Y_i是将居民户按收入水平从低到高排序，第i户居民的收入占全体居民收入总额的比重；H_i是第i户居民在居民总户数中所占比重；σY和σH分别代表累计的居民户收入在收入总额中的比重和累计户数占总户数的比重，n是总户数。

由于我们并没有全体居民户或符合居民总体分布状况的样本户原始数据，只能使用上文基于统计局数据和本项研究的推算得到的分组城镇居民收入数据进行计算。上文中的可用数据，沿用统计局的分组方式共分为7组，并非均匀分布，其中最低收入、较低收入、最高收入和较高收入居民各占城镇居民家庭数的10%，中下、中等和中上收入家庭各占20%。较少的和不均匀分布的分组会导致较大的计算误差；为提高计算的精确度，作者首先通过回归分析将以上7组拆分为10等份分组，然后进行基尼系数计算。

计算步骤如下：

第一步，近似用7个居民分组的平均收入代表相应各组处于中位的居民收入，即：用10%最低收入家庭的平均收入代表位于第5%的家庭的人均收入，并分别用其余6组家庭的平均收入代表第15%、30%、50%、70%、85%和95%的家庭的人均收入；然后使用这些人均收入数值对累计的居民户比重进行回归，求得分组人口分布与人均收入水平之间的函数关系。该关系式如下：

$$H = 1.8409 \ln Y - 0.0719 \ln Y^2 - 10.7912 \quad (调整 R^2 = 0.9917) \quad (3)$$

式（3）中，H是累计家庭分布（组中值），Y是推算的分组人均可支配收入，$\ln Y$ 和 $\ln Y^2$ 分别是人均可支配收入的对数及对数的平方项。

第二步，将回归结果的拟合数据与原始数据进行比较，计算误差率。

第三步，利用上述关系式，经过误差调整后，分别求出对应于第3个10%家庭组、第4个10%家庭组……直到第8个10%家庭组的平均收入（以各组中位家庭的人均收入代表）。从而将7个分组的居民家庭数据拆分为按10等份分布的10组数据。

第四步，根据以上10个分组的人均收入数据，计算城镇居民人均收入的基尼系数。可以得到，2011年按家庭分布的城镇居民人均收入基尼系数是0.496。

上述结果是按照城镇居民住户的分布计算的基尼系数。这一计算只是近似的，因为不同收入家庭的家庭规模是不一样的。根据国家统计局的调查数据，城镇10%最低收入家庭的平均人口是3.30人，而10%最高收入家庭的平均人口是2.53人。因此按人口分布，低收入人口的比重比按家庭数计算的比重更大一些。因此作者根据各居民组的平均家庭人口数，把住户分布转换为人口分布，再进行回归，得到如下关系式：

$$P = 2.0597 lnY - 0.0823 lnY^2 - 11.9035 （调整 R^2 = 0.9939） \qquad (4)$$

式（4）中，P是累计人口分布的组中值，其他与式（3）相同。据此按以上同样的步骤将7分组数据拆分为10组，再计算基尼系数，得到的2011年按人口分布的城镇居民收入基尼系数更高一些，为0.501。而用同样方法对统计局的2011年城镇居民分组数据进行10分组拆分，计算得到的基尼系数为0.324。

以上计算并未包括农村。由于目前城乡收入差距仍然很大，全国居民的收入基尼系数无疑会显著高于城镇居民的基尼系数。但因为缺乏城乡统一的分组收入数据，无法对全国居民收入基尼系数进行计算。仅就城镇居民基尼系数的情况看，我国的收入分配状况目前已经处于一个危险区间。在国际上属于少数差距特别大的国家行列，可以和收入差距巨大的少数拉美国家相比。众所周知，这些国家过去很长时期陷入中等收入陷阱，尤其在20世纪后半期非常突出，经济长期停滞，贫富差距悬殊，社会冲突严重。而经济停滞与收入分配不公和差距过大直接相关。我国如果不能妥善应对当前面临的收入差距挑战，尽快改善收入分配状况，有在不久的将来陷入拉美式中等收入陷阱的危险。

2. 居民收入总量、灰色收入总量及其占GDP的比重

根据作者前两个报告提供的2005年、2008年城镇居民收入推算数据和上一节提供的2011年城镇居民收入推算数据，以及历年城乡人口数，作者对2005年、2008年和2011年全国居民实际可支配收入总额进行了推算，见表9。在该表中，作者还分别列出了根据统计局城乡住户调查数据计算的全国居民可支配收入和资金流量表提供的全国居民可支配收入，以进行比较。由于统计数据对居民收入有明显的遗漏，特别是其中大量的灰色收入未能反映在居民收入统计中，这也必然导致GDP核算的遗漏。但居民收入统计的遗漏与GDP核算的遗漏之间，并不存在简单的对应关系。

首先，一部分被城乡住户统计遗漏的居民收入，已经反映在资金流量表的住户可支配收入中了（但没有分组收入数据）。这是通过历次全国经济普查得出的，而且进入了GDP核算。其次，未被全国经济普查发现的居民收入部分

（即本文界定的灰色收入部分），也并不完全等同于 GDP 核算的遗漏。这是因为灰色收入有不同的来源，一部分灰色收入在其价值形成环节就被隐瞒了，导致 GDP 的低估，另一部分是腐败导致政府收入和企业（特别是国有企业）收入流失，在统计上可能已经体现为政府收入或企业收入，并进入了 GDP 核算；只是实际上已经暗中转化为少数人的个人收入，而没有在居民收入统计数据中反映出来。

这可以认为是某种形式的收入再分配，然而是一种非制度的、逆向的再分配，是将本来可用于为社会公众服务的政府资金和企业资金转化为少数人的灰色收入。这里粗略估计灰色收入的 60% 来自增加值的遗漏，另外 40% 来自政府收入和企业收入的流失；据此对 2005 年、2008 年和 2011 年的 GDP 进行一个粗略的调整，结果也见表 9。

表9 全国居民可支配收入：2005 年、2008 年、2011 年（万亿元）

	2005 年	2008 年	2011 年
1. 居民收入（住户统计）	8.32	13.20	19.65
2. 居民收入（资金流量表）	11.29	18.59	28.50
3. 居民收入（作者推算）	13.73	23.24	34.74
4. 隐性收入（3−1）	5.41	10.04	15.10
5. 灰色收入（3−2）	2.44	4.65	6.24
6. GDP（统计数）	18.49	31.40	47.29
7. GDP（作者估算数）	19.95	34.19	51.03
8. 居民收入/GDP（住户统计数，1/6）	45.0%	42.0%	41.5%
9. 居民收入/GDP（流量表数，2/6）	61.1%	59.2%	60.3%
10. 居民收入/GDP（推算数，3/7）	68.8%	68.0%	68.1%
11. 灰色收入/GDP（推算数，5/7）	12.2%	13.6%	12.2%

数据来源：国家统计局：历年城乡住户数据、资金流量表数据；作者推算数据。

表中 2005 年和 2008 年部分数据与作者上一份报告（2010 年）所列数据不完全一致，是因为国家统计局对以往的 GDP 数据、资金流量表数据、人口数据都做了调整，作者也相应做了某些数据调整。由于国家统计局尚未公布 2011 年资金流量表数据，表中 2011 年的资金流量表数据是作者依据以前官方数据所做的预估数；这也影响到对灰色收入以及对 GDP 的估算。这些数据在表中都用斜体字表示。

基于这一初步的估算，2011 年的灰色收入总量已经超过了 6 万亿元，占 GDP（调整后数据）的比重超过 12%。这与作者以前年份的估计（见作者 2007 报告、2010 年报告和表 9）相当一致，但灰色收入的绝对量比前两次的估计有进一步的扩大。这意味着国民收入分配格局继续存在重大扭曲。

从表 9 可以看到，依据统计局住户统计数计算的居民收入和资金流量表提供的居民收入，两者占 GDP 的比重有巨大差异。按前者计算，历年只略高于 40%，而按后者计算则占 60% 左右。沿用作者前一个报告的判断，作者认为两者的差异主要是统计口径差异和住户调查误差导致的结果（以后一个原因为主），不把这一差额看作灰色收入，而把通过调查和推算得到的、超出资金流量表的居民收入的部分（也就是经济普查未能发现的收入），视为灰色收入。

将这些灰色收入包括在内，居民收入在 GDP 中所占比重进一步提高，使 2005 年、2008 年和 2011 年的居民收入比重都比资金流量表数据提高 7—8 个百分点，达到 GDP 的 68% 左右。由于灰色收入的存在，作者估计 GDP 总量数据也存在遗漏。粗略推测 2011 年的 GDP 总量可能需要上调 8% 左右，达到 51 万亿元。

由于资料不全和技术分析可能的误差，以上只是一个初步的估算，还有待更多的信息来验证数据的准确性。但灰色收入数额巨大并且绝对量持续增加的总体判断应该是成立的，并有很多证据支持。这种情况导致的居民收入比重上升，并不是一个积极的现象。相反，出现这样的变化，说明国民收入总量中来源不明收入继续增加，通过隐秘的途径流向少数人的腰包。这既不是劳动报酬，也不是通过正当途径取得的其他生产要素（资本、人力资本、土地等等）报酬，而往往是以权谋私、钱权交易以及其他类型的寻租行为的结果。这意味着收入分配格局混乱，腐败的情况非常严重，必须认真应对。

3. 对以上推算的检验

为了对上述推算的可靠性进行检验，作者使用 2010 年报告用过的方法，计算了 2011 年当年的居民储蓄存款增量，私人购买商品住宅和自建房净支出，在股市、债市和其他金融市场上的净投资，对实体经济的投资（所有投资数据均扣除了银行贷款的部分）以及居民消费支出，用这些数据加总估算当年的居民收入。由此得到的结果为30.3万亿元，比作者预估的资金流量表口径的居民可支配收入28.5万亿元只多出1.8万亿元。

这与以前年份的推算结果有比较大的出入。但作者同时发现，2011年中国非法资金外流的情况非常严重，而这些资金没有包括在以上估算中。据一个国外非营利机构全球金融诚信组织的一项研究报告，2001—2010年10年间，中国（大陆）因逃税、腐败和犯罪而产生的非法资金外流达2.74万亿美元，占全球各国非法资金外流总量的近一半。其中仅2010年就有4204亿美元资金非法外流，这折合人民币2.85亿元。

另据渣打银行的一份研究报告，2011年中国大陆仅流入澳门赌场和通过澳门赌场流向世界各地的非法资金就达到1850亿美元，折合人民币1.2万亿元。这比2010年上升了43%，比2008年至少有成倍的增加（见图2）。图中按月度数据计算，以10亿美元为单位。下面一条曲线是澳门赌场从大陆赌客得到的收入，上面一条金额大得多的曲线是通过澳门赌场外流的资金总额。这两份报告起到了互相印证的作用，并且证实2009—2011年是中国大规模非法资金外流非常严重并连续上升的时期。如果两份报告的数据基本可靠，那么依据前一份报告提供的2010年资金外流总数和后一份报告提供的非法资金外流上升幅度数据，可以近似估算出2011年非法资金外流的规模高达4.07万亿元人民币[①]。

此外，2011年也是私人出境和在海外消费的一个高潮。据国家统计局数据，2011年国内居民因私出境高达6412万人次，比2010年增长24%，比2008年增长60%。如果按他们境外乘机乘船、吃住和采购等人均消费5000美元计算，则当年居民境外消费折合人民币2.07万亿元。

以上两项合计为6.14万亿元。与作者前面估算的2011年居民国内储蓄投资和消费30.3万亿元相加，可以近似推算出当年居民收入总额为36.4万亿元，比作者前面在调查和模型分析基础上推算得到的全国居民收入34.7万亿元还多了1.7万亿元。这说明34.7万亿元（包括6.2万亿元灰色收入）这一推算数据不大可能过高，但不排除偏低的可能性。

---

① 数据来自1）全球金融诚信组织（Global Financial Integrity），《发展中国家非法资金流出：2001—2010》，2012，见该组织网站；2）王志浩（Stephen Green）：《中国——暖钱，炎钱，烫钱》，渣打银行《全球研究》（Global Research），2011年12月28日。

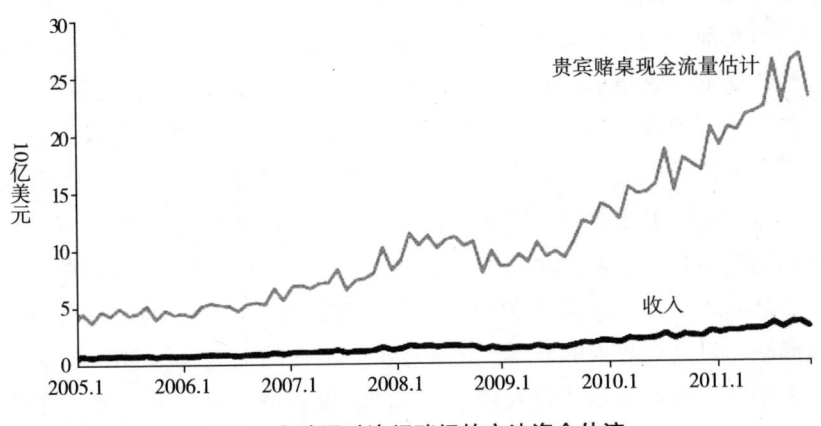

图2　大陆通过澳门赌场的方法资金外流

资料来源：Stephen Green，2011。

值得一提的是，有许多迹象表明，近年来灰色收入不断增加而且非法资金大量外流的情况，与过去几年实行的极度宽松的货币和信贷政策，和以大规模政府投资为主体的扩张性财政政策有直接关系。这一政策于2009年和2010年达到高潮，并在某种程度上延续到2011年。在当时，这是为了抗击全球金融危机的负面影响，但政策一度过于宽松，信贷投放过多，政府投资规模过大，许多投资项目上马过于草率。

其中，不仅中央政府制订了4万亿元的投资计划，而且地方政府层层加码，通过"融资平台"贷款十几万亿元进行投资。2009年一年，银行贷款猛增10万亿元，比上年增长33%，货币供应量（M1）在2010年1月比上年同期猛增39%。2010年，贷款投放又增长8万亿元，货币供应量增长率继续保持在20%—30%的区间。这些情况一度导致资金供应失控，大量资金涌入房地产市场进行投机性操作，促成了房地产泡沫、金融泡沫、通货膨胀和收入分配混乱的局面。

在体制不健全、缺乏合理约束机制的情况下，由政府主导超量投放贷款和大规模投资扩张，必然导致银行贷款和公共资金通过现行体制的种种漏洞大量流失，使某些人的灰色收入大量增加。这不但导致了许多低效、无效的投资项目，而且为腐败和不公平的分配提供了条件，也进一步腐化了政风、党风。有研究发现，在2009—2010年间，全国绝大部分地区的企业经营环境出现了退步，市场化程度在政府与企业关系方面也发生了下降①。这种情况，必然对收入分配产生负面影响。如果我们的收入分配问题调查能够在2009—2010年间进行，估计能够暴露更多问题。在这方面，有很多经验教训值得记取。

此外还需要说明的是，以上对城镇居民收入分配状况和灰色收入的推算，是对现有官方统计调查样本数据的校正。前面已经说过，统计样本中居民收入数据的偏差，实际上来自两个方面。其一是在官方的住户调查中，一部分样本户提供的数据不真实，特别突出的是高收入居民大幅度低报收入数据。其二是由于一些高收入居民拒绝接受调查，导致官方样本有偏差，高收入样本过少。其中尤其缺乏最高端收入的样本。但关于后一方面的情况，目前缺乏必要的信息用以分析官方调查中对高收入样本遗漏的程度和被遗漏高收入居民的实际收入分布状况。

本项研究能够做的，是对前一类偏差进行校正，而没有能够校正后一类偏差。尤其是对那些收入在千万元和上亿元的最高端收入人群，我们的调查也无法取得信息。这一人群虽然数量相对有限，但由于收入数额巨大，对收入分配影响很大。特别是他们中一些人的灰色收入对中国国民收入的分配格局都有重要影响。考虑到这一事实，本文以上对高收入居民收入水平的推算结果，还有可能在一定程度上偏低。这也会影响到对收入差距和居民收入总量的估算。关于这方面的问题，还有待于未来更深入的研究。

五、其他调查发现

除了关于各阶层居民收入状况的信息外，这次城镇居民调查还发现了许多与收入分配相关的有价值信息。前面说过，由于采用的抽样方法不同，这些样本信息并不代表全部城镇居民的总体状况。但由于样本覆盖的地域广泛并且总体上分布均衡，其反映的情况仍然具有重要的参考价值。

1. 各阶层城镇居民的收入来源

在调查样本中，按全部有效样本家庭平均，工资收入占样本家庭收入的

---

① 见王小鲁、余静文、樊纲（2013）：《中国分省企业经营环境指数——2013年报告》，中信出版社，摘要见《国家行政学院学报》2013年第4期；樊纲、王小鲁、朱恒鹏（2011）：《中国市场化指数——各地区市场化相对进程2011年报告》，经济科学出版社。

67%，经营性收入占19%，财产性收入占3%，转移收入占10%，其他不便分类的收入不到1%。经营性收入比重比较高，应该与调查适当增加了高收入样本的比重有关。

不同阶层的收入来源差异显著。其中人均收入1万元以下和1万—2万元的家庭，约80%的收入是工资性收入，但也有7%的经营性收入、8%—13%的转移收入和1%左右的财产性收入。人均收入在2万—5万元的中等收入（包括部分中下和中上收入）家庭，工资性收入超过70%，经营性收入在10%上下。从人均收入5万元以上，工资性收入比重越来越低，经营性收入比重越来越高。人均收入超过100万元的家庭，工资性收入只有11%，而经营性收入占了80%，财产性收入占6%（详见表10）。

表10 各阶层城镇居民的收入来源（2011年）

人均收入分组	合计	<1万元	1万—2万元	2万—3万元	3万—5万元	5万—10万元	10万—30万元	30万—100万元	>100万元
工资性收入	67.4%	83.4%	78.7%	76.5%	73.2%	61.0%	43.9%	22.3%	11.4%
经营性收入1	18.6%	7.4%	7.1%	8.5%	11.8%	24.6%	44.6%	64.9%	74.1%
经营性收入2	0.5%	0.2%	-0.3%	-0.2%	0.1%	0.6%	1.8%	5.1%	5.9%
财产性收入	2.9%	0.7%	1.3%	2.0%	3.7%	4.5%	4.7%	3.9%	4.4%
转移性收入	10.2%	8.3%	13.1%	13.0%	10.8%	8.6%	4.8%	2.7%	2.4%
其他收入	0.3%	0.0%	0.1%	0.2%	0.3%	0.7%	0.3%	1.0%	1.9%

注："经营性收入1"指经营实体经济的收入，"经营性收入2"指经营虚拟经济的收入。
数据来源：本课题调查样本。

经营性收入的绝大部分来自实体性经营（表中的"经营性收入1"），只有很少部分来自"虚拟经济"，即经营股票、期货、房地产以及其他金融产品等等得到的收益（"经营性收入2"）。不过这可能掩盖了一个事实，例如有些人可能在经营房地产或股票上收益丰厚，但只要这些资产没有变现，按照统计学原则就不能算作收入。此外，虚拟经济的经营普遍有盈有亏，互相抵消，会使平均值变小。

从表10可见，虚拟经济领域的经营性收入，在各阶层间的分布有一个明显的特点：中、低收入居民在虚拟经济领域的投资基本上是亏损的，表现为负的经营性收入。只有中上收入和高收入居民的虚拟经济投资才有正的回报，而且对人均30万元以上高收入居民来说才有较为丰厚的回报，占他们全部收入的5%—6%。这似乎印证了长期以来人们的一个猜测：目前中国的资本市场和房地产市场因为严重缺乏规范，在收入分配方面，起了把穷人口袋里的钱转移到富人口袋的作用。

在经营性收入中，不排除包含灰色收入，因为有些经营性收入是通过钱权交易和其他某些不合法经营实现的。还有些人常常把私下收取的生意回扣，或利用职务便利从他人生意得到的提成也解释为"经营性收入"。

财产性收入在从低收入到中上收入人群中的收入比重是持续上升的。但从人均5万元以上，比例大体稳定在4.5%左右，不再上升。

转移性收入的分布也有特点，占中低收入家庭的收入比重较高，而占最低收入和高收入家庭的比重都相对较低。这说明目前转移性收入的主体部分并不是政府主导的、针对贫困人群的收入再分配，而主要是中、低收入退休人员的退休金、养老金，以及赡养亲属和私人礼尚往来的馈赠，但也不排除包含一部分灰色收入，例如医生、教师、公务人员收取的红包。

"其他收入"是一个用来囊括所有不便分类的收入的项目，其中不排除由于收入类别的敏感性而不便分类的收入（灰色收入，但绝不会是全部）。该项占居民收入的平均比重很小，但占人均收入30万—100万元和100万元以上高收入家庭的收入比重相对较大，分别为1.0%和1.9%。

2. 各阶层城镇居民的职业分布

调查样本中的不同收入阶层，在家庭成员的职业分布上有明显的不同特点。表11列出了各阶层样本家庭最高收入者（即一个家庭里收入最高的成员）的职业分布。

其中家庭人均收入1万元以下的低收入家庭，家庭最高收入者的主要职业（按比重大小排列）是：工人（35.0%），服务人员（17.3%），自由职业、个体经营（15.8%），三类合计占了该类家庭的近70%。收入1万—2万元的家庭，职业也以这三类为主，但退休人员和其他职业的比重稍大些。人均收入2万—5万元的中等收入家庭，各类职业分布比较均衡，但专业技术人员和其他专业人员、一般管理和办事人员、自由职业和个体经营者、一般公务人员的比重相对较高①。人均收入5万—10万元和10万—30万元的中上收入和高收入家庭，自由职业和个体经营者的比例最大，分别占23%和32%，此外中高级专业技术人员和其他中高级专业人员、中高级管理人员、私营企业主也占一定比例。人均收入30万元以上的高端家庭，私营企业主占了最大比例，其次是自由职业和个体经营者，两者合计比例在70%—80%之间。

从不同职业人员在各阶层居民中分布的角度来看，一般专业技术人员、一般党政干部和公务人员、一般管理人员和办事人员分布的峰值都落在人均3万—5万元的中等收入区间（这里的峰值是分别以各收入组样本数为100%，该职业在各组中所占比重高低界定的，而不是以该职业人员为100%来界定的，下同）。中高级专业技术人员、其他中高级专业人员和中高级党政干部分布的峰值落在人均5万—10万元区间。自由职业和个体经营者分布的峰值落在人均10万—30万元区间。企事业单位中高层管理人员的分布峰值落在人均30万—100万元区间。私营企业主及合伙人的分布峰值落在人均收入100万元以上的区间。

请注意，这里说的人均收入区间，都是按家庭人均收入计算的，而不是指家庭最高收入者的个人收入。以上各类职业人群的收入分布情况可以印证，在官方城镇居民收入统计数据中，城镇10%最高收入家庭人均收入只有5.88万元的数字，是不准确的。

按家庭最高收入者工作单位的分布情况看，在股份制、私营、合伙制企业就业的人员，分布有两个峰值，分别落在1万元以下的最低收入区间和100万元以上的最高收入区间（前者基本上是这些企业的普通劳动者，而后者基本上是企业主）。在国有和国有控股企业就业的人员，分布在中低到中高收入区间比较平均，峰值在2万—3万元区间。在科教文卫机构和社会团体工作的人员，分布峰值落在3万—5万元区间。党政军警机关工作人员，以及在外资和港澳台资企业就业的人员，分布的峰值落在5万—10万元收入区间。详细情况见表12。

---

① 其他专业人员包括医生、教师、科研人员、文艺工作者、会计等等。

表11 各阶层城镇居民的职业分布（按家庭最高收入者职业，2011年）

人均收入分组	合计	<1万元	1万—2万元	2万—3万元	3万—5万元	5万—10万元	10万—30万元	30万—100万元	>100万元
（1）一般专业技术人员	8.5%	7.3%	11.9%	11.0%	10.3%	4.7%	2.4%	1.4%	2.6%
（2）中高级专业技术人员	6.5%	1.4%	3.4%	5.7%	9.8%	10.9%	7.4%	1.9%	1.3%
（3）其他一般专业人员	8.0%	3.6%	7.8%	9.7%	10.1%	9.6%	5.0%	1.9%	1.3%
（4）其他中高级专业人员	2.9%	1.4%	2.3%	2.9%	3.1%	4.8%	3.2%	1.0%	1.3%
（5）一般党政干部和公务人员	4.6%	0.5%	3.0%	4.9%	6.6%	6.5%	5.0%	0.5%	1.3%
（6）中高级干部和公务人员	1.3%	0.5%	0.7%	0.9%	1.5%	2.4%	2.3%	0.5%	0.0%
（7）企事业单位、社会团体一般管理和办事人员	8.0%	6.4%	6.8%	10.7%	12.2%	7.7%	3.5%	1.4%	0.0%
（8）企事业中高层管理人员	5.9%	0.9%	1.6%	3.5%	6.8%	10.7%	11.7%	12.0%	3.8%
（9）服务人员	7.7%	17.3%	12.0%	10.8%	5.8%	3.6%	1.8%	0.5%	0.0%
（10）工人	12.2%	35.0%	23.6%	15.6%	7.5%	1.9%	1.1%	0.0%	0.0%
（11）私营企业主、合伙人	6.7%	0.0%	0.1%	0.5%	1.5%	7.7%	21.4%	43.6%	54.1%
（6）自由职业、个体经营	18.2%	15.8%	13.9%	12.3%	16.0%	23.1%	31.9%	29.3%	23.1%
（12）其他职业	1.9%	2.4%	1.9%	1.7%	1.8%	1.6%	2.1%	1.6%	1.0%
（13）学生、研究生	0.4%	0.0%	0.2%	0.6%	0.3%	0.5%	0.3%	1.0%	2.6%
（14）退休、无业人员	6.4%	6.8%	10.1%	8.7%	6.1%	3.6%	0.9%	2.4%	2.6%
漏答	0.7%	0.9%	0.8%	0.7%	0.7%	0.7%	0.3%	1.0%	5.1%
合计	100%	100%	100%	100%	100%	100%	100%	100%	100%

数据来源：本课题调查样本。

表12 各阶层城镇居民的工作单位分布（按家庭最高收入者，2011年）

人均收入分组	合计	<1万元	1万—2万元	2万—3万元	3万—5万元	5万—10万元	10万—30万元	30万—100万元	>100万元
（1）党政机关、军队、警察	5.8%	1.4%	3.9%	6.0%	8.1%	8.8%	5.7%	1.4%	2.6%
（2）文教卫生、科研、艺术机构、事业单位、社会团体	11.6%	10.5%	11.4%	12.7%	15.5%	12.9%	7.1%	2.4%	1.3%
（3）国有和国有控股企业	15.6%	12.7%	18.4%	19.7%	16.7%	12.5%	10.5%	6.3%	1.3%
（4）股份、私营、合伙企业	31.0%	31.4%	30.5%	30.3%	26.5%	27.7%	34.0%	50.0%	56.4%
（5）外资、港澳台企业	4.9%	2.7%	3.7%	3.2%	6.3%	6.8%	6.6%	5.8%	3.8%
（6）自由职业、个体经营	18.3%	16.8%	13.9%	12.3%	16.0%	23.1%	31.9%	29.3%	23.1%
（7）其他工作单位	4.5%	13.6%	6.3%	5.3%	3.7%	3.2%	1.2%	0.5%	1.3%
（8）无单位	6.8%	10.0%	10.6%	9.0%	5.5%	3.3%	2.0%	3.4%	3.8%
漏答	1.5%	0.9%	1.4%	1.4%	1.7%	1.6%	1.1%	1.0%	6.4%
合计	100%	100%	100%	100%	100%	100%	100%	100%	100%

数据来源：本课题调查样本。

3. 各阶层城镇家庭的财产分布

本项调查重点了解了样本家庭拥有房产和家用汽车的情况。

在有效样本中，89%的家庭都有自有住房，其中有一处住房的家庭占75.4%，有两处住房的占11.7%，有三处住房的占1.5%，有四处或以上住房的占0.4%。

按住房种类分，在样本户的自有住房中，普通商品房占52.2%，高档商品公寓/别墅占4.4%，经济适用房/限价房占3.8%，小产权房占2.3%，自建房占10.6%，"房改房"占16.5%，家族遗产和亲属赠与房占4.1%，他人赠与房占1.2%，拆迁补偿房占3.6%，其他占1.3%。

按取得自有住房的付款方式分，一次付清的自有住房占68.9%，分期付款已付完的占15.3%，分期付款未付完的占10.3%，未付款的占5.5%。

按各阶层居民家庭自有住房的分布，人均收入1万元以下的最低收入家庭中，无房户最多，占15.5%。该比例随收入上升而下降，但就连人均收入超过30万元和100万元的家庭中，也都有个别无房户（占1%左右）。这种情况应该是有公司名下的住房或公房可住，没有必要自己购房。

自有住房的详细分布情况见表13。

表13　城镇家庭自有住房数量的分布（%）

自有住房	合计	<1万元	1万—2万元	2万—3万元	3万—5万元	5万—10万元	10万—30万元	30万—100万元	>100万元
0处	11.0%	15.5%	14.1%	13.8%	12.8%	7.7%	4.2%	1.0%	1.3%
1处	75.4%	83.6%	82.6%	80.7%	76.1%	70.9%	65.0%	47.6%	53.8%
2处	11.7%	0.9%	3.2%	5.2%	9.9%	18.8%	26.9%	38.5%	28.2%
3处	1.5%	0.0%	0.1%	0.3%	0.9%	2.0%	3.2%	10.6%	14.1%
4处及以上	0.4%	0.0%	0.0%	0.0%	0.3%	0.5%	0.8%	2.4%	2.6%
合计	100.0%	100.0%	100.0%	100.0%	100.0%	100.0%	100.0%	100.0%	100.0%
自有住房面积	113.8	82.9	88.1	89.4	102.7	125.6	156.9	234.9	303.8

数据来源：本课题调查样本。

人均1万元以下的最低收入家庭，只有0.9%的家庭有两处住房。该组居民家庭的平均自有住房建筑面积只有83平米。多房户的比重随收入上升而上升，占人均收入3万—5万元家庭的11%，占人均收入30万元以上家庭的一半左右（不排除有遗漏的可能性）。

样本家庭的人均住房面积是36.5平米，高于统计局调查数据的人均32.7平米。样本户人均自有住房面积39.1平米，户均自有住房面积113.8平米。

按自有住房建筑面积算，人均收入 5 万—10 万元的家庭，平均每户住房面积才超过 125 平米。随后急剧上升，人均收入 30 万—100 万元和 100 万元以上家庭，平均自有住房面积分别为 235 平米和 304 平米。而这后两组家庭，在城镇居民家庭中的比重估计不会超过 3%。

2011 年，样本家庭中有 4.3% 的家庭新购置了住房。人均 1 万元以下低收入家庭中，新买住房的家庭只占 1.4%；而人均 100 万元以上的高收入家庭，新买住房的占 10.3%。

在样本家庭中，有 28.9% 的家庭拥有家用汽车，其中有 3.5% 的家庭拥有两辆汽车，0.3% 的家庭拥有 3 辆或更多。由于本项调查有意识地增加了高收入样本的比例，所以样本中汽车拥有量的数据会高于城镇居民家庭的实际家用汽车拥有量。但根据统计局的每百户城镇居民家庭 18.6 辆也在一定程度上偏低。根据国家统计局的 2011 年全国城镇人口统计数、城镇家庭平均人口数、全国家用汽车拥有量、城乡私人汽车比例等数据推算，城镇每百户居民应该拥有的家用汽车数量应为 21.2 辆（仅计算小型和微型汽车）。这也说明城镇住户统计样本对高收入居民有遗漏。

在我们的调查样本中，按收入分组，有车家庭的比例随收入上升而上升。其中，人均收入 3 万—5 万元的家庭有 23% 有车，人均 5 万—10 万元的家庭约一半有车，人均 10 万—30 元的家庭 75% 有车，30 万—100 万元的家庭 91% 有车，超过 100 万元的家庭 96% 有车，而且其中 52% 的家庭有两辆或更多（详细情况见表 14）。

表 14　城镇居民家用汽车的分布

	合计	<1 万元	1—2 万元	2 万—3 万元	3 万—5 万元	5 万—10 万元	10 万—30 万元	30 万—100 万元	>100 万元
0 辆	71.1%	98.6%	94.8%	90.8%	77.2%	49.6%	25.0%	9.1%	3.8%
1 辆	25.2%	1.4%	5.2%	8.9%	22.7%	47.5%	65.4%	57.2%	43.6%
2 辆	3.5%	0.0%	0.0%	0.3%	0.1%	2.9%	9.0%	31.7%	42.3%
2 辆以上	0.3%	0.0%	0.0%	0.0%	0.0%	0.0%	0.6%	1.9%	10.3%
合计	100.0%	100.0%	100.0%	100.0%	100.0%	100.0%	100.0%	100.0%	100.0%
平均值	33.0%	1.4%	5.2%	9.4%	22.9%	53.3%	85.3%	126.4%	160.0%

数据来源：本课题调查样本。

根据2011年官方城镇住户统计数据，城镇10%最高收入家庭每百户拥有家用汽车52.4辆，他们的人均年收入是5.88万元。而在我们的样本中，汽车普及率达到这一水平的家庭，人均收入在5万—10万元之间（每百户拥有53.3辆）。而人均收入在10万—30万元、30万—100万元、100万元以上的家庭，每百户的汽车拥有量分别是85.2辆、126.3辆和160辆。这也从一个角度印证了统计局的城镇住户调查样本的确同时存在对高收入家庭收入水平的低估和样本的遗漏。

4. 各阶层城镇居民的社保覆盖与受益

发达国家的经验证明，一个全社会覆盖的社会保障体系是缩小收入差距、改善收入分配的重要手段。中国正处在建立和健全社会保障体系的过程中，不同收入水平居民的社会保障状况，与收入分配有重要意义。通过对样本数据的分析，可以发现，目前的城镇职工和居民医疗保险尽管已经实现了比较全面的覆盖，但仍然存在一些比较突出的问题，其中主要的一点是低收入居民的医疗支出水平很低，但自费率过高，受益水平远低于高收入居民。

从表15可见，按人均医疗保健支出占人均消费支出总额的比例，高、低收入居民的支出比例相差不多，高收入居民的比例略低于低收入居民的支出比例。但按自费负担占医疗支出的比例计算，人均年收入1万元以下的低收入居民，自费率高达72%；而中等收入和高收入居民的自费率都在50%左右。

如果按人均从基本医疗保险和从单位报销的医疗费来看居民从现行医保体系和公费医疗体系受益的情况，差距更加悬殊。人均年收入1万元以下的低收入居民，2011年人均报销金额只有73元；人均收入2万—3万元的中等收入居民，人均报销315元；而人均收入30万—100万元和100万元以上的高收入居民，人均报销金额分别为1545元和1308元，是低收入居民的20倍左右①。这说明高收入居民从医保和公费医疗体系的受益，远高于中低收入居民，特别是显著高于低收入居民。从这种情况看，现行医保和公费医疗体系，并没有起到平衡收入分配、保障弱势群体的作用，反而在实际上向高收入群体倾斜，不利于缩小收入差距。

---

① 这里的计算均按各收入分组的全体样本家庭计算人均报销额，即当年发生了医疗支出和没有发生医疗支出的家庭都包括在内。

表15　样本家庭的医疗支出（2011年）

人均收入分组	<1万元	1万—2万元	2万—3万元	3万—5万元	5万—10万元	10万—30万元	30万—100万元	>100万元
人均消费支出（元）	7710	12236	17524	25704	41313	75645	163246	320330
医疗保健支出（占消费支出%）	3.5%	4.0%	4.0%	3.9%	4.3%	3.1%	2.5%	2.2%
公费医疗（占医疗支出%）	6.4%	5.4%	7.3%	4.8%	6.5%	5.5%	5.5%	4.7%
医保报销（占医疗支出%）	20.7%	35.3%	37.8%	43.1%	42.8%	33.1%	32.8%	14.2%
商业保险报销（占医疗支出%）	1.3%	1.2%	1.2%	2.3%	3.1%	5.1%	8.8%	6.2%
自费医疗（占医疗支出%）	71.6%	58.1%	53.7%	49.8%	47.6%	56.3%	52.9%	74.8%
公费医疗和医保报销金额	73	198	315	485	876	919	1545	1308

数据来源：本课题调查样本。

为什么会出现这种情况？一个原因来自现行的城镇职工和城镇居民基本医疗保险报销起付标准的规定。该标准各地不同，一般在几百元到一千多元之间，年度医疗费在起付标准以下的部分不予报销。这一规定有利于防止不必要的就医诊病，减少医疗资源的浪费，但不利之处是对穷人正常就医有抑制作用，迫使他们尽量减少就医，实际上使多数低收入居民自动把医疗支出限制在起付标准之下。但在起付标准以下无法从医疗保障受益，因此压低了他们享受医疗服务的总体水平。但对高收入居民来说，这少量的自付无关痛痒，对他们没有抑制作用，反而是医疗支出越多，从医保受益越多。这一问题需要解决，一个可以考虑的办法，是取消关于起付标准的规定，改为按医疗费全额的一定比例报销。

另一个原因，是现行城镇社保体系对外来农民工有重大遗漏。根据国家统计局的调查，2012年全国外出农民工在就业地参加医疗保险的比例只有16.9%。因此大部分在城镇就业的农民工仍然只能自费就医[①]。

---

① 国家统计局（2013）：《2012年全国农民工监测调查报告》，国家统计局网站。

在我们的城镇居民调查样本中，为了与官方调查样本基本可比，并没有包括大量农民工。外来人口占 11.4%，其中来自农村的人口只占 6.2%。因此，样本数据反映的低收入居民自付医药费比例高的现象，看来主要是上述第一个原因造成的，与第二个原因的关系不太大。但这并不表示第二个原因不重要。

六、推进体制改革，改善收入分配

本报告前面的分析说明，我国收入分配形势仍然严峻，居民收入差距仍然巨大，灰色收入在国民收入总量中持续占有一个举足轻重的比例，而且有从最高收入阶层向一部分中等以上收入阶层扩散的趋势，意味着腐败现象的蔓延。改善收入分配，绝不是仅仅依靠调整工资和个人所得税起征点能够解决的。近年来政府采取了一系列帮助弱势群体的政策，加快了低收入居民的收入增长，使高低收入之间的相对差距有所缩小，这是一个好的迹象。但由于与收入分配密切相关的一系列体制问题没有得到根本解决，收入分配混乱的局面仍然没有得到控制，收入分配的绝对差距还在继续扩大，推算得到的城镇居民收入基尼系数已经处于一个危险的区间。这种情况对我国的社会公正、稳定和经济发展都是十分严重的挑战。

冰冻三尺，非一日之寒。上述情况是多年来体制改革滞后、既得利益坐大、腐败之风泛滥的结果。面对这一严重挑战，当前反腐是第一要务。不过，仅靠行政手段反腐，或者"运动式"的反腐，能够在短时期内产生一定效果，却不能铲除滋生腐败的土壤、消除产生腐败的内在机制。因此在使用一切必要的行政手段反腐的同时，还必须处理好治标和治本的关系，推进体制改革，从根本上解决问题。

1. 影响收入分配的体制弊端

推进改革，必须有明确的针对性。我国目前的收入分配失衡，主要有以下一些体制性原因。

（1）公共资金管理不善

我国已经是中等收入国家，经济总量居世界第二位。而 2011 年政府公共财政收入、各类政府性基金收入（最主要是土地出让收入）、社保基金收入、中央国有资本经营收入四项合计，总量已经超过17万亿元，占GDP的36%。也就是说，目前每年的经济总量，超过三分之一是通过政府来分配的。如此巨额的公共资源，如果制度不健全、分配不合理，对收入分配势必产生巨大的负面影响。

目前公共资金管理的主要问题是缺乏严格的制度约束，或者有章不依，透明度低，缺乏监督。行政管理支出和各项公共服务支出缺乏标准，执行随意，导致"三公消费"和其他政府自身消费膨胀，并在政府支出的各个环节有大量漏洞，导致公共资金流失。初步推算，我国公共财政支出中，广义行政管理费用所占比重比发达国家约高出10个百分点，等于每年有上万亿元的资金流失、浪费和不当支出。如果加上土地出让收入在使用环节的流失和浪费，数额还更大。

此外，政府投资和国有企业投资支出漏洞很多，管理不善，监督不到位，许多投资项目存在不执行招投标或者虚假招标、幕后交易、层层转包、收受回扣、以次充好等现象，导致公共资金大量流失。2011年国有单位和国有控股企业投资总额10.8万亿元，如果投资总额有10%的流失的话，那么公共投资资金每年流失就会超过万亿元。而许多个案表明，这方面的问题很严重。通过这一渠道流失的公共资金，是少数人灰色收入的重要来源。

（2）资源收益和垄断性收益分配不当

由于自然资源的稀缺性，资源行业利润丰厚。2011年，我国石油、天然气、煤炭、黑色和有色金属采矿业利润超过1.1万亿元，利润率数倍于大多数竞争性行业。这些利润的主要部分是资源性收益，不是经营性收益。此外，还有一些具有天然垄断性或行政垄断性的行业，例如银行、铁路、电力、电信、烟草等，利润同样丰厚或者更加丰厚，然而主要来自其垄断地位，而不是一般意义上的经营性收益。

资源性和垄断性收入的主要部分，理应纳入公共财政，用于公共服务。但在现行财税体制下，财政每年只收到几百亿元资源税，此外有几百亿元央企（多数处于垄断性行业或具有垄断地位）的上缴红利，由国资委支配，未纳入财政收入。资源性和垄断性收益的大部分，仍然由相关领域的企业自行支配；在私营企业直接成为私营企业主的利润收入，在国有企业则有相当部分通过公款招待、职务消费、超额福利、私下分钱等途径被挥霍，或者流入管理层或相关权力部门一些人的腰包。据报道，2012年1720家上市公司的招待费支出

133亿元，其中有10家上市国企的招待费超过29亿元①；这只是其中一个例子。

在现行体制下，矿山资源开采权的授予也存在非常大的漏洞。由于相关制度不严密，程序不透明，缺乏竞争性，矿山开采权的授予常常存在官商勾结、虚假竞标、私相授受的行为，将国有矿山资源低价转移给少数人，成为公共资源大量流失的一个隐秘渠道。

（3）要素市场缺乏规范

在经济发展中，生产要素资本化的过程会带来巨大收益。在我国，这突出表现在土地出让和企业上市带来的溢价。土地由农用转为非农用途，地价常常有成十倍乃至百倍的升值。中华人民共和国宪法规定，农村土地为农民集体所有。但按现行制度，农地转为非农用途必须由政府征地，转为国有，并由政府分配或拍卖，其收益完全成为地方政府所得。这实际上是违反宪法的，侵犯了农民的合法权益。

2011年，全国国有土地出让收入为3.35万亿元，相当于当年全国公共财政收入的32%、地方政府本级财政收入的64%（未包括在财政预算收入内），成为地方政府收入的一个最重要支柱。扣除征地、拆迁补偿支出后，政府的土地收入仍高达1.91万亿元②。

但在这个过程中，地方政府出让的是未来70年的土地使用权，实际上预支了未来70年的土地收益，一次性花掉，造成了短期的过度繁荣。土地资源是有限的，这种情况不可能长期持续。如果不改变，未来随着土地资源逐渐枯竭，必然导致长期经济衰退。同样严重的问题是，这笔巨大收益的管理，存在许多制度上的漏洞，缺乏对政府批地、征地、卖地的权力进行监督的规则，从而围绕着土地收益产生了大量腐败、浪费和公共资金流失。

由于现行体制把地方政府的自身短期利益与土地收入紧紧绑在一起，导致地方政府在征地、卖地、土地开发上有极大的冲动，强征强拆现象层出不穷，冲突不断，却不关心土地资源的有效利用。而且与中央调控地价房价的初衷相

---

① 新京报（2013年5月13日）："10家上市国企去年招待费超29亿，维系关系靠请客吃饭"。

② 数据来自国土资源部，"2011年国土资源公报发布"，2012年5月10日，国土资源部网站；财政部，2012，"关于2011年中央和地方预算执行情况与2012年中央和地方预算草案的报告"，财政部网站；国家统计局，2012，《中国统计年鉴2012》，中国统计出版社。

反，地方政府唯恐地价房价下跌。他们对土地供应的垄断，也决定了房价难以下降。现行的土地管理体制，使各级地方政府与广大居民之间产生了直接的利益冲突。

地方政府的土地出让收入并不是土地溢价的全部，还给房地产开发商提供了每年1万亿—2万亿元的高额利润空间（按实际造价和商品房售价之差计算）。由于土地出让环节由政府垄断，房地产利润也在很大程度上与权力的使用相关，而不单纯是市场竞争的结果。

土地溢价实际上是一个与经济发展相关的宏观经济现象，来自城市化进程产生的巨大溢出效应，实际上是社会各阶层共同努力的成果，也应该回报全社会。土地收益的分配，一方面应当保证失地农民作为土地所有者一员的合法权益，保证他们在溢价收入中得到应有的一份，另一方面也应使高额溢价的相当部分由全社会分享。孙中山就提出过"土地涨价归公"的主张。只是目前的土地出让制度并没有带来土地收益的公平分配。合理的解决途径，是开放土地市场，政府由土地的垄断方转变为中立的监督方，并通过征收土地增值税将土地溢价的一部分纳入公共财源，用于公共服务。土地制度的改革，也应与房产税改革配套进行。

(4) 行政垄断扭曲分配

行政性垄断是导致收入分配不合理的一个重要原因。有一部分行业，人为设置了相当高的行政壁垒，使竞争者难以进入。还有一些行业靠行政规制保证了高额利润。例如我国银行业2011年净利润1.04万亿元，利润率远高于竞争性行业，在很大程度上是由于过去人为规定了相当高的存贷利差，同时也是由于竞争不充分，中小金融机构难以发展，因而形成大银行主导市场的格局。这种情况，也是导致小企业贷款难的主要原因。行政性垄断妨碍了公平竞争，导致行业之间苦乐不均，收入分配不公，也成了低效率的保护伞。

最近央行采取的放开银行贷款利率管制，取消利率下限的措施，是一项重要改革，为公平竞争打开了通路。但在这个领域和其他行政性垄断的领域，还有待一系列进一步改革措施来打破垄断，促进竞争。

(5) 对公权力缺乏有效监督

在市场经济条件下，一个合理的收入分配体系，应当保证劳动和其他各生产要素都在公平竞争的市场上取得合理回报，同时通过有效的社会保障、公共服务、税收政策和转移支付等制度安排进一步维护社会公平，照顾弱势群体，减小贫富差别。但如果权力过多介入经济活动和收入分配，而且不受社会监督，就会逐渐演化为一些人以权谋私、侵占公众利益的手段，公平分配的格局就遭到破坏。有些人说，中国特色的社会主义道路就是政府主导经济。这其实反映了某些既得利益集团试图扭转改革方向的主张，颠倒了政府和市场的关系，是对过去三十几年市场化经济改革的否定。

为了防止少数人凭借权力侵害公众利益，社会必须建立一整套制度和相应的运行机制，来保证权力为社会大众服务，防止公权力转化为谋取私利的手段。我国当前严重缺失的，正是这方面的制度建设。

根据2012年一项对全国4000多家企业的调查，有61%的企业表示对当地政府人员发生过"非正式支付"，他们对当地政府官员廉洁守法情况的评价为"很好"的只有7%，评价为"较好"的也只有24%①。这反映官员以权谋私、收受贿赂是一个相当普遍的现象。

很明显，腐败并不仅仅发生在政府直接分配资金和资源的场合，同时也会发生在任何公权力发生作用的场合。因为权力会直接或间接影响经济利益的分配，也就会创造"寻租"和主动"设租"的机会。当权力发生大面积的腐化，社会就面临严重危机。这是当前致使收入分配发生扭曲的关键因素。

(6) 公共服务部门腐败高发

腐败和灰色收入主要围绕权力和垄断部门发生，但也从权力部门中心向其他领域扩散。其中公共服务部门是发生率特别高的领域，例如医院和医生开大药方，收取高额药品回扣（这是推高药价的重要因素），校长教师收取家长择校费和红包，科研人员以低质量的科研从政府部门骗取高额课题经费，等等。这类情况，实际上都加重了普通的公共服务消费者（患者、受教育者以及一般纳税人）的负担，是一种逆向的转移支付。本报告前面所指出的灰色收入有向中高收入群体扩散的趋势，显然在很大程度上与此有关。

之所以发生这种情况，原因之一是因为这些公共服务部门所担负的职责，使这些部门处于某种垄断地位，不受市场竞争的约束，从而有可能利用这种垄断地位寻租。服务产品供求双方之间信息不对称，也加剧了这种情况。例如，患者缺乏医药知识，只能听任医生开大药方或接受过度检查、过度治疗。

---

① 王小鲁、余静文、樊纲（2013）：《中国分省企业经营环境指数——2013年报告》，中信出版社。

同时，公共服务部门官僚化，使问题更加严重。主管部门常常以管理行政机构的方式管理医院、学校、科研单位，而不是靠法律制度管理这些公共服务机构，使这些机构事事听命于上级，丧失了必要的自主权、自治权，也直接把腐败之风从权力部门带到公共服务部门，使它们丧失了自我净化的功能。例如，一方面现行制度禁止中小学自主招生，另一方面一些重点学校被迫大量接受上级主管部门和当地行政官员写条子塞进来的"条子生"，以致这些学校人满为患。而"条子生"背后的私下交易，带来的利益主要落入主管部门和关联部门官员的腰包，并部分由校方分享。在医院和医药管理问题上，一些主管和监管部门放弃监管职责，甚至官商勾结，共同作弊，也是导致医药行业腐败和收入分配混乱局面的重要一环。

最后一个关键问题是，在各个公共服务领域，缺乏一套有针对性和有效的法律框架和制度设计，能够既给这些服务的供应者提供必要的激励机制，又能有效防止徇私舞弊行为的发生。

2. 关于推进改革、改善收入分配的讨论

以上扼要归纳了严重影响收入分配的六个方面体制弊端。改善收入分配，也需要首先围绕这六个方面的体制问题推进体制改革。下面针对这些问题，简要归纳这些方面改革一些可以考虑的要点。

（1）财税体制改革

- 需要建立一个公开、透明、统一的财政体制，实行全口径阳光预算，将各级政府全口径收支置于各级人大和社会公众的实质监督之下。

- 根据各级政府服务的人群，制定政府行政管理支出标准和公共服务标准，并相应制定严格的财政纪律。据此重新调整中央与地方、各级地方政府之间的财政关系，增加一般转移支付，减少专项转移支付，充实地方财政，合理分配财政资源，使之得到有效利用。

- 继续推进资源税改革、国有企业红利上缴制度改革，研究垄断利润调节税的可行性，把资源性收益和垄断收益的主要部分纳入公共财政，用于公共服务。

- 与土地制度改革相配套，用土地出让环节的土地增值税和针对超标准住房的房产税取代土地出让收入，形成更可持续的地方财源，并抑制房价恶性膨胀。

(2) 土地制度改革

• 建立公开的土地市场，实行土地竞标制度；除少数公益性和关乎国家整体利益的项目外，以公开透明的场内土地交易代替政府征地和出让。政府从交易方变为监督方，并通过确权颁证及相关配套措施，切实保障土地交易的收益落实到农户，不被某些人中间截留。公益性用地的征地补偿也应参照市场价格。

• 实现同地同价，工业用地不再享受低地价，回归真实成本，优化资源配置，避免土地资源浪费。

• 高额土地溢价的一部分，通过土地增值税纳入公共财政，用于公共服务，优先用于户籍制度和相关改革，给城乡转移人口提供社会保障和公共服务。

• 积极探索农用地流转、农村集体建设用地和农民宅基地通过市场流转的合理方式。

(3) 垄断性和资源性行业改革

• 减少行政保护，放开市场竞争。

• 对天然垄断性行业，制定相关制度和监督措施以保障公众利益和公平交易。

• 对采矿权的授予实行严格、规范和公开透明的竞标制度。

(4) 行政管理体制改革

• 围绕权力产生腐败的问题，建立对公权力有效监督和约束的制度。其基本内容就是法制和民主。

• 通过法制限定公权力的活动范围和行为规则。

• 推进民主建设，使社会公众能够在法制框架下对公权力进行监督，保障法制的实现。

• 法制化和民主化是解决腐败问题、改善收入分配最根本的保证，应该通过渐进式政治体制改革一步一步解决。

• 在当前，首先需要推进的是行政管理体制改革，解决权力过于集中、缺乏制度约束、透明度低、不受社会监督的问题，初步解决"权为民所用"的问题，并通过更深层次的改革，逐步解决"权由民所赋"的问题。

(5) 公共服务部门改革

• 治理公共服务部门的腐败，要从纠正政府及主管/监管部门的行为做起。上风不正，无以治下。

- 公共服务部门改革，应从去行政化入手，以靠法律制度管理代替行政化的管理，以专家治院治校代替官员治院治校，并鼓励行业自组织的发展，培育这些行业的自我约束和自我净化机制。

- 需要针对公共服务部门的特点，探索建立相应的法律和制度框架及监督手段，既提供正面的激励机制，又有效防止营私舞弊，侵害消费者利益的行为。

- 医院、学校、科研机构都应该实行双轨制，既保证基本公共服务，又鼓励市场导向的民间机构和社会公益慈善机构进入，鼓励公平竞争，给消费者提供多种选择，并通过竞争促进提高效率、改善服务质量。

结束语

收入分配状况是一个社会的经济、政治和社会体制的综合反映。收入分配公平合理而且积极有效，是一个国家和谐稳定、有序发展的基本前提条件。收入分配不公、差距悬殊、秩序混乱，是一种严重的社会疾病。我国当前面临的腐败和收入分配不合理的问题，已经到了相当严重的程度，事关国家民族的前途，决不能等闲视之。

出现这种情况，说明我国许多方面的经济体制并不健全，经济体制改革尚未完成，同时说明我国政治体制和社会体制的改革严重滞后。现行行政管理体制在许多方面沿袭了旧的计划经济时期的行政管理方式，权力过于集中，政府过多干预资源配置，影响了市场机制的有效运行，但同时缺乏对政府行为的制度约束。尤其是法制不健全，党委和政府不守法、"权大于法"的情况司空见惯。民主建设长期停步不前，没有形成人民群众对政权进行监督的有效机制。

因此，解决收入分配不合理的问题，必须全面推进经济、政治和社会体制改革，探索建设一套既符合世界文明发展的共同趋势，又适合中国国情和目前发展阶段的经济、政治和社会体制。当前，社会各界对即将召开的十八届三中全会寄予了极大的期盼，希望这次会议能够成为改革的一个新里程碑。

当然，改革不可能一蹴而就，需要以渐进的方式，稳步但坚决地推进。在这个过程中也必然遇到某些既得利益集团的抵制和阻挠。但改革以实现全民最大福利和社会长远发展为基本目标，是大势所趋，一定能够逐渐形成全民共识，成为不可抵挡的历史潮流。

改革所要实现的目标，应当是建立一个以公平竞争的市场经济为基本制度的社会；一个保护竞争、限制垄断的社会；一个政府廉洁高效、积极为社会服务，但不过度干预市场活动的社会；一个把收入差距保持在合理范围之内，全体公民能够享受基本社会保障和医疗教育住房等基本公共服务的社会；一个保护公民基本权利，在法律面前人人平等的社会；一个公民能够通过民主途径对政府进行监督的社会；一个能够最大限度实现全民利益协调一致、分享发展成果、共同富裕的社会。

转轨经济

Transition Economy

Comparative

个人自由和社会主义经济改革

雅诺什·科尔奈

1. 引言

关于社会主义经济体制改革的著述，数量庞大且仍在不断增加。中国和前苏联两大经济巨人先后追随南斯拉夫和匈牙利两个先驱小国的足迹走上了改革之路，全世界的兴趣也随着急剧上升。大多数对改革进程的分析采用的是狭隘的经济或技术观点，仅仅关注诸如效率、增长、物质福利和世界市场调整等问题。

本文讨论的是完全不同的内容，即从道德和政治哲学的角度出发，围绕个人自由提出一些问题。最基本的问题是：社会主义体制改革和个人自由之间究竟有什么关系？

论文选择的主题反映了一种价值判断。我不是要提出某个规范理论；实际

---

* 感谢为本论文不吝提供宝贵意见的人们，尤其是 T. Bauer、J. S. Berliner、Z. Daniel、M. Ellman、R. I. Gábor、D. Hausman、Z. Kapitány、M. Laki、R. Nozick、A. Sen、A. Simonovits 和 J. W. Weibull。特别感谢 M. Kovacs 专门的研究援助，以及 B. McLean 和 S. Mehta 为本文所做的英文修正。感谢匈牙利科学院经济研究所和哈佛大学的支持。当然，作者对本文所表达的观点负全部责任。

上，本文主要想提供描述性的实证（positive）观察结果。不过，请让我在一开始就阐明我的信条。我极其尊重个人自由和自我实现的权利，坚持认为人人有权利选择自己的生活方式。在我的价值观体系中，个人自由是重要的基本权益之一。① 我认为经济自由的大幅扩展是匈牙利改革的一项主要成果。同样，我认为匈牙利改革最严重的缺陷之一，就是未能充分扩展经济自由。本文的一个目的是建立新的标准来衡量改革运动的进展，并与通常的效率衡量方法结合起来使用。本文将运用这项标准，详细报告匈牙利改革的成功与失败。

匈牙利是我相当熟悉的国家，所以我很自然地选择它为研究对象。但我相信，文中讨论的议题、问题、概念以及关联性，均适用于其他社会主义国家的研究。因此，以匈牙利作为范例的同时，本文对各种意见和主张的讨论必将具备更普遍的有效性。

"哥本哈根大会"的与会者以及《欧洲经济评论》的读者中，很大一部分是西方经济学家。这些听众和读者不能奢望本文对个人自由的一般性讨论有很多新奇想法。不过论文的亮点，可能在于探究在社会主义制度下，个人自由到底是怎么一回事。

无论如何，我都希望社会主义国家能关注本文阐释的观点。几十年来，探讨个人自由一直是思想上的禁忌；诸如"个人主义"、"自由主义"的概念带着浓烈的贬义色彩。但我深信，尊重个人自由不仅与许多社会主义思想家的最初目标相符，而且还应该成为所有社会主义纲领的一个基本要素。

自由是哲学、经济学、政治学领域反复提及的一个理念，自由问题非但不是完全冷门的主题，而是经常引发激烈的争论。我不打算研究现代分析哲学的复杂性。因此，本文将抱持温和、务实、实事求是的态度，尽量贴近当今社会主义制度下的现实生活。

---

① 罗尔斯将自由所附带的价值追溯到人们对自我尊重的高度评价，这……"或许是最重要的基本利益……包括一个人的自身价值观，对认为值得实现的个人品行、生活计划的牢固信念……自我尊重意味着对个人能力的自信，相信只要在力所能及的范围内就能实现自己的目标。没有自我尊重意识似乎就没有值得做的事……我们将变得冷漠而玩世不恭。"参见 J. Rawls (1971, 第 440 页)。

2. 概念澄清

即使普通的词典，在"解放"（liberty）、"自由"（freedom）条目下也会列出好几个含义；因此，难怪各类哲学流派对这些词有不同的诠释。我们并不希求为它们提供详细易懂、包罗万象的特征描述。在本文中我们只需要做部分解释，包含那些与我们所研究的复合型"自由"有关的元素。① 我们希望没有人会对此抱持异议，即本文要探讨的特征属性的确是构成自由的要件。

本文关心的只是个人自由。尽管社区的自由（以及我们想到的企业、协会、乡镇乃至国家的自由）可能非常重要，但我并不打算在此讨论它们。我们的注意力集中在经济自由上，换句话说，我们侧重的是支配财富、收入、时间和努力的个人自由权利。本文不研究政治或文化学术自由，相关讨论将仅限于经济自由层面，即使我们非常清楚政治、文化和经济之间的自由有着密切联系。②

自由具有工具性价值，这有助于个体在各种替代行为中作出选择。此外，我同意这样的观点，即本身也是一种价值的个人经济自由能产生某种重要的内在价值。

这个观点务必得到清楚阐述，尤其是在讨论社会主义经济的时候。就算家长式专制政府分配给我的物品和我原本可以从备选物品中自由挑选的相同，其中的意义对我来说，也已经发生改变。它赋予我某些额外的价值，让我能够自由且不受干扰地作出选择。此外，在大多数情况下，家长式干预措施的结果总是导致个体的自主选择大大偏离基准点。③ 关于家长式统治，我赞同以赛亚·柏林（I. Berlin, 1969）的看法："因为如果人的本质是独立自主的生命，即他

---

① 关于这些概念的更详细讨论（特别是关于自由概念的生搬硬套而非自由的内在价值，以及积极和消极的自由的相关讨论），参见 A. Sen（1987）的马歇尔讲座。

② 越来越多的匈牙利作者意识到这些关系；政治学家、社会学家以及经济学家最近写的论文中均提倡激进改革。匈牙利学者特别关注已故 I. Bibo 论文集（1986）的出版，其中重新出版了他 1935 年的文章《压迫、法律、自由》。在更近期的文献里，还有 Antal 等人（1987）、Bihari（1986）、Bruszt（1987）、Fritz（1987）、Gombir（1984）、Hankiss（1987）等人做出的卓越研究。对政治道德哲学有杰出贡献的人是 J. Kiss（1986），他专门分析了人权的理论基础。遗憾的是，这方面的文献几乎尚未有英文版本。

③ Feher、Helter 和 M. Hrkus（1983）有一句贴切的话：这是"超出需要的专政"。

们是价值观的创造者,追求其自身的目的,而且他们的权力恰好体现为他们的自由意志,那么最糟糕的莫过于认为他们不是独立自主的客体,而是自然客体……统治者操纵着他们的选择……康德说,'没有人可以强迫我按照他的方式变得快乐。'家长制是我们所能想到的最大的专制主义……家长制之所以专制,不是因为它比赤裸裸的、残酷而无知的暴政更加暴虐……而是因为它侮辱了我作为一个人的思想意识。"

既然我们给个人经济自由赋予了内在价值,就不会认为它只是实现福利或效用的一种手段。我知道严格奉行一元论方法的人可以从方法论上提出异议。但是,我更喜欢使用多元化的架构,来分别处理类似道德终极标准这样的不可通约性,因为这个框架阐明了潜在的冲突和权衡取舍。① "哈姆雷特"其实可以是一则很短的故事,只要主角直截了当地构想出并解决掉一个简单的效用最大化问题,他就能消除犹豫不决的心理。本文稍后将讨论道德价值观的冲突。尽管方法各有差别,其中的思想肯定还是能够调换成一元论体系。但是,任何人想这样做的话,就必须确定并充分捍卫其单一的、最终的基本利益。这个利益可能是最广义的自由,此时,福利必定只是自由的构成要素之一。这个利益也可能是一种效用,此时,自由本身应该是这个效用函数的一个幅角(argument)。②

我们的目的,不是要完整分析社会主义经济中的个人经济自由的方方面面。相反,我们只挑出限制自由选择的两类重要约束因素,同时忽略其他众多的制约,无论它们存在何种相关性。

第一类要详细讨论的是官僚约束(bureaucratic constraints)。这类约束包括正式的立法命令或禁令,以及官僚机构施加压力或胁迫个体执行的非正式规则。为了更深入地理解官僚约束的性质,恰当的做法就是探究这些约束发生某

---

① 关于反驳一元论方法的更详细理论论据,参见阿玛蒂亚·森(A. Sen, 1985),尤其是讨论多元化和不完整性、多元性福利和能动性的章节。森解释说,在某些情况下,只有一部分的备选项排序才能与终极道德标准建立联系。"明确不完整"的排序是有可能存在的。"根据这种观点,不存在额外的道德标准可用于对无序的道德上的善进行排序……明智的道德选择(明确的或默认的)要求我们不要采用那种在道德上看起来劣于另一个可行方案的选项。但是这并不要求所选择的备选项必须是那一套可行方案中'最好的',因为鉴于我们的道德排序的'不完整性',可能根本就没有最好的替代选择。"参见森(1985,第180—181页)。

② 关于过分简单化的"福利主义"的进一步批判以及经济学中道德理论的相关讨论,参见 S. C. Kolm (1987) 在哥本哈根会议上提交的论文(本卷是缩减版)。

种变化时产生的效应。官僚约束可能会如何变化，从而增加自由呢？这里我提供了一些例证；当然，这里列举的情况并非详尽无遗。

• 作出某类决定的权力从官僚机构转向个人时，自由增加；例如，学生在毕业后自行选择第一份工作，而不是接受强制性的工作分配。

• 个人决定权受到的官僚约束被解除时，自由增加；例如，假设雇员有权准备辞职并寻找另外的工作，但在真正离开前需征得上司同意；当他不必再寻求这种许可时，自由权就增大了。

• 当现有的官僚约束在量的方面变得不那么严格时，自由增加；例如，根据行政命令，一间私人公司可容纳的最大员工数量从3人增加到9人。

不受制于另一个人、一群人或国家的自由，通常被称为"消极自由"（简单地说，就是"免于"，英文为 freedom from）①。根据这种解释，官僚约束的松动或解除无疑增强了消极自由。

贬低消极自由的重要性是社会主义运动的一个奇怪传统。这一传统指出正规"资产阶级"权利的空洞虚无，譬如所谓的富人和穷人都有在桥底下睡觉的权利。按照这种观点，只有"积极自由"才是重要的，也就是说，一个人必须拥有想干什么就干什么的权利（简单地说，就是"为所欲为"，英文为 freedom to）。然而积极自由再怎么重大，消极自由的问题也不是挥挥手就可以不用考虑了，毕竟它在个人生活中扮演着极其重要的角色。顺便提一句，自由地决定在哪里过夜的权利尚未得到普遍认可，所以我们不能认为那是不言而喻的权利。曾经有一段时间，一些社会主义国家的公民未经国家书面许可是不能旅行的，当他们决定要在远离永久居住地的地方多待一两个晚上时，得立即向警方汇报。在随后讨论匈牙利的局势时，我们将回到这个问题，并探讨消极自由的其他方面。

我们关注的另一类约束包含因匮乏而引起的选择限制。可以这么说，我们要处理的是涉及"积极自由"的问题。积极自由通常指的是个人的能力：当他用来实现目标的方法增加时，他的自由也有所增加。这个一般性概念使我们获得了某些更具体的想法。现在让我们给这些"自由联想"做一个假设性实验。谈到积极自由，西方经济学家脑海里最先闪现的可能会是收入、财富、物

---

① 关于积极自由和消极自由之间的区别，参见 I. Berlin（1969）、G. G. MacCallum（1967）、F. Oppenheim（1961，尤其是第109—135页）和 S. Gordon（1980，第133—134页）。

质和人力资本等概念。这些无疑都是构成个人能力的要素，这些要素的可用性制约着个人的选择自由。如果用展示各类商品的橱窗作比喻，那么对一个没有收入或财富购买那些可得资源的人来说，这扇橱窗是毫无用处的。

倘若在东欧进行类似的实验，东欧经济学家的反应会略有不同。当然，他们会想到贫困、低水平发展，会想到各种资源，比如与个人状况相符的收入。但可以肯定的是，他头脑里还会迅速掠过另外几个概念。尽管需求非常明确且有一定的货币收入支持，个人可能还是无法以现行价格获得他想要的物品，甚至无论花多少钱也不能得偿所愿。这种阻挠个人实现目标的障碍，不亚于预算限制。

第一种限制积极自由的约束具有一般性；在所有体制中都可以找到它的身影，包括社会主义体制（虽然由于种种原因分布的参数因国家而异）。第二种约束较大程度上依体制而定，这也是本文特别关注的主题。我们谈论的不是零星、偶然的超额需求，而是一个因体制因素造成长期短缺的经济体。① 所有体制都会发生短缺现象，但在"短缺型经济体"内，短缺尤为严重，这类国家的所有部门都会出现匮乏症状，集中而且强烈，还很折磨人。

我新造了"强制替代"（forced substitution）一词，用来描述短缺型经济体常见的一种典型情况，以便与自愿替代形成对比。后者提供一种选择自由：个人用物品 B 替代 A，因为他的口味或物品的相对价格发生了变化。在强制替代的情况里，按照当时的价格，个体原本更喜欢物品 A，但因为 A 是稀缺物品，所以他没得选择，只能代之以 B。某些时候强制替代仅仅引起小小的不便。在另一些时候，它会造成严重而持久的痛苦，例如人们被迫几十年甚至一辈子违背自己的意愿共用一所公寓；或者多年里无法安装电话，哪怕是生病了、难以行动或者出于其他原因迫切需要一部电话。遭遇短缺之苦的人们蒙受的是屈辱，他们只能任由卖家和官僚摆布。②

可以想象，即便个体面对的是不会立即选择的可用商品，他也不会无动于

---

① 关于短缺综合征的原因和后果的更详细研究，参见科尔奈的《短缺经济学》一书（1980）。

② 阿萨尔·林德贝克在熊彼特讲座（1988）里讨论了当消费者因为配给或政府法令无法获得更好的消费品时产生的满意度损失。"配给"一词含有一种传统的狭隘意义，包括使用优惠券或其他形式的官方分配。在最近的非均衡研究中，供应或需求中较短一方所使用的任何分配过程都被称为配给，包括排队甚至一个完全随机的选择。短缺对自由选择施加的约束出现在所有类型的配给中。

衷。供应的商品种类越多，替代的物品也就越多；因此，需求的可用物品越容易获得，买方认为可以真正自由选择的信念就越强烈。这里根据的是自由的内在价值，因为 C 和 D 同时存在时，个体选择了 C，这不同于选择 C 是因为它是唯一的选项。在后一种情况里，个体被剥夺了自由选择的基本权利；这时出现了某种价值的损失——尽管不是"福利"或"效用"上的损失，因为不管怎么说 C 都优胜于 D。

因此，我们或许会得出结论，随着短缺的强度和频率下降，个人的经济自由将有所提高，消费者的选择机会也会增加。如果这种好转趋势不只是临时性的，并且由于经济机制的改革变成了永久状态，那么这种关联性将更直接、更强劲。

这两组自由约束条件，即官僚约束和长期短缺造成的选择缩减，是密切相关的，这是我们讨论的核心。官方控制是解释为什么出现短缺的因素之一，而短缺诱发了官方配给。然而这两组条件只有部分重叠，所以将它们分开考虑有助于我们的分析。

这样一来，在我们的概念框架里，我们把自由视为一个多维范畴。至此提及的所有个人经济自由的限制是可以观察到的。它们可以用二进制指示器表示（反映某一约束存在与否），也可以用某种刻度来描绘，例如从 0 到 1 的数值（反映上述约束的严格性）。① 每项指标代表自由的一个特定维度，以这种方法处理时，自由不是一种不可捉摸的形而上的实体。匈牙利人的经济行为是否自由？这个问题无法简单地回答"是"或"不"。但对于和我们的研究有关的每类约束，人们可以给出有意义的答案，并思考自由的程度或每个特定维度中缺少的自由。

3. 衡量标准：最小和最大状态

要评估个人自由程度的变化，需要有衡量标准。若想研究私人市场经济下自由受到的限制，可能应从洛克的"自然状态"（state of nature）入手，即个体生活在一个完全无政府状态的国家。② 在图 1 中，纵轴表示国家对经济领域 1、2、3……的控制程度。

刻度"0"，或称完全的无政府状态，是不可持续的。从 0 向上移动到达

---

① 人们可以计算出人类智力或经济起落的某个综合指数，按照同样的方法，根据自由的若干可观察的局部指标，制定个人经济自由的综合指数或许并非绝不可能。

② 参见 J. Locke (1690, 1967)。

的各个点（图中以"△"表示）代表的是政治哲学家所说的"最小限度"或"守夜人"国家。国家的作用仅限于保护公民免于暴力和盗窃，并强制履行自愿缔结的契约。① （此处为简便起见，我们忽视国家在对外事务中扮演的角色）。任何额外的国家活动，包括专门用于测算再分配公正度和公共物品供给的举措，都超出最小状态。

至于纵轴的最上端，刻度"1"表示国家完全控制所有的经济领域，毫无私人主动性或选择可言。② 这种"严格控制的"奥威尔状态纯粹是一种假设，没有任何历史先例，其实也从来没有出现过。让我们通过对比最小状态的概念，引入一个新概念，即最大状态（图中以符号▽表示）。③ 这一点上的"国家社会主义化"（etatization）④ 程度，低于刻度尺的终点，即国家完全控制的刻度点。最大状态不是抽象的理论概念，而是一个历史概念；这是官僚权力的最高可行程度，其可行性取决于实行集中化的实际情况。这些情况包括信息的采集和处理技术，不同官僚阶层之间官员们的沟通技能，官僚机构的组织能力，操纵大众的技巧，容忍压制的极限，等等。所以，最大状态的国家必然会在个人自由方面作出些许让步，一个典型的让步就是允许个人在消费品市场进行有限度的选择。这种安排可以容忍，但只是暂时的，而且附带的条件始终是：倘若情况适宜，国家将会朝着完全控制的方向采取进一步措施。

综观真实的历史记载，我们发现所有的社会主义国家至少在其演变过程的某段时间内，已经接近于最大状态——斯大林统治下农业集体化后的前苏联，公社化后的中国，以及1949—1953年期间的东欧。至于各个国家在"国家社会主义化"巅峰时期接近最大状态的程度，不同的经济领域之间存在很大差

---

① R. Nozick（1974）引入一个完全没有再分配功能的"超弱国家"概念，以有别于隐含一定程度的强迫再分配的最小限度国家的经典定义，根据定义，甚至不想受到保护的个人，也得接受保护并为此付费。

② 19世纪埃姆雷·马达奇（Imre Madach）的匈牙利戏剧《人类的悲剧》，预言式地描写了反对"法伦斯泰尔"社会这类乌托邦的图景（"法伦斯泰尔"这个名字取自杰出的空想社会主义者傅立叶的著作）。这里的每一个人都被强制分配某件活儿，而且必须在集体企业工作。柏拉图是牧羊人，路德是司炉工，米开朗基罗则是雕刻椅子腿的橱柜制作者。参见 Madach（1861年，1953年，第127—145页）。

③ 此处以及本文的其余部分，我们不会单独讨论政党的作用。党的运作与政府机构密不可分，党是这个共同活动的主导力量。在整篇文章中，"国家"、"政府"和"官僚（机构）"之类的概念都包含党的机构在内。

④ "国家社会主义"的实践和意识形态分析，详见 B. Horvat（1982）。

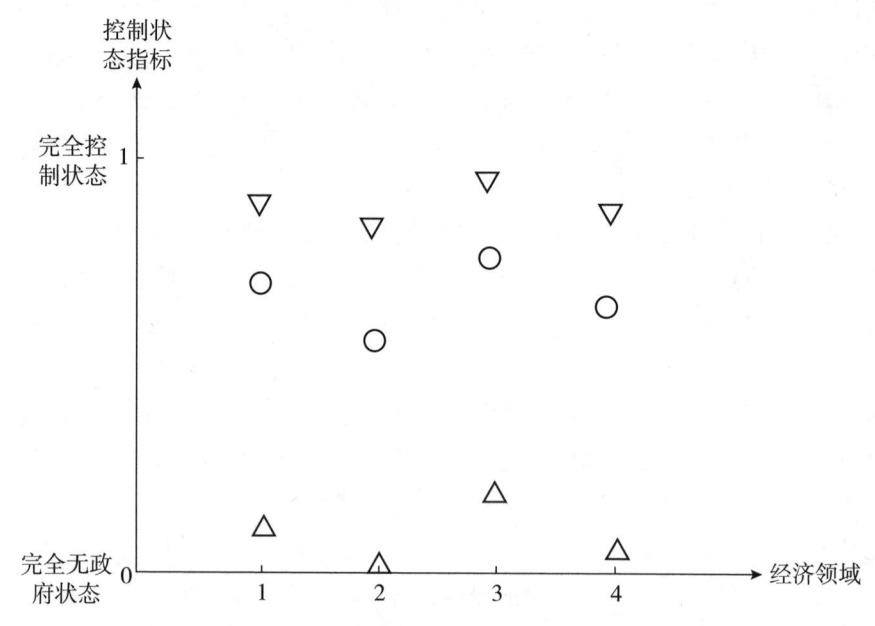

图1 衡量标准图解：从完全无政府状态到完全控制状态

图标符号：▽最大状态，○现实状态，△最小状态

注：本图只是简单概括了本文阐释的观点。我们的研究思路无需假设不同经济领域之间存在基数可比性。

异。此处我们不可能一一细述；不过，进行一定程度的简化后，通过综合分析我们可以认为，最大状态是社会主义国家改革进程的历史出发点。改革的结果，是现实状态的中央控制程度（图中以符号"○"表示）低于最大状态时的程度。

完全可以理解，学者和政治家讨论福利国家的问题时，思考的角度是：它们离最小状态多近或多远，以及它们应该有多接近。同样不难理解的是，当大家研究社会主义国家的改革问题时，思考的角度却截然相反：这些国家离最大状态多近或多远以及它们应该离多近。

4. 匈牙利的变革

现在我们来概述匈牙利的变革。关注改革的整个历史进程会耗费太多时间。因此，我们只需对比两个特定时期：20世纪50年代初期，这个阶段官僚集权在大多数（尽管不是全部）领域达到最高峰，最接近于概念中的最大状态；另一阶段是从20世纪80年代中期开始到目前的时期，我们称之为"改革后状态"。

每项观察都将以简洁易懂的形式呈现，而且我们不准备借助统计学来进行定性分析。[1] 此外，为求准确，每一项都可以加进很多条件，但由于篇幅限制，我们无法专注于所有细节。[2]

匈牙利的一部分改革是明确修正法律，并最终废除旧例、出台新法。另一部分不那么重要的改革不是公布了新的规则，而是放宽了旧法律和政府指令的执行尺度。国家不仅缩小了，而且还"软化"了，这一事实为民间部门的积极性和进取心敞开了新的大门，也给自愿缔结私人合同带来契机，这些往往发生在合法与违法之间的灰色地带，发生在通常被称为"第二经济"的领域。这些效果总是没能摆脱某些副作用，譬如削弱对法律的尊重，对作弊和腐败持放纵、容忍的态度。我们将通过具体的研究，努力阐明哪些是正式发生的变化，哪些是由于"软化"国家控制引起的非正式变化，尽管我们并不能明确区分所有情况。

4.1 产权和创业精神

在一个最大状态的国家里，几乎所有打工赚钱的人都必须受雇于政府。除少数特例外，通往上层社会的途径只有一条，那就是在官僚层级制内谋求发展。

在匈牙利，合作社已经形成，主要集中于农业和城市服务领域，但它们并非产生于真正的自愿合作运动。它们的运作与国有同行几无差别：经理始终由事实上的官方任命，并且必须遵从指令性计划。此外，民间匠人的数量已经少到几乎可以忽略不计，而且其中只有少数人曾经雇用劳动力，通常最多有一名雇员。改革之前确实出现过影子经济活动，但只是偶尔发生，因为追逐这种活动是相当危险的。

在我们看来最明显也最重要的变化，是一个重要的私营部门发生了演变。

---

[1] 相关资料是可以查到的，但它们只描述琐碎的情节，而对我们这里要处理的现象来说，其描述性指标是无法由简单的求和过程来测算的。

[2] 有兴趣的读者可以在本人1986年的论文里查阅有关匈牙利改革进程的更详尽综述，该文为那些寻求更多细节、更多量化数据的人提供了一些统计数据和大量参考文献。

这个部门的运作形式多种多样，我们只谈论其中最重要的：

（1）小型家庭企业：包括匠人、商人、汽车维修店业主，等等。现在，这些人由国家权威机构发放执照，可以雇用一定数量的员工。

（2）小型家庭农业：在这个部门里我们发现，家庭的部分工作时间用于经营私人农场，同时一个或多个家庭成员往往在某个农业合作社、某个国营农场或者其他经济领域工作。

（3）私人"业务工作合营公司"：他们必须获得正式授权，而且经营的可能是中小型企业。成员都是结成合作伙伴关系的业主，并为此共同付出自己的劳动。

（4）个体户，自由职业者：兼职工人或服务于较大公司的工人，但他们是在家里工作的；这类工作在"第二经济"中占有相当大的比例。

估计正规和非正规私营部门的总规模并不现实，因为照定义看，它们大部分都未被记录下来。根据粗略的猜测，这个部门占全国总产量的五分之一到四分之一。至少四分之三的匈牙利家庭为第二经济做出一定贡献。另外，这一部门的全部意义不在于实际的生产，而是像我们之前探讨方法论时所提到的，大量存在的私营部门提供了各种机会。改革之前，雇主说到底只有一个：国家，因此不存在任何有意义的经济手段可替代在国有部门的工作。如今，即便绝大多数个人仍受雇于国家，他们也有更多的自由考虑是否选择退出。如果愿意，他们可以开办私人企业或者尝试自谋职业，甚至成为私企雇员。也就是说，尽管国有部门仍旧占据大半边天，但其就业垄断已被打破。所以，个人变得越来越独立，虽然受到诸多限制，但他还是能够自己当家作主。这种感知的养成，标志着一场极具历史意义的变化。

对于那些精力充沛、天资聪颖的人来说，现在出现了两种而不只是一种发展途径。以前，他们可能总想着要在官场仕途大展身手，可眼下另一扇门开启了：他们可以选择成为企业家。许多人更偏爱第二个选项，因为他们喜欢掌管自己的事务，享受独立自主的感觉以及在市场上冒险的际遇。[1] 而且，只要他们能干外加一点点运气，往往能比身居政府最高职位的人挣得更多。这种人格特质几乎被完全压制了几十年后，当你看到真正的企业家再次出现时，会感到

---

[1] 有关这两种类型的向上流动和匈牙利乡村企业家精神的讨论，参见 P. Juhkz (1982)、I. Sreltnyi 和 R. Manchin (1986)。另可参见 I. R. Gábor 和 T. D. Horváth (1987)。

非常兴奋。正是这群人，本着真正的熊彼特式企业家精神，引进新事物、创造新产品、开拓新市场、建立新组织。

但是，私人活动仍然牢牢受制于一系列的官僚约束：行政许可，反复变化的税制，获得土地、建筑物、材料、信贷和外币的障碍，等等。可雇用的人数也有上限：长期工作的员工数量包括家庭成员在内不得超过9人（在商业领域不能超过12人）。这一限制倒是可以规避，例如雇用更多的临时工代替永久劳动力，可是民间商人非常清楚，那么一来他们根本没办法成为"大资本家"。此外，最重要的束缚或许是：小型民营企业在一种不确定、不安全的氛围中运作，没有足够的产权保证，不能防范不可预知的官僚干预。

这里稍微插一个题外话，我们且从道德和政治哲学的角度来分析这个问题。① 确保国家实施的所有限制并非出于结果主义的考虑是很重要的；例如，不要一心想着分配格局或对不平等的容忍度。真正的是，允许或者更确切地说是不允许某一特定"程序"，即民间商人和大量雇员之间产生一定收入权益的资本主义关系。富裕的私企商人如果愿意，可以把他的收入花在奢侈品上。但他不得建立大型民营企业，即使这个企业家和大量潜在员工乐意自愿缔结劳动合同。我们认为，这严重削弱了个人的选择自由，以便防止程序和体制朝着某种资本主义的形式演变。

综上所述，改革后的国家处在一种好奇与不协调相混合的传统"守夜人"状态，即国家保护公共和私人财产的安全，依靠某种"创新组织"限制产权，甚或在某些情况下限制挪用私人财产。

4.2 职业、工作和工作时间的选择

上一节里对国有部门和私营部门的讨论已部分涉及这些问题，但仍有若干事项值得更深入的探讨。本节的研究将以表格形式呈现（第4.3节和第4.4节也将如此）。

无论是在时间上还是在经济体的各个环节，始终没有出现过完全相同的情况。为了进行更清晰的对比，我们挑选出最极端的情况（它们绝不是无足轻重的特例，相反，至少都在某个主要部门盛行了一段时间）。在随后的表格里

---

① 参见 R. Nozick（1974，尤其是第7章和第8章），A. Sen（1981），以及 A. Sen 和 B. Williams（1982）。

我们仍将使用这里选择的极端情况。

表1仅讨论国有部门的问题。该表本身的描述非常清楚，所以我们只解释第4行的内容。在这里，我们必须牢记第4.1节提供的关于私营部门的信息，并结合表1所述的国有部门的信息。在最大状态，与选择更多工作（为了赚更多钱）还是更多闲暇的经典问题相关的个人选择受到严格限制。工作（这里指一份稳定的工作）由法律规定，只有健康、生育等原因才允许特殊例外。不遵守规则的人会被打上"寄生虫"的标记而遭起诉。员工可能被迫加班，但如果老板不要求加班，员工就找不到（实际上是不允许找）其他方法赚更多的钱。在改革后的状态中，这种情况发生了巨大变化。一方面，允许个人不必拥有固定工作。虽然强制人们工作的旧法仍然有效，但不再是贯彻实施的原则，而且违反行为在很大程度上被忽视了。另一方面，个人可以选择工作时间远远超过法定的最低限度40小时，往往还能兼第二份甚至第三份工作。人们可以打各种零工，一边为第一经济产业工作一边搞活第二经济。有人估计，至少半数成年人每周工作超过60小时（不包括家庭的工作），此外还有比例较小的部分人口每周工作80—100小时。其结果是，许多匈牙利人劳累过度。但是，就工作和休闲之间的选择而言，个人自由已经扩大了不少。[①]

4.3 消费者选择[②]

表2概括了这方面的变化，但仅涉及最具代表性的部门，因此并不全面。该表也只给出了几点评论。

请看第3行和第5行的内容：根据社会主义改革的指导理念，住房和医疗保健是国家必须满足的基本需求。每个公民都有权获得，因此，住房租金远低于市场出清的水平，医疗保健是免费的。但个人不能影响这些部门使用的资源数量，因为官方全权决定它们的配给。事实上，这些基本需求并不受特别关照：相反，

---

① 1986年的一项民意调查向个人受访者询问了如下问题："当你的实际收入下降时你会怎么做？"42%的受访者回答"削减开支"，而41%的人则回答"延长工作时间，赚更多的钱"。这些资料以及本文后面所提资料的数据来源出自 K. I. Farkas 和 J. Pataki（1987）编写的一份备忘录，总结了布达佩斯大众传播研究中心的一些调查结果。在此感谢他们的有用帮助和研究中心的支持。

② 由于篇幅所限，我们无法考察一个非常重要的方面：消费者选择与生产响应之间的传导机制。为此，深入探索价格和税收制度的运作、企业的激励机制等问题是必需的。这些可以单独作为论文主题加以研究。

得到优先考虑的是其他行业，大多是计划者认为对经济增长有直接影响的部门。住房和健康问题频频无人过问，以致在国家总投资中所占的份额远低于国家市场经济的相应比例。资源配置的集中化抑制了消费者的优先考虑权。

改革提高了消费者选择的影响力，进而带来了有益变化，但是这些成果实在来之不易。被忽视了几十年之后，住房供应的负担大部分转嫁给了各个家庭。需要住房的公民深陷困境。没有足够的信用，也就没有发达的中小型建筑商系统以备快速、可靠地兴建私人住宅。由于短缺和价格高企，许多家庭被迫"自己动手"造屋结舍，依靠的是家人、朋友和第二经济的帮助，在时间和金钱方面都付出了巨大代价。有些家庭根本无法应对这种繁琐的过程，既被供应不足的公共住房拒之门外，又无法承担私人房屋的高成本，处境每况愈下。尽管如此，许多人还是感觉情况有所好转，因为至少他们已经清楚地认识到如何解决住房需求问题。

在医疗卫生服务体系，官僚配给与隐晦的商业化相结合多少有些违反常理。所有公民享受免费医疗这一事实并不令患者感到欣慰，因为医疗服务质量常常不尽如人意。此外，医生和医务人员当中也存在诸多不满情绪。公众的不满越来越强烈，迫使计划者不得不给卫生部门配置更多的资源。漫天发放的"小费"是一种奇特的信号，表明了为了健康很多人愿意自己多掏腰包，以期得到更好的治疗和照顾。然而，至今尚未发现某种适当的体制和经济框架能够满足市民的医疗保健需求。

请注意表1的第5行和表2的第7行，即有关出国旅游和工作的权利。匈牙利个人到非社会主义国家旅游的数量正逐年增加，从1958年的22 000人增至1985年的655 000人①（当年总人口为1 060万）。前往社会主义国家的游客数量更是翻了好几倍。尽管还有某些限制，但这是一个极其重要的变化，被严密隔绝了数十年后，大部分匈牙利人如今终于得享探索世界的自由。

---

① 资料来源：Central Statistical Office（1966，1986b）。

表1 职业、工作和工作时间的选择

选择问题	最大状态：50年代初 国家控制状态（集权的巅峰时期）		改革后状态：80年代中期 个人自由（分权的巅峰时期）	
		剩余的个人选择范围		剩余的官僚约束
(1) 中等和高等教育的选择	官僚机构对选择申请在哪人学有很强大的影响力。申请人数大大超出教育机构的接收能力。严格的选择对象，优先次序取决于政治标准。教育需求和人力资源的组合出现分歧差异时，高等教育申请者都根据生产需求重新定向	在官僚约束下，部分个人（不是全部）有能力影响自身接受教育的决定	个人自由选择在哪里申请入学	中等教育以及特别是高等教育的超额需求仍然存在。许多申请人未被录取。官方为某些专业指定职业培训并不罕见。教育服务组合并不按需调整。
(2) 毕业后第一份工作的选择	强制分配	对工作分配加一些影响	自由选择	不存在
(3) 工作变动	禁止未经上级同意擅自转换工作。"任意"辞职将受到严厉处罚。如果认为有必要，上级有权进行强制调任。在安排工作调任过程中强制实施"劳务交换"	员工能够自行转换工作，个别时候还可以改变决定	不存在正式的行政约束限制转换行业	对于那些职位数量很小的职业，官方有权对转换行业施加压力
(4) 工作时间的延长	如果企业有需要，官方将施压要求员工加班。否则，通常禁止加班	求延长工作时间以获得额外报酬的机会很小	加班安排更具灵活性。一种新机构"企业业务工作合营公司"（匈牙利文缩写VGMK），主要为公司内部人员提供加班以获得更高工资的机会	官方对"常规"加班限制较少，对VGMK的活动则严格限制

续表

选择问题	最大状态：50 年代初 国家控制状态（集权的巅峰时期）	剩余的个人选择范围	改革后状态：80 年代中期 个人自由（分权的巅峰时期）	剩余的官僚约束
（5）出国就业	不允许	没有	有可能	需要匈牙利当局发予工作许可证。外汇收入按规定比例强制汇回国内

表 2　消费者选择：商品和服务

选择问题	最大状态：50 年代初 国家控制状态（集权的巅峰时期）	剩余的个人选择范围	改革后状态：80 年代中期 个人自由（分权的巅峰时期）	剩余的官僚约束
（1）食品	特定时期实施基本的食品配给（发放配给券）。短缺现象长期且严重。一些食品类型的商品几乎完全匮乏。所有直接分配给国有企业的工人。特权集团获得更好的特殊供给	剩余的个人选择范围。货币购买受左边所列条件限制。存在零星的黑市	供给大大改善。废除了所有的官方供给。取消特权例外供给，个别特例除外	短缺现象仍然存在，但是不再那么严重；某些领域出现局部短缺，货延迟，一些地方配不足等。特殊货币购买用可兑换货币购买
（2）其他消费品	没有配给券。短缺现象严重。有特殊供给	同（1）	供应大为改善	同（1）

67

续表

选择问题	最大状态：50年代初（集权的巅峰时期）	剩余的个人选择范围	改革后状态（分权的巅峰时期）	剩余的官僚约束
（3）住房	城市住房：公寓住房国有化。国有公寓住房由当局分配。由于公寓严重短缺，领长年等待。频繁强制命令撤出和搬迁。分租受到严格限制。很小一部分房屋或共管公寓可以为私人占有	城市住房：有些投机会可以买进住房或出租人营管户之间自愿交换租用国有公寓，但必须官方许可。某些城流行转租。分租。农村住房：大部分为私人所有，可以出售和购买，但受到行政管理的限制	城市和农村住房：房屋大多数新建楼房为私人所有。小部分国有住房私有化。国有住房租赁交易属非法行为，但被默许。转租现象普遍，为城市的个人提供了可观的租金收入	城市住房：大部分城市住房仍属国有；短缺现象严重；等待住房供应的时间漫长，供应与需求之间难以调节。城市和农村住房：房屋所有权严格限制；个人可拥有什么样的住房以及拥有多少住房。对抵押贷款、紧缩的信贷配给有超额需求。私人楼房经常出现建材短缺和建筑容量不足的现象
（4）交通和通讯	所有的运输服务由国有企业提供。只有少数特权集团能拥有私家车。电话线由行政分配到家庭。等待安装电话的时间极其漫长。	在左边所列条件的限制下，个人可选择交通工具。国内长途旅行无需特别许可（其他一些社会主义国家也如此）	私人汽车的数量迅速增长，出现二手车自由市场。如果个人购买了电话债券（telephone bond），允许个人可以拥有特权申请拉电话线	垄断国有企业出售的新私人汽车长期出现超额需求，等待批准的时间漫长。拥有特权安装电话的人插队。等待安装电话的人增多，继续实行行政配置

续表

选择问题	最大状态：50年代初 国家控制状态（集权的巅峰时期）	剩余的个人选择范围	改革后状态：80年代中期 个人自由（分权的巅峰时期）	剩余的官僚约束
（5）医疗服务	国家提供医疗卫生服务；国民享受免费医疗。没有选择医疗的自由——强制分配医生和治疗场所（医院，等等）。医疗服务需求严重超额，等待治疗的时间漫长，过度拥挤，禁止医生私人开业。少数例外之外，特权人物有专门医院	在某些情况下，个人有机会要求更换分配给他的医生以及选择治疗场所。通常禁止私人行医，但允许部分例外	医疗卫生服务体系实行奇怪的"双重配给"制。名义上还是免费医疗，但很多患者会给医生红包（"小费"）以期得到更好的治疗，这种行为违法但得到默许，为违法但得到默许，并对选择医生和治疗场所产生大的影响。私人诊疗大增。产假延长，并获得适度的财政补助。在家照顾孩子的母亲比例上升，可以兼职或在家工作也起到激励作用。出现一些私人儿童保育服务，私立幼儿园，保姆等	依然实施正式的强制分配医生和治疗场所的规定。自由选择仍然不方便，也很危险项目不方便。医疗服务仍然供不应求，甚至更加严重。特权人物继续配有专门医院
（6）儿童保育	由于低工资和社会压力，女性工作的比例增加。儿童保育机构：公立日间托儿所和幼儿园。儿童保育机构的是行政配置，且实行行政配置	无行政措施制止母亲留在家里照看孩子		公立日间托儿所和幼儿园仍然供不应求，同时继续实行行政配置

69

续表

选择问题	最大状态：50年代初		改革后状态：80年代中期	
	国家控制状态（集权的巅峰时期）	剩余的个人选择范围	个人自由（分权的巅峰时期）	剩余的官僚约束
（7）娱乐活动和出国旅游	公共假期住宿场所由工会官员指定。出国探亲、旅游非常罕见。通常只有特权阶层才能享受。到西方国家属且不带家属，几近于零组织成团队到西方国家旅游的机会	可以在亲戚或朋友家里度假	许多家庭拥有自己的度假别墅或小屋。出现商业度假设施（旅馆、露营地、私人住宅客房）。单独或与家人一起出国的人数量剧增，可以去东、西方国家，可以是探亲或旅游	许多公共假期住宿（工会、公司招待所）仍然实施行政分配，但已经存在若干其他选择。出国旅游需要有行政同意，包括征求雇主同意，除了前任某些特定的社会主义国家）。私人旅游饮数受限（见第4.4节的"购买硬通货"）

70

4.4 居民储蓄和投资

在改革前的制度下，从收入中花多少钱、存多少钱由居民自行决定，并受到一定的限制。

国家几乎每年都会发行低收益的政府"债券"，并通过各种激进的政治运动强迫公民购买。现在这种做法已被废除（我们将回过头来讨论其他更"商业化的"债券问题）。

当所要求的消费品和服务供应不足，因而居民收入中用于花销的部分支出不能使用时，就出现了非自愿储蓄。鉴于非自愿储蓄很难测量，关于短缺诱致型储蓄的程度，研究社会主义经济消费者宏观市场的学者们众说纷纭。无论怎样，只要是出现了这种情况，就明确意味着个人自由受到了限制。改革之后，就算第一经济没有动静，第二经济中也已经扩张出大量的消费机会。因此，即使短缺幼稚型储蓄确实曾经存在，肯定也不再是普遍现象。

一旦决定了储蓄，就会产生应该采取何种储蓄形式的问题。改革前，可供考虑的选项少之又少。大部分积蓄都以现金或银行储蓄账户的形式保存，而且通常产生很低的名义利率（在大多数情况下，实际利率为零或负值）。只有相当有限的保值实物资产可供使用。上文已经提到，房地产的购买受到严格限制。持有贵重金属要遵从行政约束，另外，艺术品贸易市场也还不成气候。后来，改革拓宽了选择范围。银行提供种类更加繁多的储蓄账户，虽然实际利率仍然很低甚至会出现负值。公民可以购买各式各样的人寿保险、养老保险、"按收入存款"保险，以补充国家提供的保险和养老金。公司、合作社和地方政府如今发行的债券不仅回报可观，还有国家作后盾，越来越受广大市民欢迎。购买房地产的条件虽然仍旧相当苛刻，但是机会已经增多，其他保值资产市场也逐渐得到发展。

尽管这些成就有目共睹，可严格的限制依然存在。

私营企业急需外部融资，国有银行部门却捂紧钱囊，吝于提供信贷。很多人都乐意借钱给私营企业。还有些人则打算投资私营企业，成为私营企业的匿名合伙人。[①] 这类民间金融和资本市场，当然需要有适当的机构、法律法规和一套用于执行法律

[①] 在一项多次被引用的1983年民意调查中，提出过下列问题："假设你意外继承了10万匈牙利福林（约15年的平均工资）。你有两个选择：把它存进普通储蓄账户，或者靠它成为一家小型私人企业的合作伙伴。第二个选项有风险。你会选择哪一个？"48%的人选了第一个，47%的人选了第二个。资料来源：K. I. Farkas 和 J. Pataki（1987）。

合同的机制。但是所有这些非但不存在，相反还属于违法的安排。然而从某种程度上说，它们已经成形，只不过改头换面成了个人贷款或友好行为（这些不违法），因此这些行为完全基于个人的信心，这使民间金融和资本市场风险很高，从而阻碍了它们自身的扩展。此时国家肯定是"最小状态"之上的国家，并未履行哪怕是一个最小状态国家本该履行的职责，即保护财产和强制执行私人合同。

在相关的讨论中，有人曾几次提议允许国有企业以某种方式发行普通股，使它们实际成为混合所有制下的公司，但建议一直未被采纳。

匈牙利货币不能自由兑换；匈牙利个人不能自由购买外币，尤其是可自由兑换的货币。合法获得硬通货的渠道很窄（例如每三年可以申请一笔适度的旅游津贴）。另外，黑色和灰色的非法市场大行其道，但是它们的运作既不方便也很危险。由此带来的绝不是小问题。外币的可得是个人自由臻于完备的一个条件，因为它是发展各种人类文化对外交往所必需的。

这就是我们总结的匈牙利改革前后个人经济自由的概况。概而言之，我们的调查揭示了引言所述内容。改革进程大幅增加了个人的经济自由。然而，目前的状况并不令那些视自由为基本价值的人们满意。

5. 经济增长、福利与自由

个人自由与福利之间有什么联系？（篇幅所限，本文不对个人自由与其他基本价值之间的关系进行探讨。）很显然，福利与生产和消费的增长密切相关。

存在两种普遍的看法。社会主义思想体系认为，经济增长和物质福利呈负相关关系，和自由同样是负相关关系。该思想体系不否认个人自由的内在道德价值，同时要求个人自由应服从于公共利益。一旦社会主义新秩序得以确立，公共利益就相当于生产和生产力获得稳步增长，从而促进消费增长。阻碍经济增长的个人自由必须让步给公共利益。

有不少论据主要是为了证明这当中存在某种替代关系。大家认为最重要的是必须提高投资率，因为那是快速增长的主要动力。该观点指出，如果投资主要或完全依靠个人的自愿储蓄来融资，高投资率将无法得到保证。此外，根据消费需求调节供给的成本很高，需要频繁调整生产，增加商品种类，提高库存水平，等等。因此，官僚集权加上长期短缺正好省去了这些调整成本。① 工作上的完全自由致使流动率过高，破坏了纪律也损害了生产的平稳性，并导致技能和已获经验的流失。相关的讨论不复一一累述。

市场社会主义的拥护者则持相反的观点，他们认为，个人自由和经济增长之间存在强劲的正相关关系。自由选择、自由创业、利润动机和市场竞争都极其强烈地激励人们付出高效的努力。

遗憾的是，匈牙利的实践并未提供这方面的确凿证据。我们找不到支持"补充"论或"权衡"论的明显论据。毫无疑问，部分原因是一直以来改革总是无法谐调一致，每每纠缠于个人自由问题。而官僚阶层过去执行的纪律已经放松，国家也渐渐变得"柔和"，一个自然的结果就是，主要借助于极高的投资率和庞大的非自愿储蓄来实现强制增长的各种方法，如今不再可用。与此同时，严格的竞争准则尚未占得优势，所以，与自由选择相关的动机也还没有强大到足以刺激经济领域的各个方面。

至此，我们可以遵循两种不同的思路。第一种思路从建设性改革者的角度出发，制定一个方案以消除改革的不一致性，并加强自由选择和效率之间的联系。这种做法无疑会颇富成效，但有可能得出另一种思路，该思路基于一个预测，即匈牙利的情况并非例外。几乎如出一辙的是，前后矛盾的"半落子"改革可能也会发生在所有其他的社会主义国家，只要它们在开始推进权力下放和自由化的改革进程时，仍然保持着各自现行的政治结构。中国和波兰的最初经历印证了这一预测。

现在，让我们明确正视一个选择问题：如果必须在"最大限度"状态和半改革的"低于最大限度"状态这两种历史现实中选择，我们应该做出何种决定？②

让我们说得更具体些，考虑德意志民主共和国的情况，该国的领导阶层没有推行南斯拉夫、匈牙利或中国式的改革。这个国家的体制框架没有进行过变

---

① 著名社会主义经济分析家怀尔斯肯定不是社会主义意识形态的拥护者，他写过一篇题为"增长与选择"（P. Wilse, 1956）的论文。怀尔斯的主要思路是这样的：社会主义经济抛弃了"多使用发刷少使用指甲刷"（或是相反）之类的个人选择权利，却能够坚持高投资率，从而获得了高增长速度，最终也提升了两种刷子的供应量。

② 这算是一个公平的比较。比较不同的乌托邦或不同的历史现实，是合理的做法。而现实中的斯大林主义和理想的"市场社会主义"乌托邦，则毫无可比性。

革，一直保存得完好如初，并能明智而有效地管理自身事务。要想证明自己发展得当，匈牙利的改革就必须经得起与东德相比较。为方便比较，表3列出了东德和匈牙利生产和消费增长率的传统数据。乍看之下，东德的数据更令人满意。

然而，在做出评价之前，需要说明几点。

首先，在测量经济增长时，人们可能对匈牙利的缺点抱有偏见。[1] 其次，我们必须考虑一个事实，即东德与西德有特殊的渊源，这当然有助于东德惊人的经济成果。其他社会主义国家都没有类似的支撑，这个因素显然可以解释匈牙利和东德之间的部分差异。

表3 东德和匈牙利的年均增长率（%）[a]

	东德	匈牙利
国民收入		
(1) 1956—1968 年	7.4	5.7
(2) 1969—1986 年	4.7	3.4
个人消费		
(3) 1954—1959 年	7.3	3.9
(4) 1961—1974 年	3.9	4.7
(5) 1974—1980 年	4.0	2.7
(6) 1981—1983 年	0.5	0.2

注：a "国民收入"是"物质产品平衡体系"（MPS）框架内的一个净输出概念，此体系是社会主义国家使用的会计制度。"个人消费"包括家庭购买的所有消费品（住宅除外）、收到的诸如工资等实物或个人在自留地上自主生产的物品。用于比较的时间段略为随意，这是因为缺乏整个时期的可比数据。我们无法获得每一年的数据，而且，统计机构经常修改个人消费的定义，在先选择现行平减价格的基准年时，经常改来改去。尽管存在这些困难，两个国家在表中所列时期的年均增长率计算结果还是可以比较的。从整体上看，似乎显而易见的是，东德过去30年的个人消费增长率平均来说一直比匈牙利快。

资料来源：第1行：Central Statistical Office (CSO) (1971)，第77页。第2行：CSO (1971)，第77页；CSO (1975)，第73页；CSO (1986a)，第64页；COS (1986b)，第374页。第3行：United Nations (UN) (1968)，第236，293页。第4行：UN (1977)，第465，579页。第5行：UN (1982)，第435页，UN (1983)，第576，726页。第6行：CSO (1986a)，第306页。

---

[1] 匈牙利价格统计专家相信，匈牙利的物价指数比包括东德在内的大多数其他社会主义国家的更准确，也更能反映通货膨胀的过程。这样一来只要我们对实际增长进行比较，就意味着对匈牙利的弊端带有偏见。

我们很难对东德和匈牙利之间的增长率差异做出精确的数值估算。为了提出更清晰的选择问题，我们假设：东德的生产和消费增长率均高于匈牙利。但另一方面，匈牙利的个人自由要比东德大得多。尽管人均消费率相当高，可东德的个人经济自由牢牢受制于各种短缺现象。[1] 虽然人们没有做过很深入的比较研究，但是观察家都会同意，匈牙利的消费者有更多的选择机会，这主要得益于非正式私营部门产生的额外供应，以及越来越丰富的进口消费品。至于官僚机构对个人自由的限制，两国之间更是出现了明显有利于匈牙利的差异。比较两国的二维表现向量（包括第一维中的经济增长和物质福利的综合指标，和第二维中的个人经济自由的综合指标），哪个向量都无法左右对方。换句话说我们面临一个基本的价值判断：一边是更大的个人自由外加生产增长放缓，一边是更大的物质福利外加受到限制的个人自由。

从引言中可以清楚地推断，在给定的社会政治和制度框架内，如果自由的拓展和经济增长之间存在负相关关系或某种替代关系，那么在一些限定条件下，我会选择增加自由权。也就是说，倘若只能在管控有方、纪律严明、强硬粗暴、高度集权的东德和更加自由、确切地说更无政府主义的匈牙利之间作选择，我会更钟情于匈牙利。

这个评价并不意味着全面认可匈牙利自改革以来所发生的一切事情。读者可以在我的其他研究论文里找到我对这方面的批判性分析。我在这里所作的陈述仅仅表示，尽管存在管理失当、重大变故、无数错误、政策前后矛盾又朝令夕改等弊端，匈牙利的发展道路还是比东德更接近于我提出的道德价值体系。

第二个限定条件是，上述选择并非基于辞典式排序，这种排序不过是将自由无条件地摆放在其他价值之上而已。我认为自由不是一道可以用"是或否"回答的简单问题。我不想牺牲各个方面的自由；但也接受对自由的某些方面施以某些限制，只要这种限制是显著改善物质福利的必要条件。但我不赞成因小失大，因为在我看来个人自由具有相当高的价值。当然了，这里没有什么先验

---

[1] 参见 Bryson（1984）有关东德消费的讨论。Collier（1986）对强制替代的效果进行了非常有趣的研究。他提出以下问题："一个普通的东德家庭最愿意为'资产阶级'权利支付多少，以获得按当前价格计算的'名义需求'？这笔款项作为原始总支出的一部分，被定义为东德马克有效购买力和名义购买力之间的差距"（第24页）。根据仔细的计量分析，Collier 估计这一差值为13%。由于实际数值取决于强制替代品的"成色"，更加细致的分析可能会导致差距更大。按本文的概念框架来表达，这一差值就是公民愿意为增加消费选择的个人自由而支付的额外费用。

的量化标准可以判断多少算"大"多少算"小"。不幸的是,道德难题只能根据具体情况逐一解决。

如果不想刻意模糊尖锐的道德问题,我们可以追问,至少就匈牙利目前的情况而言,这样的牺牲是否确有必要。可以肯定的是,匈牙利并不处在实现福利、正义、自由等根本目标的效率前沿。有许多措施或能深化改革,在提高效率和物质福利的同时无需进一步限制个人自由。事实上,通过取消竞争和创业的限制增加个人自由,就可能推动变革,从而提高效率和物质福利。

6. 公众舆论的价值

在评论改革的正面表现时,我已经明确表明了我的价值判断,但这没有多大意义。真正重要的是匈牙利全体国人的价值判断。

有一个广为接受的传统观点,即匈牙利存在两种相互对立的态度:官僚阶层反对扩大个人自由,其他公民则要求扩大个人自由。然而,真实情况并非如此简单。

官僚阶层不是一个同质、僵化的社会群体。其中的许多成员摇摆不定。他们当中的大多数人并不想放弃自己的个人权力,可他们并不在意削弱其他人的权力。作为公民,他们享受新近获得的大量自由,如自由地选择子女的教育,生病时自己挑选医生,自由地旅游,更容易地获得消费品……此外值得谨记的是,政府机关的很多成员、某些身居要职者已经不再盲目信奉现行制度,而是更加乐于接受新的思想。

至于普通的匈牙利市民,他们仍是一个不那么同质的群体。汉吉斯(E. Hankiss)和他在匈牙利科学院社会学研究所的同事开展了一项值得注意的调查,他们向大样本的个人询问了价值观和生活方式。有一组问题和美国及其他西方国家的研究人员对类似样本提出的问题相同。受访者按要求对18个主要价值观进行排序,表4概述了我们认为相关的调查结果。美国人远比匈牙利人更重视自由。在美国人看来,自由紧随和平与家庭安全之后。匈牙利人同样认为和平与家庭安全分别排在第一位、第二位,但自由却排到了第八位。① 只

---

① 从排序分布看,对于自由的评价,年轻一代比年老一代高,自雇人士或企业家比国家雇员高。

有25%的匈牙利人将自由排在前四位。

匈牙利人给自由赋予的价值相对较低,该如何解释这一惊人的偏好差异呢?

难道是匈牙利人已经习惯了别人必定会替他们做决定,而他们要做的只是服从?陀思妥耶夫斯基的《卡拉马佐夫兄弟》里,有一个关于大检察官的比喻,那位官员解释说,人们害怕自由,并且希望遵从最高权力机构的指挥。①家长式统治给人一种安全和被保护的感觉。

表4 匈牙利和美国的主要价值观排序

主要价值观	美国(1968年)	匈牙利(1978年)	匈牙利(1982年)
和平	3.30 (1)	2.54 (1)	3.88 (1)
家庭安全	3.81 (2)	4.09 (2)	5.30 (2)
自由	5.53 (3)	8.45 (9)	8.80 (8)
公平	8.51 (7)	9.53 (12)	9.07 (10)
救助	8.75 (8)	17.70 (18)	15.47 (18)

注:评估基于全国随机抽取的代表性样本。为方便起见,我们没有给出18个价值观的所有排序,只列出若干选定的例子。每一项的第一个数字表示整个样本给出的平均排序。第二个括号中的数字表示在所有18个主要价值观中的排序,根据个人样本给出的平均排序算出。

资料来源:第一列来自Rokeach(1979),第二列来自Hankiss等(1982),第三列数据直接由Hankis及其合作者提供。

或者,可能是众所周知的"酸葡萄"心理作祟:一个人如果得不到足够的自由,为了让自己安心,就根据自己的机会调整自己的愿望,从而使自由"贬值"。②

---

① Dostoyevsky(1880, 1958,第288—311页)。
② 关于"酸葡萄"效应,参见J. Elster(1982)。

或许，这是教育和大众媒体的偏见造成的？几十年来，自由的价值一直未被放在道德教育的显著位置。和以往一样，支持市场合法化、权力下放或其他改革措施的重要论据就是效率，即以更多、更密集的劳动换得更大物质福利的愿景。作为一种价值观的自由，甚至在争论中提都没被提到。

表4并未显示在5年时间里自由价值有明显的上升趋势。或许这种趋势自1982年那次调查之后已经发生改变，并将在未来有更进一步的变化。又或许用经济术语来说，真实的情况是，至少从长远看，供给会为自己创造需求。匈牙利国民获得的个人自由越多，他们就越习惯自由，一段时间之后，对自由的需求也会越来越多。

这项调查以一种较为抽象的方式提出问题：要求对一般的基本价值观进行假设性的排序。大多数匈牙利人可能会把具体明确的个人自由权摆在极高的位置，但没有意识到这些权力是更一般的基本利益（即个人自由）的重要组成部分。

这种解释间接得到另一项研究的支持；1987年，有人给一小批蓝领工人和学生做了一次民意调查。① 这次没有要求排名抽象的道德价值观，只是提出一系列具体、明确的问题，以便了解各人愿意为获得更多的选择自由支付多少。结果表明，这一价值观受到相当高的重视。实际上，大约一半受访者愿意花更多钱获得下列自由权：（1）自由地给孩子选择小学，而不是由教育机构指定学校；（2）自由选择医生，而不是由医疗保健官僚机构分配；（3）能够在更多种类的电视节目中选择，而不是当前的两个频道。除了小学教育那个问题外，所得数据显示两组人的反应并无很大差别。学生明显更加注重这项选择自由，也许是因为他们切身体验了小学教育质量对以后的学习成绩的影响。

我们之前的观点，即匈牙利人高度重视定义明确的个人自由，可以用另一种方法加以论证。显然，自由不存在供给过剩；任何新机会都会立即被开发出来，这表明一直隐藏着某种对自由选择权的需求。按照显示性偏好理论的模式，我们可以提出"显示性道德价值体系"。无论是理智的改革倡导者，还是务实的改革实施者，都不会过多谈论个人自由；但是，第4节所研究的制度体

---

① 资料来源：K. I. Farkas 和 J. Pataki（1987）。

系在特定方向上的变动，显示出道德价值观相对移向了有利于个人自由的方向。①

7. 会迈向一个"中间状态"吗？

将来会怎样呢？近半个世纪前哈耶克②曾经指出，中央集权甚至稍稍削减个人自由都会将社会推上完全国家社会主义化的危险斜坡。虽然他没有说得那么直白，但是读者很容易得出最终结论：这是一条单行道。一旦社会到达某个集权临界点（哈耶克已经明确暗示其存在），就可能再也无可挽回。现在回过头来看他的分析，尽管后来的经验证明了其中的真知灼见，但至少"单行道"之说已经被驳斥。无政府状态和国家完全控制状态之间，或者更确切地说是最小状态和最大状态之间，显然是一条双行道，其中还可以观察到各种各样的变动：朝着某个特定点的方向缓慢前进，周期性的相互交替、来回运动，等等。"最大状态"（已经在改革国家得到清楚的证明）绝非不可逆或最后结局。

许多研究社会主义经济的学者（包括我在内）预期，在最大和最小状态之间的某处，可能会演变出国家控制和个人自由相交融的一种混合状态。我们可以把它称为"中间状态"（medium state）。

这个观点不能与任何有关"最优"的概念联系起来。让我们从一些规范的想法入手。政治学家、经济学家和哲学家在讨论国家的作用时，往往提及三个功能：（1）政府实施的积极宏观政策，以实现经济稳定、充分就业、与外部世界保持平衡的经济关系。（2）政府有必要采取行动，抑制不利的外部性，确保适当的公共物品供给。（3）为了社会正义，扶贫济弱，需要政府进行收入再分配。我们用术语"正当的中间状态"（justifiable medium state）来描述这样一种状态：政府活动很大程度上局限于至少提供这三个功能中的一个。作为公民，我赞同建立这样一个明确由上述价值体系构成的状态。我认为除了自由，福利（以及随之而来的物质产出、效率和生产率的增长）和社会正义也同样是基本的价值观。无论这些个人的价值判断如何，我都非常清楚这个规范

---

① 这个评论并不表示道德价值观的转变引发了制度变迁。本文不对社会主义国家的变革进行因果关系的解释分析，只是探究制度变迁提供了什么样的价值观。此方法并不讨论这些价值观是否真正产生动机的问题。

② F. Hayek（1944，1976）。

意义上的"正当的中间状态"极具争议；实现上述三项功能也许会严重损害某个基本价值观。我希望自己慎重选择了正确的形容词：我讨论的是国家的"正当的"活动，这并不意味着这些活动已被证明是明显合理的。这个形容词表达的是一个事实，即你可以提出支持这样一种状态的合理论据，而且这些论据无法立即遭到反驳。

无论是什么情况，我们都不应期望社会主义国家的改革进程最后达到一种"正当的中间状态"，或是实现了任何体现上述三个合理功能的精心设计的蓝图。它不一定体现某个严格的规范理论，却是一种任意的、临时的中间状态，产生于即兴行为、短视的政治斗争、压迫和反压迫、创新和惯性，以及渴望扩展自由与诱使自由受限之间的妥协折中。一方面，这种状态可以不必非得通过政府活动来执行那三个合理职能。另一方面，这三个职能可以部分或完全不予履行，就像它们一直以来的样子。例如，国家可能并不十分积极追求一项合理的稳定政策（职能1），或保护自然环境（职能2），或通过社会政策帮助有需要的人（职能3），等等。

这样一种任意演变的中间状态能不能自我巩固？赞成和反对更多国家控制、赞成和反对更多个人自由的相互冲突的压力之间，能否出现一个平衡点？①

各种强大的力量作用于社会主义经济，试图回归最大状态，剥夺个人在众多经济领域的选择自由。失去权力的官员想要夺回权力。此外，内部一致性也要求实施行政控制。当大量的（不是所有的）经济活动在官僚监管下开展时，漏洞便开始出现。很自然的，有人会大力动用更多的中央法规、法律和命令来堵住漏洞。最后，传统的思想道德也产生重要影响，因为它们似乎要让复归国家社会主义的趋势合法化，呼吁消除种种不良因素，包括无政府状态、自私的个人主义、投机倒把行为、基于财产而非工作得来的非劳动所得，以及少数幸运儿拥有的不道德富裕而社会上的其他人不能分享同等的福利。

但是，也出现了倾向于中间（或未及中间）状态的相反趋势。目前个人的合法权益与官方禁止或劝阻的行为之间的分界线并非一道"天然边界"。压力没有施加在一般性的"自由"上，而是施于个人自由向各个生活方面的特定扩展。

---

① 关于这个"改革平衡点"，参见 T. Baud (1987a, b)。

寻求提高个人经济自由的各种力量并不一致。它们由不同类别的群体组成，一般的政治哲学观和对好国家的设想都大相径庭。这些人当中，有思想解放、愿意放松严格管制的官员，也有能够洞察过时指令经济的局限性的开明规划者，他们愿意集中精力确定几个主要变量和关系，同时力求牢牢控制这些指标。许多改革家热衷于打造斯堪的纳维亚风格的福利国家，他们希望这种国家会比现在更加公正、平等。还有一些人想超越中间状态，离最小状态更接近些，不过当看到出现从最大状态向更多个人自由的移动时，就算这种移动很小，他们也会非常高兴。

这里，有必要插一段简短的题外话。一些西方观察家认为，东欧改革家是变相的"撒切尔夫人的支持者"。要解释这么一个大误解，让我们再次运用和图1一样的图解。图2有三个箭头。A代表西方保守派，B和C分别代表两组不同的东方改革者。他们的共同点是，所有的箭头全部向下，换句话说，他们都希望回到活跃的状态并增加个人自由，这就解释了为什么他们使用的论据和辞令会有那么多相同之处。然而，这三组人之间存在极其重要的差异。A组认为属于国家活动太多、自由太少的情况，东方的主流改革派则认为是理想的活动水平和可接受的个人自由程度。我们发现，A组和C组之间存在更深层的思想和道德上的紧密关联，即一些西方保守派和一些东方"极端自由派"乃至C组的成员当中，可能对废除最大和/或中间状态创建的所有制度抱有强烈的保留意见。

B组和C组之间的分歧被粗略地简化了。即使在以前，各流派的改革者之间更加适当的分类也有点过于简单。更确切地说，改革派的阵营包含了一系列截然不同的意见、承诺、潜在方案和视角。一旦稳定地到达某个中间状态，这个联盟极可能瓦解。接着，一些群体想在某些方面重新向上移动，另一些群体则希望在其他方面向下移动。在调整国家权力和个人权利时，如何精确划分界线的争论会变得相当尖锐。将联盟凝聚在一起的纽带，恰恰是引发趋势逆转的严重威胁；另外还要担心情势可能急转直下。最终，这种凝聚力可能会促成一种稳定的"中间"状态，对立的政治和社会力量、意识形态和道德价值体系在此达到微妙的平衡。

我们无法可靠地预测这种"中间状态均衡"的演变过程及其持续时间。它只是发展过程会采取的途径之一。生活的许多方面完全或部分回归最大状态，并非不可能。

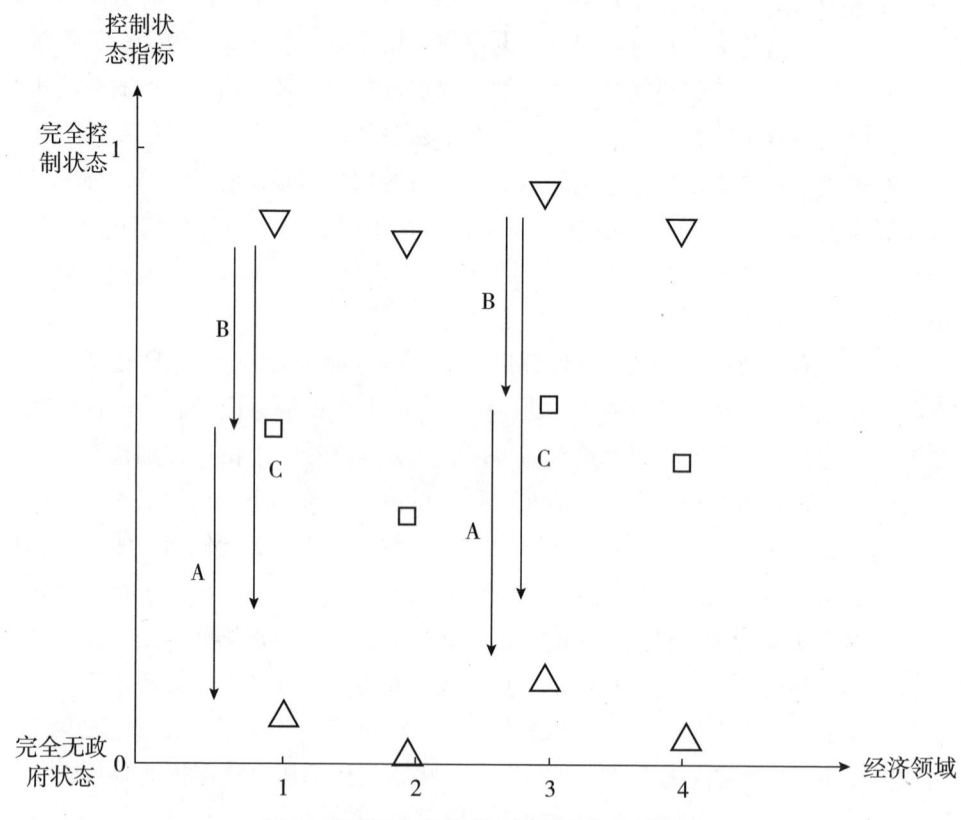

图 2　西方保守派和东方改革家期望的变化

图标：▽最大状态，□适中状态，△最小状态。A：西方保守派期望的移动，B：东方"主流"改革派期望的移动，C：东方极端自由改革派期望的移动。

正如历史上一直发生的那样，所有这些趋势的结果取决于各个群体实际的相对优势，以及许多其他不可预知的因素。可以肯定的是，所有那些积极参与各类事件的人们如今面临着异乎寻常的思想和道德挑战，势必要为子孙后代担当起巨大的责任。

（颜超凡　译）

因篇幅所限，参考文献略，特向作者和读者致歉。需要者可向《比较》编辑室索取：bijiao@citicpub.com。

特稿

Special Feature

政府与市场

阿萨尔·林德贝克

过去30年来，中国经济持续高速增长举世瞩目。倡导市场化改革的人认为，成就主要源于改革。但是，另一方面，这次国际金融危机爆发后，借助政府的积极干预，中国经济似乎安全度过了危机，在发达国家和世界经济走向低谷的局面下，显得一枝独秀。由此激化了原本就已存在的一些争论，例如，坚持以政府或国家为主导的人认为，国家主导是中国取得成功的主要原因，也是所谓"中国模式"的主要特征；更有马克思教条主义者认为市场化改革是错误的，我们不应该进一步推动这样的改革，而是应该回归计划经济。面对这些争论，《比较》特邀编辑、瑞典斯德哥尔摩大学国际经济研究所李一南博士采访了对经济体制以及中国经济改革深有研究的前诺贝尔经济学奖评委会主席林德贝克教授。

《比较》：自从亚当·斯密提出政府应充当守夜人的观点以来，经济学界对于政府和市场的关系一直存在争论。您多年来一直是这个领域研究的领军人物，并且对中国经济改革也颇为关注，能否简要回顾一下历次主要争论，以及到目前为止在这一问题上经济学界达成的共识？

---

* Assar Lindbeck，瑞典斯德哥尔摩大学国际经济研究所教授，瑞典皇家科学院院士。1969—1994年任诺贝尔经济学奖评委，并于1980—1994年担任评委会主席。——编者注

林德贝克：我先从目前的共识说起。如果你看今天的经济学教科书，就会发现关于市场与政府的分工有一些非常普遍的共识。

在任何社会，有关偏好、生产可能性的信息和知识是片段的、分散的。这些信息存在于数以百万计的人的大脑里，而在中国，更是涉及10多亿人。在现实世界中，有两种方式来处理这些信息。一种方式将所有这些信息搜集起来，上交给一个中央部门，让其来规划经济活动。但这是一件不可能的事情，因为这些分散信息的数量和复杂性是难以估量的，你不可能在不损失大部分信息的情形下，把所有这些信息都集中起来。例如，关于时间和地点的信息、关于各个企业的信息、关于劳动者能做什么的信息，以及各企业中工程师拥有的人力资本和特长，如此等等，不一而足。

与集中信息的方式相比，一个更可取的方式就是将决策权分散给信息赖以存在的行动主体。换句话说，分散决策权，让居民自己决定消费什么，企业自己决定生产什么。所有这些决策必须协调一致，而市场是协调这些分散决策的唯一机制，这也是市场的力量所在。从这个意义上讲，中国在20世纪70年代末开始的改革开放是非常明智的。市场化改革使中国能更好地协调处理经济中的各类信息；在对外开放的过程中，大量外国公司带着高新技术和知识投资于中国，这使中国也可以获得国外的知识和信息。

尽管市场体系在利用和处理信息方面优于政府，但这并不意味着政府在经济中不扮演任何角色。这在很多经济学教科书中都有论述。例如，政府需要为市场参与者设立游戏规则，保护产权，保证合同执行，保持社会稳定，如果社会不稳定就没有人敢投资。而且，我们知道市场有许多局限性，比如市场参与者不能自发地考虑自身行为的外部性，如生产活动对环境的破坏，这就需要强有力的政府政策干预。中国政府过去曾在很大程度上忽视了环境保护，虽然现在正朝正确的方向前进，但是还太慢。我希望中国政府在环境保护方面能比以往更积极。另一个关于外部性的例子是人力资本。如果一个人知识渊博，那么和他一起工作的同事也将免费获益。知识的这种外部性意味着政府应该补贴人力资本投资。中国已经这么做了，而且在加快速度做，但是我认为总体速度还是较慢。

市场的另一个局限是不能提供公共产品。因而政府需要提供国防，清洁的空气和水资源等等。中国政府有必要重视空气和水污染带来的破坏。他们破坏的不仅是每一个人的健康，同时影响长期的经济增长，因为如果水和其他自然资源被破坏，经济将无法增长。教育和医疗也属公共产品范畴，对国民影响重大。我认为，中国的福利体系在医疗系统方面仍很落后。在中国，特别是在农村，有很多贫穷的人还无法得到最基本的医疗服务；而另一方面，中国的外贸盈余非常大，为什么不将盈余用于构建医疗和教育体系呢？

接下来要考虑的是宏观经济稳定。宏观经济不会自动实现稳定，因为投资、消费都有波动，而且当世界经济出现波动时，出口可能会急剧波动。政府可以通过实行巧妙的货币政策和财政政策来稳定宏观经济。此外，大多数人都关心的财富和收入分配领域，也需要政府发挥作用。在这方面，政府最重要的职责是保证人力资本的均匀分布，这可以通过帮助由于种种原因没有知识和没受过教育的人增加人力资本来实现。

综上所述，政府有许多理所应当的职责和活动，都是学界达成的共识，写进了教科书里。不可否认，对于政府和市场的关系，总会存在一些争论，但是争论都是在承认这些共识的前提下，对其中一些细节的讨论。

《比较》：您认为这次全球金融危机的主要教训是什么？这些教训是否有助于重新思考政府和市场的边界呢？

林德贝克：我先谈教训。一个很重要的教训就是金融市场具有内在的不稳定性。原因是金融机构主要用别人的钱发放信贷，自有资本只占贷款的5%，这就意味着资产价格温和的调整，就会吞噬银行自有资本所占的那5%。所以，西方国家一个严重的错误在于，它们非常不谨慎地允许银行只使用5%这样低的自有资本，或许这一比重应该提高到20%甚至30%。

另一个教训是政府对金融市场的监管。20世纪80年代，西方国家放松了对金融市场的监管。这本身是一个好的想法，因为我们过去的监管体系源自第二次世界大战时期，有监管过细之弊。但是在放松监管的过程中，决策者没有认识到，在摒弃一套过时的监管体系时，必须建立起一套新的监管体系。举例来说，我们现在允许企业和金融机构发行完全不透明的金融工具，一些不叫做银行却有着银行功能的金融机构也大幅扩张。旧的监管体系显然没有将这些金融工具和金融机构纳入监管，80年代西方在摒弃旧的监管体系时，并没有考虑到如何监管这些新生事物，这是极端轻率的。因此，一个我们在金融危机前本该意识到的重要问题是，金融系统必须有一套非常全面的监管体系，以保证金融稳定。

金融稳定对经济发展的重要性犹如政治稳定。西方国家在这一问题上犯了一个非常非常严重的错误，以至于需要很长时间的补救。如果金融不稳定，银行偿付能力和流动性就会受到威胁，这意味着政府不得不对出了问题的银行提供金融支持，从而使金融危机从银行部门转移到政府部门。也正是这个原因，银行业危机和政府债务危机是相互影响的，并且是一种非常危险的恶性循环。

以上就是全球金融危机的教训。但是，在我看来，这些教训并不涉及政府与市场的分工问题。这是金融监管的失败，而不是在市场中，参与者对产品生产和服务的分散式决策的失败。

《比较》：也就是说，这次全球金融危机的一个重要原因是，西方国家政府没有管好该管的。我们在总结教训的时候，应该重点反思政府在金融监管中的角色和作用，而不是试图重新划分政府和市场的边界。

林德贝克：是的。如我之前所说，具体到中国，我们在反思时，似乎更应强调政府在环境保护等问题上的责任。

《比较》：您刚才提到，中国在过去30年的改革开放是非常明智的。显而易见，过去30年，中国的经济增长也创造了人类历史的奇迹。您怎样看待中国的增长？

林德贝克：中国确实在增长方面做得很成功，中国一直有着不寻常的投资份额。中国投资占GDP的比重为40%以上，而这一比重在其他国家是20%左右，高投资带动了经济高增长。除此之外，中国还进口外国的技术，这进一步带动了经济增长。我认为中国经济的成功增长是基于它实行的政策，但并不神秘。任何一个国家如果有很高的投资率并进口技术，也会取得较快的经济增长率。中国台湾、新加坡和韩国也经历了类似的过程，但某种程度上它们的投资率低于中国大陆。

《比较》：我们进一步来解析中国的经济增长机制。中国政府，特别是地方政府，对经济的参与度非常高，而中央政府以地方经济的增长表现来评判地方领导，经济增长越快的地方领导人被提拔到中央政府的可能性就越大。一些政治经济学家认为，这是导致中国经济高增长的主要机制，我本人在此方面也做过一些研究。这一晋升机制一方面给地方领导人一种促进经济增长的高激励；

另一方面，这也导致低效率增长的问题，比如环境污染，地方保护主义以及地方政府债务，进而导致增长的高成本且不可持续。您是如何看待这一增长模式的？

林德贝克：我认为这取决于当地政府官员运用什么工具。如果他们想要创造一个长期的创新增长过程，那他们就应该试着为企业、居民和创业者创造一个最好的经济、社会和政治环境。他们应该推动更多企业进入市场，并且使企业能更容易获得贷款和劳动力。但是政府不能指定企业生产什么产品，因为它们永远不会知道。创新什么产品，生产什么产品，只能通过一个试验的过程来发现。当企业家和个人自发创新时，一些人可能失败、一些人可能成功并获利。政府应当创造一个良性环境，成功者发展壮大，而不是扶持失败者。这至少是我的认识和经验。

在此，我也想问一下，在中国，地方政府具体使用什么工具来影响经济增长？是开设企业的许可么？

《比较》：许可、贷款以及补贴，等等，政府无处不在，这可能是计划经济时期的遗产。

林德贝克：这是非常危险的。因为如果它们开始补贴一些企业，就有一个很高的风险，你可能帮助了错误的企业。如果地方领导人考虑："什么是最好的经济和社会环境？什么是促进经济长期增长的最好情形？"那将会好很多。

《比较》：您能具体说一下为什么政府不能指定企业生产什么产品么？

林德贝克：以瑞典为例，19世纪后期，瑞典才开始工业化，相对其他国家较晚。但是，我们的创新增长非常成功。我们首先创新和发展了滚珠轴承、分割机、电话交换机通讯技术，可以低成本远距离输送电力的高压传输技术，以及许多其他技术。再之后，我们有了宜家（IKEA），开启了生产和分销个人可以自行组装的平板包装（flat package）家具的创新，如此等等。没有人会认为，瑞典特别适合创造出所有这些产品，这些产品可以在任何一个国家创造和生产，这完全取决于哪里的企业家和个人愿意采取主动，进行创新，而不是问政府该创造什么。从来没有决策者指定瑞典应该生产滚珠轴承或伊莱克斯生产研发的那种新式冰箱。创新是一个分散式的试验过程。我个人认为，这是最好的增长系统。尤其是，当一国增长到一定的高级阶段时，就不能从国外输入新的想法，模仿国外的新产品。你必须自主创新，这时市场的作用将更重要。

《比较》：也就是说，在创新经济增长的过程中，市场将发挥更大的作用。政府应该做的是创建一个有利于创新的环境。

林德贝克：是的，政府应该建立功能健全的劳动力市场、资本和信贷市场，以及行使上文已经讨论的其他职责。简而言之，政府行使好自己的基本职责，比把手伸到经济中的各个领域进行干预，会更有利于经济增长。

《比较》：我们刚才谈了地方政府对经济应如何干预。我们接着谈一下中央政府对地方政府的考核。在中国，以省领导为例，政绩的考核通常是每五年一次，这不是很长，使得地方政府往往注重短期经济增长率，并且经济增长主要来自于投资。这种增长模式在短期内可以持续，但是，依照您的观点，如果当经济增长更多地需要由创新驱动时，当前这种增长模式是不是有问题呢？

林德贝克：是的。以日本为例，它在成为一个赶超型经济体方面做得很成功，但是当它成为技术前沿者时，它停止了。它有一套包含技术模仿和高投资的经济赶超体系，但是这个体系没有企业家创新，它有的只是"改良式的工程设计"（improving engineering），即从美国引进一种新产品，然后在某些层面上改善这种产品。但是，当日本处在科技前沿时，它就没有地方可以拿来新产品。日本从赶超式增长转变为创新式增长已经太迟了，它失去了宝贵的20年。我想，中国在不久的将来也会意识到经济增长方式须转变成创新式增长。看看19世纪末和20世纪初的瑞典，我们是欧洲最贫穷的国家之一，但是，正如我在前面提到的，经过20年的增长，我们突然有了很多创新型企业。所以，你不应该等到成为前沿者时，才考虑鼓励创新和企业家精神。

《比较》：的确应该如您所说的那样。那么，对于中国从投资导向型增长转变为创新导向型增长，您大体上有什么建议吗？

林德贝克：中国某种程度上已经成为一个私营企业经济，大部分的生产都是在私营企业进行的，尤其是，当你把大部分农户也看作私营企业主时。我认为，政府不应该关注产品是什么，而应该更注重个人和企业主动创新的可能性。让他们放开手脚，承担新的风险，努力给它们创造分散式的资本市场，让它们能够获得资源，这是个重要原则。说到资本市场，中国有一个问题，即银行体系以国有商业银行为主导。我个人认为，中国需要更多的非国有商业银行，让市场来决定信贷，而不是让国有银行计划经济中的计划者一样，来决定贷款给谁。我同时也注意到，中国的银行体系在一定程度上存在偿付能力问题。中国的银行如果处在国外，很多人会质疑它们的生存能力。但是，在中国国内，它们的真实情况鲜为人知，更重要的是，它们背后还有巨大的政府资源，当它们管理不善时，政府可以投入更多的资本。

除了银行的所有权，还需注意区分不同银行的功能。商业银行通过吸收储户的存款来放贷；投资银行通过发行债券获得资金，投入到高风险的项目。西方国家本次金融危机的一个教训就是，商业银行将两种业务混在一起，而投资银行业务的高风险很容易将商业银行体系摧毁。商业银行原本是不允许经营投资银行业务的，20世纪80年代，监管层将两种业务区分取消，这是本次危机的一个主要原因。

《比较》：确实如此，我想增加一点，当增长变成创新驱动时，股权融资可能会变得比银行融资更为重要，所以，我们应该有一个完善的股权融资体系。

林德贝克：当然是这样。对新的创新活动和分散式创新活动来说，股权融资更适合。

创新本身风险很大，而银行不能放贷给高风险项目，因而一个更好的可能是个人将一小部分资产投入创新型企业，即使损失，影响也有限。如果一个国家希望鼓励很多公司创新，创建一个良好的股权融资体系是非常必要的。在这个体系中，小企业和新企业股票市场是重中之重。小企业和新企业不像大企业，它们可能需要5—10年时间才能盈利。在此之前，它们一直需要股权融资。在许多国家，最重要的创新通常来自小企业和新企业。因而创建一个不给银行体系带来风险的股权融资体系，对鼓励创新很重要。如果有1000个股票投资者投资于创新企业，其中500个投资失败破产了，这不是很大一件事。而如果这些资本是通过银行贷款获得的，银行破产的危害将不可想象。

《比较》：那么政府在构建一个完善的股权融资体系中应起到什么作用？

林德贝克：政府应该建立一个足够大的、为小企业股权融资的多层次资本市场体系。

《比较》：在我们的股票市场中，已经有分别为中小企业和创业类企业融资的中小板和创业板了。在我个人看来，目前一个很大的问题是发行的审批制。即使一个企业达到了上市的标准，如果监管部门不批准，也不能上市。

林德贝克：政府如果只制定规则，并且保证这些规则得到实施，可能会更好。政府不应该干预到个案，诸如A企业还是B企业应该发行这类问题。

《比较》：您的这个观点其实是基于您之前提到的政府和市场的分工的基本原则的。

林德贝克：是的。

《比较》：那么是否也应鼓励发展机构投资者，来增加股权融资市场的资金供给呢？

林德贝克：在许多国家，包括瑞典，机构投资者通常只是管理他们自己的投资组合。当他们预计投资的公司短期会出问题时，通常迅速卖出股票，不会向公司管理层发出声音，帮助解决问题，改善治理。

《比较》：是因为机构投资者只关心短期投资收益么？

林德贝克：是的。在一个经济体系中，如果大量的股权为机构投资者所持有，而这些投资者又不想对上市公司管理层发出声音，是非常危险的。这是当今资本主义社会的一大问题。解决这个问题的一种可能途径是，通过税收和监管来让大的机构投资者将一部分资金投资于小型专业投资基金，这些基金只投资于某一行业，雇用专家，需要向上市公司发出声音，帮助改善治理，解决问题。

《比较》：除了分散的资本市场，包括已经提到的股权融资，政府还需注意什么以鼓励创新？

林德贝克：创新还需要一个能推动独立思考而非机械学习的教育体系。在我看来，东南亚过多地强调权威，你不得不相信老师所说的话。而我认为，中国应该推动建立新的教育体系，在这个教育体系中，学生可以问"为什么这么说？"，"那说明了什么？"，并且发挥他们自己的主动性。

《比较》：这可能源于我们长期的历史和传统。

林德贝克：是的，这就是东南亚的传统，如果你想未来有更多的企业家精神和创新增长过程，摒弃这个传统是非常重要的。

《比较》：我认为政府应该做的另一件事，或许政府已经开始在做了，就是减少管制，降低企业进入成本，减少私人开设企业的步骤。

林德贝克：是的，这的确也非常重要。官僚体系中繁琐的程序是企业家创业的一大障碍。具有企业家潜力的个人想践行自己的想法，不用征求很多个官僚人士的同意，因为那样会破坏他们的工作。企业家不只对利润感兴趣，他们往往还热衷于做一些与众不同的事情，来实现他们的社会价值。100万个企业家可能带来的创新远比100万个官僚带来的多得多。

《比较》：让我再问一个问题，正如我所说，在中国，政府对市场的参与度是很高的，这或许是计划经济时代的遗留影响。目前中国中央政府已公开表示，将深化市场经济改革，简政放权；但另一方面，政府仍需干预经济，以维持高增长。在这一过程中，许多政策都需要地方政府来制定和实施，在这种情况下，政府应该如何处理它与市场的关系？中央政府应该如何考核地方政府官员呢？

林德贝克：或许不能光靠GDP增长来考核他们，因为GDP增长是创新的结果，通常滞后于创新。纳入地方政府官员考核的指标还应包括：（1）地方政府官员是否深化经济体制改革，鼓励创新，减少官僚习气和繁文缛节；（2）他们是否废除了不合理的旧规则，简政放权。

总而言之，地方政府官员采取的行动和体制改革应该成为考核的一部分，而不单单是GDP增长率。GDP增长率取决于很多其他因素，例如原材料的需求。一个资源充裕的省份也能增长很快，它只要把资源从地下挖出来就可以了，但这不是发展。这只是沙特阿拉伯式的增长：高增长率、高收入，但并没有太多创新和企业家精神。

《比较》：30多年前，我们面临的问题是从计划经济向市场经济转变，后者更有利于增长和发展。在这一过程中，很重要的一个问题是鼓励地方政府官员推进改革。而通过GDP增长考核，恰恰能达到这一目的——地方官员如果改革，经济就增长得快，被提拔的可能性更高，而提拔之后又能在更高的位置进一步推动改革。我曾仔细研究过每一位被提拔到中央的省级领导，他们中的绝大多数可被贴上改革者的标签。也就是说，我们的领导考核标准其实是改革。在那一特定阶段，地方GDP增长率其实反映的是地方领导改革的努力，GDP增长率是改革的一个充分统计变量（sufficient statistic）。但是30年后的今天，我们面临的问题已不再是抛弃计划经济体制，而是深化改革，转变经济增长方式。地方官员的考核标准，如您所说，应是深化改革。而在这一情形下，GDP增长率已不是深化改革的概括统计变量了。

林德贝克：是的。GDP增长率是创新的滞后变量。通常，一项创新在完成很长一段时间，比如5—10年，才能转化为GDP增长。考核不应再注重GDP增长这一结果变量，而应注重这一结果发生之前的一些变量，如我之前提到的是否为创新提供良好的制度环境。

《比较》：我们重新审视GDP增长率这一变量。它的优点是简单、容易测算。我想中国如果建立新的官员考核标准，这一体系中的变量也应该简单易懂，容易测算而不是抽象模糊。

林德贝克：你说得非常确切。

《比较》：总结一下我们所说的，中国式的地方官员考核，还有我们刚才说的过去30多年的中国经济增长模式，是一种落后国家摆脱贫困陷阱，推动经济快速增长的有效机制。但是，对于进一步的增长和发展，我们需要重新思考和改革这一增长模式。

林德贝克：是的。我的观点是经济增长方式的转变以及相应的改革，应该在中国处在技术前沿之前，就开始施行，因为改革需要很长时间。这恰恰是日本所犯的错误，它们应该在20世纪80年代之前就推出相应的改革，而不是到

80年代经济停滞之后，才考虑改革。它们已经错过了20年的发展时间。

《比较》：直到现在，我们还看不到日本有转变经济增长方式的迹象。

林德贝克：是的。中国一定要避免陷入这种日本式的增长陷阱。我注意到，现在一些劳动密集型的产业已经从中国转移到柬埔寨、越南等国，中国已经需要通过鼓励创新，来填补这些转移了的行业空缺。

《比较》：事实上，在中国沿海地区，增长率已不是很快，它们正在思考转变发展方式，寻找新的经济增长点。

林德贝克：但一定要注意到，转变发展方式不应该是政府说"你现在该生产这些产品"，而是进行经济体制改革，调动企业家的创新积极性。像瑞典的企业家一样。从1870年到第二次世界大战，我们是世界上经济增长最快的国家，这些增长很大程度上都是由创新拉动的。在这一过程中，瑞典创造了很多之前人们不敢想象的产品。

《比较》：所以，沿海地区的政府应该思考改变政策和体制，让企业家有创新的能动性，这是非常关键的。

林德贝克：政府能做的就是改善教育体制，推动科技研发，建立一个分散式的资本市场，让人们可以发行股票，筹集资本，而不是向一些不了解公司经营状况的官员去努力争取信贷。

（张彩琴 译）

政府与市场
"中国模式"和金融危机

许成钢

今天,我要和大家分享的话题是政府和市场的关系。这是一个巨大的题目,因此我会再具体一点,讨论"中国模式"和金融危机,之所以要讨论金融危机是因为我们在今年6月下旬刚刚经历了一场很有可能演变成金融危机的"钱荒",钱荒和中国模式是紧密相关的,而且中国模式大行其道的时间恰好是全球金融危机期间,所以,我们就把金融危机和中国模式放在一起来讨论。

今天,我大致想讨论以下几个方面:首先讨论市场和政府关系的基本概念及逻辑。这里面最核心的内容是,市场必须是自主的,政府不能直接干预市场。政府的作用是辅助市场和保护市场。这个概念需要再澄清一下。

随后,我们要花一点时间来讨论中国体制的性质。我们要认识中国模式,就要知道中国体制到底有什么性质。其中核心的内容就是政府与市场的关系。以前,我发表的论文更多的是讨论中国体制正面的一面,但是,同样这个体制,也有它的另外一面。以前,这另外一面还没有来得及充分展现,现在有大量的事实可以帮助我们认识到体制的这另外一面。实际上,中国过去30多年的快速增长源于这个体制,今天的众多问题也是从这个体制中产生的,到底中国的将来会怎样,取决于中国的体制要朝什么方向转变。

---

* 本文根据作者最近的演讲整理而成。

第二个大问题是从金融市场和金融危机的角度，来看市场和政府的关系，这实际上等于是以金融为例，具体说明政府和市场的关系。这里面有一个特别基本的事实，或者叫做观察，就是如果我们从两百年的时间段来看所有发达国家的金融市场，而不是只看2008年金融危机，就可以清楚地看到，金融市场是所有发达国家的基础，它最基本的特点就是长期高效和基本稳定，对创新的支持，没有金融市场，实际上就没有创新，创新不可能是政府支持出来的，而一定是在金融市场发达的国家产生的。

再一个和金融市场紧密相关的问题就是金融危机。金融市场的一个重要特点，就是它逃不过金融危机，换言之，要想彻底消灭金融市场的金融危机是不可能的。但是金融危机是可控的，是可以减弱的，这实际上就是政府和市场关系的核心所在，政府和市场之间究竟是什么关系，政府对控制和减弱金融危机发挥什么作用。

最后，从中国经济的结构性问题、低效率以及面对金融危机的威胁，来看中国的金融改革和刚刚发生的所谓"钱荒"。

金融危机和中国模式

下面我们先来简单讨论一下中国模式。所谓的中国模式是在2008年金融危机以后被大事张扬的。那时表面上看，中国经济一枝独秀，似乎很特殊，于是，就有人提出了所谓的中国模式。事实上，中国的经济是一个政府高度控制的半市场经济，而不是一个发展了的市场经济。其中核心的控制机制是政府。有的时候这种政府控制的半市场经济被称为市场社会主义，有的时候又被人称为国家资本主义，取决于谁在讨论。但是我要指出的是，这两种称谓都不准确，都存在重要的概念混淆，即把社会主义和政府混为一谈，把政府和国家混为一谈。市场似乎是资本主义的代言人，国家似乎是社会主义的代言人。

另外，中国模式论还有一个断言，认为中国的经济高速发展是因为中国模式。这个断言实际上也有一个根本性的概念混淆。在这里，我想指出，所谓的中国模式不成立，并要澄清，中国经济发展的制度基础究竟是什么。

首先，让我们来看一看中国模式是怎么出来的。中国模式论被提出来的时候，刚好是2008年全球金融危机。在此期间，人们看到，即便在美国，似乎也出现了国有化。但是，当时美国政府是出手帮助市场，而不是以政府取代市场为目的。当时政府出手帮助市场的时候，会运用一些手段，其中包括政府购买一些资产。有人认为，政府购买资产就是国有化。所以，当时就有一种议论，西方国家，即便是最发达的资本主义国家，也在国有化，这显然是资本主义模式的衰落。因此，资本主义在大幅度衰落。这种看法存在非常严重的基本概念错误和事实错误。

和全球金融危机对应的另一面就是中国经济持续的高增长，中国受金融危机的影响似乎相当小。中国受到的影响主要是由于金融危机导致国际贸易下降而带来的间接影响，在金融方面，中国并没有直接受影响。于是，有些人就以为，这恰好说明了中国模式特别优越。而中国当时受全球金融危机影响特别小，原因非常简单，是因为当时中国的金融制度严重不完善，还没发展起来。这就相当于关在幼儿园里的一个孩子。虽然外面出事了，但因为孩子关在幼儿园里，所以他和外面发生的事隔绝了。

当然，我们马上碰到一个问题，到底产生金融危机的原因是什么，中国模式是不是能杜绝金融危机？简单的回答是，只要中国需要发展金融，就不可能真正杜绝金融危机。你要么发展一个有金融市场的市场经济，然后由政府来帮助和保护金融市场，减弱金融危机的威胁和金融危机的程度；要么什么东西都由政府来控制，虽然金融危机没有了，但是金融市场也没有了，市场经济不可能发展，经济发展一定受到限制。

最后一个最基本的问题，就是中国经济的发展能不能持续，这比起讨论金融更重要。中国经济发展能不能持续，实际上直接和中国能不能发展金融市场是连在一起的，如果中国不能在金融领域进行基本的改革，中国的经济就不能持续发展，所以这是一个必须要面对的基本问题。

下面，我想要用事实来简单地说明金融危机本身不能证明国有制经济更优越，金融危机不能证明所谓的中国模式更优越。其中的道理很简单。首先我们回到1929年，当时发生了至今人类历史上最大的金融危机，那场金融危机导致整个西方国家陷入10年的经济萧条，并引发了第二次世界大战。在当时西方大危机的时候，正是苏联计划经济刚建立，一面是整个西方世界的衰退和危机，另一面是苏联经济高速增长。当时世界上很多人，包括很多经济学家都误以为苏联建立的斯大林模式的国有统治经济更优越。

沿着这个思路，在1960年代，当时苏联共产党领导人赫鲁晓夫在纽约的联合国总部，非常骄傲地向全世界宣布，社会主义的高速发展最终会埋葬资本主义，他说的埋葬并不是靠战争，而是靠和平竞赛，和平竞赛靠的是什么？靠的是社会主义经济的高速发展。因为在1950年代和1960年代的时候，苏联经济发展的速度远远超过美国和西欧。当时苏联的状态就是2008年时候的中国；那时苏联和美国的对比就相当于2008年、2009年中国和西方的对比。然而，今天我们看斯大林模式的经济制度有着不可逾越的障碍，是导致苏联最终崩溃的制度基础。

另一方面，我们还需要看到的是，即便在斯大林模式快速增长的时候，苏联经济也付出了惨重的代价，包括成千上万人饿死，这个代价中国自己也都经历过，中国在斯大林模式时期，即"大跃进"时期，也饿死了上千万人，这就是斯大林模式的经济增长付出的代价。

以上说的是历史。那么，2008年的全球危机为什么不能证明中国模式是成功的呢？这是因为市场经济遇到的问题和中国体制遇到的问题，在性质上是不同的。从国有制为基础的经济，或者说国家统治的经济和市场经济的比较来看，差不多一百年来，我们可以相当清楚地看到两个基本事实：第一，世界上所有发达经济体毫无例外的都是以私有制为基础的市场经济；第二，世界上所有的国有制统治经济都毫无例外地是低效率的，最终垂垂衰败，苏联和东欧都整体走向了崩溃。这实际上是认清政府和市场关系的一个基本认识。

政府和市场的关系

下面我们来看一看政府和市场到底有什么样的逻辑关系。首先来看市场。市场一定是以私有产权为基础的，以私有产权为基础的市场是满足公众对所有竞争性私有物品需求的最有效机制，所有的竞争性行业一定不可以是政府操作的，而应该由私有企业来运作。从这个意义上说，政府必须离开市场。那么，政府是不是重要呢？政府非常重要，政府必须离开市场，但是又必须在市场上。原因在于有许多问题是市场自己没有办法解决的，需要政府来解决。那么政府必须发挥哪些作用呢？

政府第一位的作用就是保护市场运作的先决条件。首先，政府要应对市场失灵，这在经济学中讨论得相当清楚。金融危机本身就是市场失灵的一个表现。当市场失灵的时候，是需要政府来帮助的。但是，政府绝对不能代替市场，政府代替市场，市场就死了。市场失灵有很多类，金融危机这类市场失灵，经济学称之为负外部性。当产生强烈的负外部性的时候，我们希望政府来保护市场。比如，当我们讲政府的时候，其中政府的一个部门就是中央银行，中央银行是做什么的呢？在中国，长期以来相当流行的一个建制是把中央银行的作用放到货币供给、经济增长上。这不错，但是丢掉了重要内容。中央银行非常基本的职责之一是防范金融危机。如果中央银行不警惕金融危机的问题，它就丧失了基本职责。

其次，政府要保护私有产权，防止政府本身和有权有势的人侵犯公民权利。这是任何市场经济能够发展的最基本条件，没有这个条件，市场经济就不可能正常发展。

再次，要提供独立司法来保证合同的执行，限制垄断，防止欺诈。这一点是核心重要的，为什么？因为市场交易实际上就是合同交易，如果没有政府来执行合同，市场就没有办法发展。

政府还有第二位重要的作用，就是提供公共品。首先，政府要提供硬的基础建设和软的基础建设，这些实际上也是市场运行的先决条件，其中包括学校、医院、道路、桥梁、鼓励正外部性。所谓正外部性就是某一个经济活动给他人带来的收益，比如研究开发需要大量的投入，一旦成功，不仅可以为投资于研发的人带来收益，也会给社会上的其他人带来收益。这就是正外部性。当有很强的正外部性时，市场上可能没有人愿意出钱，这时候就需要政府来帮助。其次，市场自身无法解决贫富差距问题，需要政府帮助减少贫富差距。其中包括提供公共品保证贫困人口的最低生活标准，以及保护贫困人口的财政政策。

以上讨论说明了政府和市场的关系，哪些是政府不应该进入的，哪些是政府必须要有所作为的。我们今天在中国看到的大量问题，就是政府进入了很多它不该进入的领域，而许多该由政府做的事，政府并没有做。

接下来，我们从政治经济学的角度来看政府和市场的关系。从政治经济学的角度来看，过去二三百年的世界历史清楚地表明了以下几点：

第一，民主宪政是市场经济发展的基础。在不同历史时期，在不同国度，民主程度有大有小，但有和没有是质的不同。哪怕在有限的民主情况下，它也是保证宪政的基础。比如说，英国的产业革命是全人类产业革命的先导，是全人类工业化的起点。为英国产业革命奠定制度基础的，具有决定性意义的，就是1698年的光荣革命，光荣革命在英国建立了宪政。虽然当时英国只是很有限的民主，全社会只有很少数的贵族才有投票权，大多数人并没有投票权，但即使只有少数人有投票权，它也保证了对权力的限制，即三权分立。在权力分割的情况下，保证了政府或王室没有权力侵吞私人的财产，保证了整个社会能够稳定地保护私有产权，从而为产业革命创造基础条件，因为保护了私有产权，才有后面的企业家的产生，才有私人企业的产生，才有技术革命、技术革新、技术发展，等等。

第二，拥有私有产权是每个公民天生不可剥夺的基本权利，这也是必须让所有人都非常清楚的基本观念。拥有私有产权、保护私有产权，这是人权的基本部分。我现在强调的这个概念来自英国光荣革命的基本文件。以私有产权为主的市场制度同时也是保护公民权利的基础，与此相反的就是国有制的统治经济，它是剥夺公民的"通向奴役之路"，这是哈耶克的观点，也是他那本名著的书名。哈耶克在这本书里讨论的就是苏联这种国有制统治经济，不仅是低效率的，也是剥夺公民的。同时，由于它是剥夺公民的，导致经济没有创新能力，进而导致经济一定衰退。

通向奴役之路的具体例子就是苏联、东欧等25个国家，这25个国家在1989—1991年期间，整个体制崩溃了；此外，还有"大跃进"和"文革"时期的中国，从来没有改革的朝鲜，有一点改革的古巴、越南。

第三，宪政的基本原则就是限制政府不得滥用权力，这本身是保障法治和市场秩序的基础，如果没有宪政和法治的制度限制，政府就有自身利益和足够的力量侵犯市场、侵犯个人和企业的产权，市场就没有秩序。

第四，我们不断地在讲政府和市场的关系，这其中一个非常基本的问题是，谁是政府？政府是谁？政府代表谁？政府一定是由人组成的，由于政府是由人组成的，里面的人都和你我一样，不存在某个天然大公无私的政府，不存在天然大公无私的领袖，所以人们不可能寄希望于产生包公这类的清官，这是其一。

其二，因为政府里的人和你我一样，都是普通人，有自己的利益。因此，不可能存在自动不偏不倚的制度和不偏不倚的政府，在这种情况下，政府里面的人怎会自动限制自己不贪腐呢？政府怎么能保护市场运作呢？政府怎么能保证它提供的公共品呢？所有这一切问题合在一起就决定了为什么民主是至关重要的，因为只有民主制度才能保证政府能代表公民，能为了公民的利益保护市场、保护经济、保护社会。

民主制度决定了政府和政策是由多数公民选择决定的。从历史上看，民主的程度是从低到高演进的，从少数精英投票到普选，英国是最好的例子。比如，亚当·斯密当时是非常著名的学者，在英国的影响很大，但是当时的他并没有投票权，换句话说，在当时的英国，民主是很有限的，只局限于特别有钱的少数人，像亚当·斯密这样的人没有投票权，但是，英国有宪政，宪政保证了言论自由，保证了产权保护，为产业革命奠定了基础。

中国的现行体制：分权式威权制

前面提到通向奴役之路的例子。中国也是从那里走过来的，而且还没有走多远，距离宪政还有很大的距离。那么什么是中国的体制？它的基本特点是什么？我把中国的体制简要地概括为地方分权的威权主义体制，简称分权式威权制。

中国的分权式威权制是世界上独一无二的体制，为什么独一无二呢？首先它是威权制，威权制本身并不特殊。世界上所有的威权制都是高度集权的，中国的威权制也有这个特点。但是，中国的威权制在很多方面是分权的。接下来的问题就是：在中国的体制里什么是集权的，什么是分权的。集权的地方是，中央对政治、对人事高度集权，除此外还包括对中国人民银行、所有大银行、证券市场进行集权控制，在能源方面实行垄断式的集权保护。分权表现为行政、除金融和能源之外的资源以及其他大量的经济控制权向地方高度分权。一个具体的例子就是土地资源，其中包含了房地产。

这个体制决定了中国改革和发展的轨迹，同时也制造出了我们今天看到的所有严重问题。用比较中性的话说，这个体制就像一把双刃剑，一面砍出过去30多年的高速发展，另一面砍出现在所有的严重问题。所谓中国模式，实际上只是一个不知道本质，只看暂时现象的一种提法而已。这个分权式威权制正是所谓中国模式背后的基本制度。

在任何威权主义官僚体制下，都有一个无法解决的基本问题，即激励机制问题。首先是各级官僚的激励机制问题，在威权体制下，下级要服从上级，但上级又要从下级那里获得信息，下级可以很容易地欺骗上级。下级为了自己的利益欺骗上级，上级又要根据下级报告的信息来决定是提拔他还是压制他、惩罚他，因此上下级官僚之间的激励问题是无法解决的。中国改革前的状况，前苏联和东欧地区等25个转型国家在崩溃前的30年改革的失败，都非常清楚地告诉我们，威权主义官僚体制解决不了激励机制问题。

回到中国的改革，中国是怎么做的？为什么苏联东欧解决不了的激励机制问题，中国在改革的前一阶段似乎能解决？那是因为中国体制有所不同，即分权式威权制，这使得中国可以用不同的办法，即把大量权力下放给地方政府，让地方政府竞赛，以此解决激励机制问题。随之而来的问题就是竞赛什么？激发地方政府做什么？诱导地方政府竞赛GDP增长速度，这是在威权制下非常有效地解决各级地方官员激励机制的绝招。所以，所谓的中国奇迹，实际上增长速度并不是奇迹，而是在威权体制下，居然能调动千百万个地方官僚拼命地往前赶，也就是说，在改革早期，中国解决了威权体制下无法解决的激励机制问题。这才是奇迹。而解决的办法就是地方政府之间为GDP增长速度展开竞赛。

在这个竞赛的过程中，许多地方政府同时试验不同的方式和手段。那么，GDP是什么呢？GDP虽然名义上是一个统计指数，但这个统计指数是度量市场活动的，是以市场为条件的，这是核心所在。当上级让地方政府展开竞赛时，有市场和没市场是个重大差别，如果没市场，那地方政府的竞赛就会出大问题。大跃进就是没市场的地方竞争。一旦市场不存在，就没有办法解决复杂的激励机制问题。中国前30年的改革比较成功的一段，其关键就在于开始建立市场，然后利用市场的信息得出一个综合指标GDP，竞赛GDP是竞赛市场活动。

但是，地区竞争GDP不可能长期解决地方政府的所有激励机制问题，它只在特定时期、特定条件下暂时解决了威权主义官僚制下的激励机制的一部分问题。换句话说，地区竞争GDP只是权宜之计，在这个权宜之计有效的时候，如果抓紧改革，改变威权主义体制，地方竞争这种机制就可以被更好的机制取代。今天碰到的主要问题就得到了解决。

下面我们来分析，为什么地区竞争GDP是权宜之计？第一个问题是，无论民主的、宪政的政府，还是专制的政府，政府的职能都不可能是单一的，世界上不存在一个只为经济增长而存在的政府。因此，把政府目标确定为经济增长，一定造成了严重的政治、经济和社会扭曲。

在中国特定的历史时期、特定的条件下，也即在文革刚结束的贫穷状况下，将经济增长速度作为一个地方竞争的目标，实际上是一种政治上的退让，这是暂时可以接受的。但是，如今的中国已经不是那个时候的中国了：第一，中国已经不是那么贫穷的国家了；第二，中国已经不是文革刚结束了，文革刚结束的时候，一大批愿意工作的干部们刚刚从被打倒的状态中解放出来；现在不是这样，他们有大量的自身利益，这些利益经常同社会利益冲突，所有这些东西合在一起，经济增长之外的社会经济问题就变得越来越重要。再加上中国的规模，中国不是韩国、不是新加坡，后者都是小地区、小经济，它们以出口导向可以走很远，因为对全球经济没有太大影响；但是，中国是一个超大规模的经济体，当这个经济体不再绝对贫穷时，它如果采用出口导向，则是全球经济无法承受的。

因此，地方竞争机制一方面推动了 GDP 的高速增长，另一方面也产生了大量的社会经济问题，包括以下这些特别重要的问题，如中小企业发展严重受阻；公民收入占 GDP 的比例持续下降，甚至位列全世界最低之一，进而导致内需低迷不振；收入不平等问题；环境问题；政府侵犯私营企业和公民权益的问题；城市住房问题；地方财政问题、腐败问题，等等。每一个省、每一个市、每一个县都面临着所有这些问题，让各级地方政府竞赛 GDP 增长速度，不但解决不了这些问题，甚至使其中多数问题进一步恶化。

我这里还想指出，上述这些问题在"十一五"规划中全都讲过，解决方案也都讨论过，"十二五"规划又重提这些问题，并提出了解决方案。今天人们还在反复讨论这些问题。但这些问题整体上在持续恶化。为什么这些问题迁延不愈？一个最流行的说法是因为增长速度太快了。而我认为，这个说法是对中国问题的误诊。中国的问题不是因为增长速度太快了，而是因为分权式威权制让地方政府只竞赛增长速度，只竞赛增长速度当然增长速度快，当然也就不管其他的问题，因此其他问题的出现一定是激励机制造成的，我们的激励机制只能激励各级地方政府竞赛 GDP 的增长，没有办法激励各级地方政府去做 GDP 之外的事情。

谈到这里，我还要提及另一个现在很流行的说法，就是所谓的中等收入陷阱，这个提法并不是国内学者首先提出来的。这个提法不仅肤浅，而且误导。把它套用到中国，会产生严重误导。图 1 给出了中国香港、日本、新加坡、韩国、中国台湾、印度、非洲、拉美的发展状况，时间是从 1950 年一直到 2000 年这半个世纪，从图中可以发现，在这半个世纪里，这些国家和地区，要么发展，要么不发展，所有发展的国家都是一路向前发展，没有所谓的中等收入陷阱。

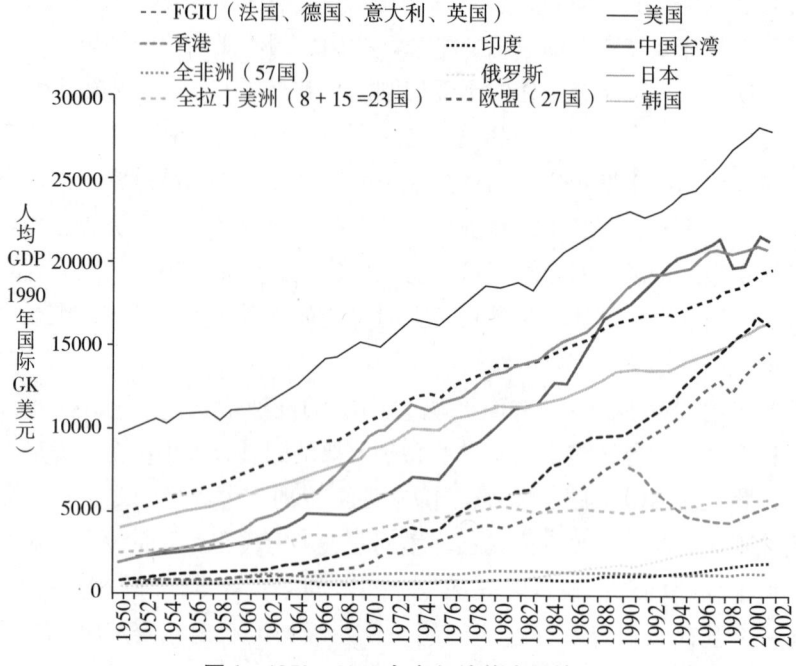

图1 1950—2000年各经济体发展情况

如果看一看中国，从1940年或者1930年一直持续到1978年改革前夕，中国是全世界最穷的国家之一，改革前夕中国的人均GDP相当于非洲最穷的国家之一。所以，是一个贫穷陷阱。

文献里的所谓中等收入陷阱是以拉美国家为主的，我们来看看拉美国家是什么情况。从有文字记述的最近二百年历史来看，拉美国家并不是从贫穷国家进入中等收入国家后，落入中等收入陷阱的，而是倒过来的。拉美国家在历史上曾是世界上的富裕国家，远比北美更富裕，直到19世纪的中后期，美国虽然已经开始工业化，变得比较强大，但拉美国家仍比北美富。那个时候的古巴比北美新英格兰地区还富，后来它们从富裕国家变成了中等收入国家，而美国则从一个相对贫穷国家变成了富裕国家。所谓的中等收入陷阱其实是错误总结历史，更是忽视了拉美国家不好的制度导致它们从富裕经济停滞不前，沦落为中等收入。而美国则因有较好的经济制度，从相对贫穷国家变成中等收入国家，然后又成为富裕国家，并最终演变成超级大国。收入的增长和衰落是由制度带来的。

我之所以要强调这个问题，就是要强调核心不是中等收入造成陷阱，而是制度造成陷阱。真正决定中国命运的,不是因为中国现在是中等收入国家,所以面临挑战;而是因为中国的体制有问题。这同一个体制,即分权式威权制,曾经帮助中国从世界上最贫穷的国家之一进入了现在世界上低中收入国家,但也阻碍了中国进一步发展。障碍是这个体制,而不是收入水平。

我们再来比较一下 1850—2010 年中国和世界主要经济体的情况。从 GDP 总额来看,1850 年的中国绝对是世界上最大的经济体,美国、英国、德国全加起来,还比中国小很多,而日本因为太小了,连数据都没有。然后,到 1870 年,大家可以看到,中国仍然是世界上第一大经济体,相当于大英帝国加上德国那么大,1890 年是转折点,中国下来了,这时候美国变成世界第一。今天中国的状态相当于 1913 年,美国第一,中国第二。但是在 1913 年,中国的经济几乎相当于美国经济的 1/2,今天中国的经济相当于美国经济的 1/4 或者 1/3,实际上还不如 1913 年。而 1913 年是什么时间呢?1913 年是辛亥革命出了严重问题的那一年,宋教仁被刺杀,国民党被搞垮,袁世凯上台。

表1 中国与世界 GDP 的比较,1850—2010 年

年份	1850	1870	1890	1913	1950	1980	2000	2010 *
中国	247	190	205	241	240	1 047	4 330	5 745
美国	43	98	215	517	1 456	4 231	7 942	14 624
英国	63	100	150	225	348	728	1 180	2 259
德国	48	72	116	237	265	1 105	1 528	3 306
日本		25	41	72	161	1 568	2 625	5 391

1950—2010 年 GDP 总额(PPP10 亿 1990 年 GK 国际美元)

到了 1950 年,从 GDP 总额来看,中国已经落入了最低收入国家的行列,如果从人均 GDP 的角度来看,就更差了。最后到 2010 年,GDP 总额大体上恢复到了 1913 年时的状态。但实际上,GDP 总额并不能说明经济发展程度,人均 GDP 才是经济发展程度的更好指标。而如果看人均 GDP,今天的中国仍然非常低,排全世界第九十几,与泰国差不多。

通过把中国和世界上一些主要经济体放在一起来比较,大家就可以看到,按照人均 GDP 计算,中国和其他国家差得非常远。在图 2 中,比中国

差的只有印度和非洲，剩下的所有经济体都比中国强，而且强很多。从对全球增长的贡献来看，大家会觉得中国特别了不起，在改革早期中国的贡献占全球将近10%，那个时候美国占全球的贡献差不多30%。考虑到中国的规模，这个贡献和美国比，还是很小，而现在，中国对全球经济增长的贡献，占1/3，而美国只占14%。但是要记住，这是对全球经济增长的贡献，不是中国自己真实的发展水平。这是因为第一中国人多，经济规模特别大；第二，中国的增长速度远比其他国家快。之所以增长速度快，是因为中国仍处于追赶阶段。

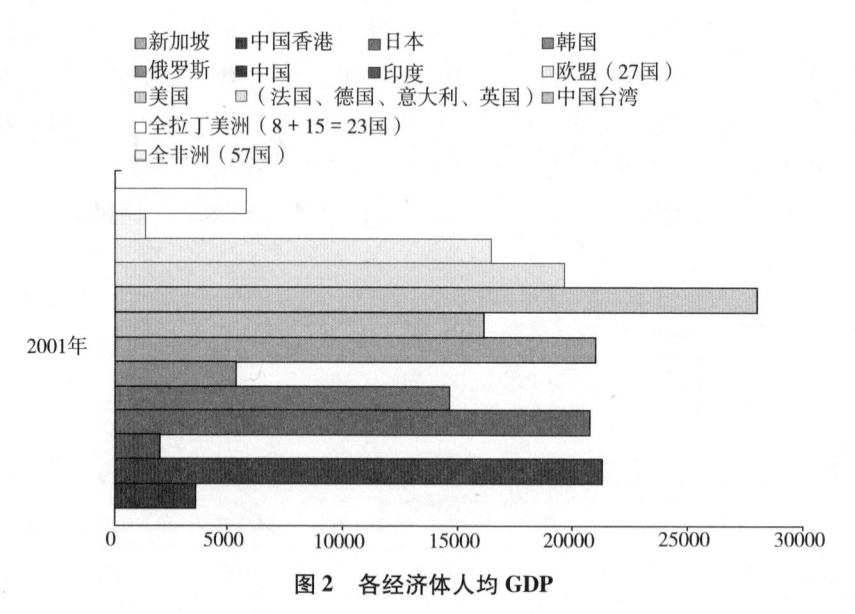

图2　各经济体人均GDP

接下来，我们来解释一下中国的经济增长。在标准的经济增长理论中，一个经济体的总产出增长可以用资本、劳动、土地以及效率A来解释，用公式可表述为：

$$Y = F(A, K, L, H)$$

左边的Y可以理解成GDP。右边的A是残值，它可以被视为效率，K是资本投入，L是土地投入，H是人力投入。在市场经济国家或地区，比如日本、韩国、中国台湾，资本、土地和人力的供给与需求是由市场决定的，而效率，即A，是由制度、管理以及技术发等因素决定的。在这四个因素中，潜力最大的是A。

一个稳定的市场经济，没有严重的制度问题，且离世界技术前沿有相当大的距离，这个经济体就很容易实现快速追赶，即快速提高 A。日本、韩国和中国台湾是这种情况。"二战"后这些经济体都曾经历了快速的追赶式增长。从离技术前沿的距离来看，当前中国的名义人均 GDP 只及日本 50 年代的水平，相当于美国人均 GDP 的 1/8。如果中国的经济和体制跟处于追赶时代的日本、中国台湾和韩国类似，那么，从目前中国与技术前沿国家的差距来看，即使没有很多自主创新，追赶的空间还很大，效率，即 A，还有很大改善的空间，还会再有二三十年的快速增长。以此为理由，诺贝尔经济学奖得主福格尔（Fogel，2010）曾对中国的经济增长前景有一个预测，说 2040 年中国的经济将会占全球经济的 40%，美国经济占全球经济的比重将下降到 14%，而欧盟在全球经济中的占比会下降到一位数。这种超级乐观的预言实际是错把今天的中国当作了昨天的日本、韩国和中国台湾了。

但问题是，中国的制度与昨天日本、韩国和中国台湾的制度基本不同。在中国，资本（K）的配置、土地（L）的配置、人力资本（H）的配置，都不完全是由市场决定的，而是很大程度上由政府决定的，因此上文列出的那个生产函数，在讨论中国的时候，就得重写，你得在每一个变量里加上政府 G 这个变量的影响。GDP 取决于效率，而效率跟政府有关；GDP 取决于资本投入，而资本投入是政府的函数；GDP 取决于土地投入，土地投入也是政府的函数；GDP 取决于人力投入，连人力投入也是政府的函数，整个生产函数就要写成：

$$Y = F(A(G), K(G), L(G), H(G))$$

因此，不能简单地套用经济增长理论的模型来解释中国的经济增长。这里的核心就是中国的制度本质上不同于日本、韩国。比如，目前中国的税负是世界最高之一（见图 3），对经济发展有严重负面影响。超高的赋税是中国制度的产物。比中国赋税高以及接近中国赋税水平的所有国家都是专制制度，属于经济不发达国家。中国经济的可持续增长，乃至中国经济和社会的稳定都取决于自身的制度。

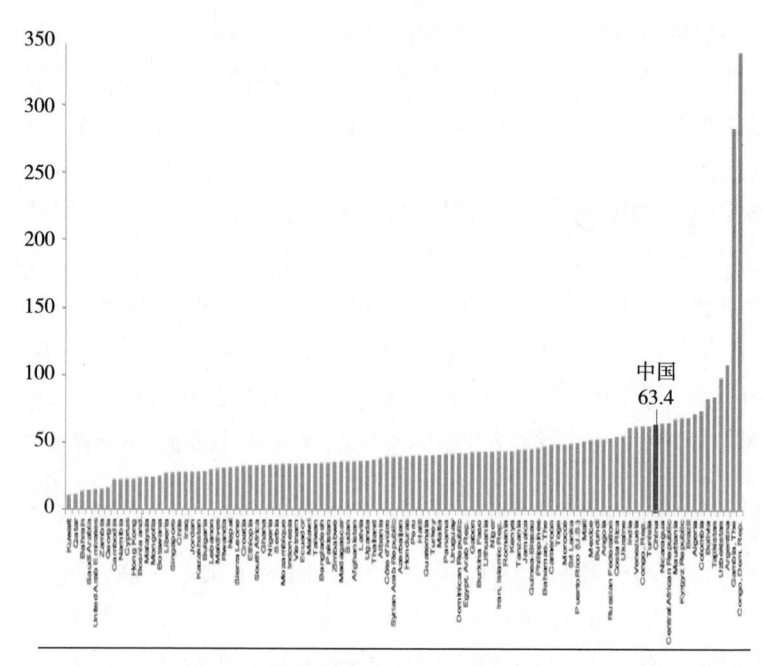

图3　各国税负情况（占利润的百分比）

资料来源：CEC，渣打银行。

改革分权式威权制：地区竞争的局限性

如前所述，中国的体制是分权式威权制，这个体制曾经通过地区竞争机制解决了普通威权制解决不了的激励问题。但是，分权式威权制同时也是今天中国面临的严重的经济社会问题的制度根源，是制约中国经济可持续增长的最基本因素。因此，中国经济未来的可持续增长，有赖于对分权式威权制的改革。

那么，如何改革呢？以下是几个人们谈论最多的方案：

第一个方案，就是坚持地区竞争，以多目标代替GDP增速单一目标，比如在对地方政府的考核指标中纳入收入分配、社会稳定、环境保护等目标。但问题是，地区竞争机制无法有效解决多目标问题。经济学理论严格地证明了，不存在一种能同时有效解决多个目标的激励机制问题的自上而下的体制。如果一定要求地方政府同时在许多方面进行竞争，其结果会适得其反，即地方政府会把其中的许多竞争变成逐底竞争。例如，当收入分配公平与获取财政收入有矛盾时，他们会竞相寻找增大财政收入牺牲收入分配公平的新方法。经济学的理论证明，在多目标的情况下，在自上而下的体制里，最好的激励机制是没有激励的机制。这就是为何世界上的官僚体制，基本都不为官僚提供强有力的激励。世界上所有的发达经济体都是以宪政为基础的市场经济。在这种制度下，经济与政府，经济与官僚体制的关系松散。因此不为官僚提供强有力的激励有制度条件。

第二个方案，坚持单一目标的地区竞争，但改变竞争指标。例如，设计一个综合目标，如绿色 GDP 来代替 GDP，作为地区竞争的指标。但是，这个方案也不可行。原因在于：第一，许多指标相互之间存在深刻的内在矛盾。第二，在这诸多指标中，有的是界定明晰，容易度量的，如 GDP；有的是界定模糊，难以度量的，如社会稳定。第三，在这些指标中，不仅执行难易有别，而且以不同方式不同程度涉及地方政府、地方官员的自身利益。以上前两点问题加上自身利益，使得地方政府既有动力也有能力扭曲目标。第四，中国不存在真正独立于地方政府且有权力全面收集和审计地方政府各方面工作数据的机构。绝大部分信息收集要依赖地方政府，因此可以轻易做手脚。

那么，是否可以放弃 GDP 这类综合目标，用地区竞争来解决某些单项社会经济问题呢。这也是不可行的。分权式威权制并不是新的体制，地方竞争也并不是改革才有的新机制。市场才是中国体制里新的东西，GDP 作为市场活动的整体综合指标才是新的东西，而且是一个特别好的东西，因为它表达的是市场的总体活动。地方政府竞争 GDP 增速是决定中国经济改革不同于计划经济的关键点，也是决定中国经济改革不同于苏联、东欧改革的关键点。地方政府竞争 GDP 增速的时候，竞争的既不是计划体制下的单项定量指标，也不是千百万个定量指标，而是市场的整体活动。当行政与市场有矛盾时，这一竞争可以大大削弱改革的阻力。而且，由于市场向所有人开放，GDP 是市场活动的总体指标，任何独立的机构可以独立地从任何地区的市场收集信息，从而验证各地的 GDP 统计数字。这使得 GDP 数据难以造假。这本身在很大程度上帮助解决了考核地方政府的信息问题。

试图让地方竞争（或单项考核地方政府）市场以外的其他定量指标，实际是背离 30 年的市场改革，回头到漏洞百出的计划体制。当地方竞争 GDP 之外的东西时，信息和激励机制方面的基本问题无法解决。地方政府会为了竞争某些定量指标不惜作假，不惜牺牲其他。由此会恶化一系列相关问题，导致灾难性后果。最坏的极端例子就是"大跃进"。"大跃进"就是地区竞争出来的。人民公社是当时中央鼓动，地方实验地方竞争产生出来的。这场地方竞争导致数千万人饿死，酿成古今中外空前的大灾难。

综上所述，中国经济的根本问题在于制度而不是速度，这个制度就是分权式威权制。分权式威权制背后的地区竞争在过去30多年中，曾是解决激励问题的有效手段。但是这种地区竞争机制有严重的问题。要想解决新形势下的激励问题，必须从根本上改革分权式威权制，不改这个制度而用更差的机制来代替，不是改革是倒退。

此外，降低经济增长速度本身从来也不意味着会自动推进改革。真正的改革是要解决分权式威权制本身。在不改革这一体制的情况下，有意降低经济增长速度，以此标榜为改革，一定会危害整个社会，比如就业下降，从而导致更尖锐的社会矛盾，加大改革的难度。此外，有意降低增长速度，一定会降低财政收入，使金融财政的风险都上升，整个社会将处在更紧张的状态下，改革也一定会更困难。而且，用行政的方式来压制经济增长，本身就违反市场改革的基本方向，例如，近年来的房地产限购政策，所有阻碍中小企业进入的行政力量等等。这些问题不但解决不了任何问题，反而使经济中的问题更恶化。这些错误的行政干预是导致中国经济下降的主要原因。不面对这些问题，说因为中等收入陷阱，因为速度太快，所以改革有困难，以改革为名义，认为要降低速度，这无疑是错误的诊断、错误的用药。

从2011年底以来，中国经济明显减速，直接原因是内需不足和一系列的错误政策。内需不足是分权式威权制下的增长模式必然导致的结果，在这一体制下，中小企业发展停滞不前，完全的土地国有制和银行业与金融部门的国有垄断剥脱了人们创业、致富的权利和机会；能源、电信、铁路的国有垄断，加剧了收入分配不平等。居民收入在GDP中的份额连续15年下降。

政府与市场：以金融为例

下面以金融为例，具体讨论政府和市场的关系。

在现代经济中，只有两种大规模配置资源的方式。第一种方式，就是金融市场，包括银行，人类两百多年的历史表明，金融市场是效率最高的资源配置方式，是市场经济的关键所在，是技术进步的关键所在。第二种方式，是中央计划经济。在中央计划经济下，银行有名无实，为什么？因为银行是政府说了算，银行只是政府的会计单位。将近一百年的计划经济历史表明，中央计划经济无论是效率还是稳定性，都远远低于金融市场。所谓中国模式是什么呢？中国模式中，既不是以金融市场为中心配置资源的，因为处处是政府干预，政府时时可以随意干预；也不是典型的中央计划经济。所谓中国模式的金融部分，实际上是一个威权制下的初等金融市场，其中漏洞百出，缺陷无数。

下面我们来认识一下金融市场。金融市场并不是一个完美的东西，人类社会实际上不可能发明出完美的制度。从这个意义上说，金融市场从始至终都面临着效率和稳定之间的权衡与冲突。一个具体的例子就是金融创新，金融创新归根结底就是提高杠杆率，而提高杠杆率就是提高效率，但是，在提高了自己的效率的同时，可能提高了其他人的风险。为什么？因为在你提高自己效率的同时，你让自己变得很危险。但是金融把风险连接在一起了，一个机构的风险会给别人带来危险。这是金融的一个基本特点。

金融市场最重要的基本特点之一就是放大、聚集个体愿意承担的风险。在一定条件下，这会导致整个市场崩溃。这就是所谓的外部性。金融市场的这种外部性，有正面的，也有负面的。正面的外部性和负面的外部性是双刃剑，也就是说，当你把效率提到极高的时候，就会变得很脆弱，稍不留神就会使金融市场失灵。

面对市场失灵，如果政府出面取代市场，虽然有可能在一时一事上暂时避免金融危机，但是，一定无法解决低效率的问题。另外，政府取代，也不能从根本上解决不稳定的问题。另一方面，如果金融市场没有政府监管，就会产生更频繁、更严重的金融危机，重大的金融危机会使整个金融市场崩溃，具体例子就是1929年的金融危机和2008年的金融危机。

几个流行的误解

在关于政府作用和宏观政策方面，有几个流行的误解。第一个流行的误解，就是为了防止金融危机，政府应该直接管制甚至取代市场。

第二个流行的误解，就是试图用宏观政策来解决微观问题。这背后的问题就是硬化软预算约束，而硬化软预算约束的问题实际上是制度问题，是微观问题。试图用货币政策来硬化预算约束是用错了工具，如果把它叫做治病的话，是错误诊断、错误用药。

第三个流行的误解，是误解货币供给和流动性之间的关系。现在，这个误解已经开始引起重大的负面后果乃至政治后果。

第四个流行的误解是关于流动性问题的根源，以及低估流动性危机造成的危险。

政府在金融中的作用

首先，政府的作用是保护金融市场，而不是取代金融市场。以政府取代金融市场，可以杜绝金融危机，但无法解决资源配置的基本问题，因此一定是低效率的。另外，政府取代金融市场虽然可能避免金融危机，但是，计划经济存在着自己另外的危机机制。

第二，政府的适当监管可以大幅减少或减弱金融危机。其中最突出的例子就是，为了应对1929年类型的金融危机，1933年美国正式引入了以强制性信息披露为基础的金融监管，1934年成立了证监会。从此，这一监管制度传播到全世界的所有发达国家。效果非常显著，在这以后的60多年里，全球金融市场再也没有出现过严重的金融危机。这充分表明，政府的适当监管可以减弱减少金融危机。

但是，后来又发生了什么，致使爆发了2008年的全球金融危机呢？答案就是，层出不穷的金融创新，加上极端自由化的意识形态的流行，导致1933年以来建立的以信息披露为基础的监管跟不上金融创新创造的监管漏洞，因而不再有效。由于金融监管手段过时，金融创新带来的负外部性无法通过有效的监管加以控制，最终导致了市场崩溃。

2008年全球金融危机的一个主要原因，简单地概括，是违约机制的外部化。本来每一个发放贷款的放贷人都会关心借款人违约的影响。以房地产抵押贷款为例，对传统的房地产抵押贷款而言，其放贷人非常关心借款人违约。但是，金融创新可以把这些抵押贷款打包变成另外的合同，卖给别人，一旦放贷人把自己发放的抵押贷款打包卖给别人以后，例如CDO，它发放的贷款就收回了，未来借款人违约与放贷人就不相关了。于是，当这种金融创新普遍流行之后，放贷人普遍不关心借款人违约带来的风险和影响。但是，购买CDO的投资者并不真正清楚"包"里究竟是什么。因此，这里的问题远远超出了1933年的以信息披露为基础的监管。但是，只要认清金融市场中市场失灵的原因，就可以设计出相应的监管机制，来处理金融效率与金融稳定的关系，从而降低产生金融危机的机会。

相比之下，在国家直接拥有控制银行和大部分金融市场活动的经济中，不存在市场意义上的金融。加上与国际金融市场隔离，可以说既无国内金融危机，也切断了国际金融危机影响国内金融的渠道。但是，国有控制的金融体系面临着另外的问题：它不仅效率低，而且并不能保证金融体系的稳定；国家控制导致激励和信息扭曲，产生其他危及金融稳定的渠道。而且这些问题是更无法解决的。

货币供给不等于流动性

前面提到，当前国内有一个把货币供给等同于流动性的流行误解。货币供给的确是为实体经济提供流动性，但是，流动性不仅取决于货币供给，还取决于制度。把货币供给和流动性混为一谈，忽视了制度因素，不仅严重误导货币和经济政策，甚至会为金融危机的产生埋下严重的隐患。例如，2008年金融危机前夕，流动性以千百倍、亿万倍速度迅速下降。市场上的流动性从充裕到紧缺只用了几个星期。从紧缺到穷尽只用一两天甚至以小时计的短暂时间。而在此期间，货币供给并没有大幅变化，因此与货币供给无关。

这个基本误解流传甚广。比如，2013年6月24日的《人民日报》称："5月末，我国广义货币（M2）余额已高达104.21万亿元，位居世界第一；存款准备金率处于高位，大量资金被央行锁定，因此整个金融体系并不缺钱，目前银行间市场的所谓'钱荒'只是一种结构性短缺。（编者注：经济学家张化桥在他的书中说，从1986年到现在，中国广义货币供应量年平均复合增长率高达21.1%，27年共增长了143倍。）"如果货币发行总量不是反映流动性的好的指标，那么什么是反映流动性较好的主要指标呢？应该是实际利率，即货币的市场价格。当然，如果政府直接控制利率，使其不反映货币的价格，利率则不反映流动性。

当金融制度变化时（如美国的1980年代和美国的2000年代），或金融制度不同时（如对比美国与中国），流动性差别的绝大部分不取决于货币供给，而取决于金融制度。金融创新会增加流动性，而禁止或限制金融活动就会减少流动性。在中国，对金融的诸多限制都限制了流动性。在严格限制金融操作的情况下，即使大幅度增加货币供给，都可能实际上最终减少经济中的流动性。控制越严，人们越难从市场获得流动性，获得流动性越依赖同政府的关系。

这个道理也解释了为何在十几年超大规模的货币供给的情况下，中国没有出现许多人长期担心的高通胀。原因就是，货币供给与通胀的关系很大程度上取决于金融制度。我们来看一看货币供给与通胀之间关系的基本公式：$MV=PQ$，其中M是货币供给，V是货币流通速度，Q代表实际GDP，P表示物价。货币流通速度非常重要，它是制度的产物。在稳态下，即没有金融危机，也没有增长速度的变化时,金融制度决定了货币流通速度。

中国M2特别高是因为落后的金融制度导致中国的货币流通速度特别低。我们来对比一下美国和中国的货币流通速度。美国货币的流通速度远远高于中国的流通速度,而中国2001年的货币流通速度远远高过中国2012年,更高过中国2013年的货币流通速度。也就是说,中国的货币流通速度不仅远远慢于美国,而且最近10年来,还在迅速放慢。这是为什么呢？是因为制度上越来越禁止民间集资,限制民营金融,限制企业上市,限制企业发债,限制地方政府发债,限制老百姓购房,限制老百姓借款。总而言之是金融制度恶化。

在这种情况下,如果把M2的狂涨只看成是信贷扩张,而忽略了金融制度恶化的问题,就会误导经济政策、金融政策、货币政策。在货币流通速度超低的情况下,把压缩信贷供给作为"改革"就是本末倒置,它会引发流动性危机。6月底发生的"钱荒"和超高利率拆借,实际上就是流动性危机,流动性危机会触发金融危机。因为当流动性下降时,金融危机的放贷一定下降,金融机构放贷下降一定会导致整个货币流通速度下降,货币流通速度下降一定会导致进一步的流动性下降,进一步的流动性下降一定会使金融活动下降,金融活动下降反过来促使流动性下降。由此,金融危机就会爆发。金融危机爆发后,金融活动大规模下降,一定导致实体经济下降,导致经济危机。经济危机不但使改革难于进行,更会威胁经济和金融稳定。

信贷紧缩既无助于解决原本该以制度改革和放弃错误产业政策来解决的问题,如避免信贷流向产能过剩的钢铁、太阳能等行业；也无助于解决本该依赖金融体制改革和监管解决的问题,如大量流动性未进入实体经济,企业债务高企,大多依赖借新还旧,银行风险控制薄弱,影子银行大行其道,银行帮助地方政府大规模举债对抗中央政策,等等。

政府与市场：监管职责及其与市场的关系

前文提到,政府宏观政策只能应对宏观问题,不能应对微观问题,而制度的问题都是微观问题,所以,拿宏观政策对付制度问题是开错了药。下面我们从监管的角度,简单概括一下政府和市场的关系。

除了宏观政策以外,另一个普遍流行的严重误解是监管的作用。监管只能应对有限的制度问题,绝对不能代替市场。监管实际上只是特定的执法手段,因此如果监管干预企业或市场的资源配置问题、干预企业的激励机制问题，不但不奏效，而且干扰监管本身应有的功能，破坏市场。

市场机制的核心是激励相容原则，监管必须只限于执法和金融安全。所谓紧金融、松市场，不是一个正确的改革原则，为什么？因为中国市场不活，最大的根源是政府限制市场活动及垄断。金融到底是该紧还是该松，这里指的金融是货币供给，应该取决于市场。当货币供给过紧的时候，一定适得其反，伤害市场。以监管方式"压缩一般性投资，集中资金重点加强可持续经济增长点"，违反市场监管原则。

总而言之，就政府与金融市场的关系来说：首先，应该开放民企进入金融，由市场决定金融资源的配置，除了宏观政策监管以外，政府必须从金融市场退出。其次，明确央行的职责应该只限于宏观稳定，包括用货币政策保证就业和通货膨胀的稳定。另外，央行另一个非常非常重要但在中国经常被忽略的基本职责就是，及时提供流动性，保证金融稳定。再次，监管机构的职责必须只限于执法和金融稳定，央行和监管机构不应该干预金融资源配置的问题，因为它们根本没有能力代替市场决定如何有效配置资源。要求它们关心效率和它们在金融安全上的职责是互相矛盾的。

以体制改革重塑政府与市场的关系

和整个经济领域一样，金融领域改革面对的最大问题也是体制问题：

首先是国有部门的软预算约束问题以新面目重现。计划经济时期直到90年代后期，国有部门都受制于严重的软预算约束。90年代后期起，经过了大规模的国有企业改革，重组国有银行，以及民营企业的迅速发展，中国经济的软预算约束问题得到了基本的遏制，但是，近年来这个问题又以新的形式重现。典型的例子是地方政府融资平台和那些规模巨大的央企。这些融资平台以土地和财政收入做抵押，向金融机构融资。它们既无财政纪律约束，也没有可信的破产威胁，因此肆无忌惮地大规模借贷，在软预算约束下，大量投资到低收益项目上，由此造成一方面GDP增长，一方面资不抵债。如此持续发展，最终会拖垮整个国家的财政金融体系。由此可见，软预算约束严重扭曲了资源配置，降低了效率，威胁金融稳定。

其次，金融业尤其是银行业的国家垄断。这种国家垄断不仅导致软预算约束，还导致金融资源配置效率低下，加剧不平等。垄断的国有金融部门向国企和地方政府提供全世界最廉价的贷款，牺牲了储户的利益，尤其是那些缺少投资机会更依赖储蓄的低收入民众的利益。金融垄断导致中小企业融资难，减少民众创业增收的机会。国有垄断金融部门为了维护自身利益，会利用自身在体制中的政治力量，阻碍民间金融机构的发展，而相比之下，民间部门在政治立法体制中缺少代表力量。

再次，在中国，土地是国有的，金融国家垄断和土地国有制相结合带来了更严重的问题，例如剥夺公民，尤其是剥夺农民使用土地做抵押融资创业的机会；地方政府通过融资平台以土地为抵押从国有银行大量贷款，投资到许多低效项目上，对银行安全乃至金融安全造成巨大威胁。纵观世界，所有金融发达国家的制度都是以私有土地产权和私有产权为基础的，这一点我在其他地方有更详细的论述，不再赘述。

最后，由于司法不独立和缺少法治，中国的金融监管屡屡失效。新闻媒体多年来披露的大量金融丑闻都源于因司法不独立和法治缺失导致的监管失灵。

要解决这些问题，必须从体制入手，以体制改革推动市场经济的发展，才能有效制止经济下滑，保证经济可持续发展。其中的核心和当务之急是帮助中小企业的发展。从全球经济来看，有一个规律性的现象：一个国家的人均GDP高低和该国中小企业的比例高度相关且成正比。反过来说，一个国家压制中小企业，压制市场机制，进而压低GDP。中小企业的发展还和大家都关心的收入平等问题紧密相关。因为世界上任何国家，最多的就业都是在中小企业。中小企业发达，就业才发达，居民收入水平才高。为此，必须降低中小企业的进入壁垒，保证政府不直接干预企业；同时还要为中小企业提供宽松的金融环境，货币政策不应过紧。

从中长期来看，体制改革要从以下几方面着手：

第一，建立民营为主体的市场经济，尤其要破除金融垄断，大规模开放民企尤其是中小民企金融领域，金融监管包括银行监管应该对国企和民企一视同仁。

第二，承认和保护公民特别是农民的土地所有权，在最终实现这一目标之前，可以推动延长租期、允许土地抵押、以法律形式限制各级政府征地权等方面的改革。

第三，推动设立完全脱离地方的专业法庭，包括金融专业法庭、土地专业法庭等，帮助部分解决这些领域里的司法独立问题。

前沿

Guide

债务、货币和魔鬼
如何走出困境？

阿代尔·特纳

距 2007 年夏季金融危机爆发已经五年半了，距 2008 年秋季危机迅速放大也已过去了四年半，自 2008 年秋季以来危机对经济产生了巨大的影响。但是，我们对如此巨大影响的认识却非常迟缓。2009 年春，官方预测的美国、日本、欧盟和英国等四大发达经济体的经济复苏速度远高于实际。如果我们继续按 2007 年之前的经济增长趋势预测，今天英国的 GDP 比预测值低 12%；并且最新预测表明，2016 年或 2017 年之前英国都无法恢复 2007 年的人均 GDP 水平。从繁荣增长的角度来看，这是实实在在失落的十年。

巨大的危害反映出危机之前金融滥觞的规模（特别是过度杠杆化）以及危机之后去杠杆化带来的严重困境。同时，无法预测危机及危机之后接踵而来的经济衰退的持续时间，表明当今主流经济学的知识缺陷，即对金融稳定与宏观经济稳定的互动关系，以及对杠杆率水平和杠杆周期在宏观经济运行中所发挥的关键作用关注不够。我们仍然在混乱的困境中举步维艰，对导致这场困境和抑制经济复苏的因素仍缺乏理解。

我们必须从根本上思考错误究竟出在哪里，以便在重新设计金融监管措施

---

* 本文为前英国金融服务局主席阿代尔·特纳（Adair Turner）2013 年 2 月 6 日在伦敦城市大学 CASS 商学院发表的演讲。

和宏观审慎政策时足够激进，保证不会再犯类似错误。并且，我们应更具创造力地通盘思考宏观经济（货币和财政）政策与宏观审慎监管政策之间的关系，后一项政策的实施是为了抵御危机后去杠杆化带来的通货紧缩。

在宏观经济管理领域，即通过总需求管理以最大限度地支撑低通胀的真实经济增长，有两个关键要素，即合适的目标和适当的工具。关于这两个方面，危机之前的确定性已被广泛的争论所取代：

（1）目标。危机之前，占主导地位的共识是，大多数中央银行的关注点是实现一个较低的正通胀率，通常被表述为正式的对称性目标。如今，争议倍起。国际货币基金组织的首席经济学家布兰查德（Blanchard，2010）提出了短期内采用较高通胀率目标的可能性，美联储采取的政策明确取决于失业率和通胀率。马克·卡尼（Carney，2012）建议，至少名义GDP目标应纳入讨论的范围。危机之前传统货币政策的杰出代表伍德福德（Woodford，2012）也明确支持采用回归危机之前名义GDP水平的目标通胀率，该GDP水平是延续危机之前经济增速的水平①。显然适当的目标是当下激烈争论的一个议题。

（2）工具。在演讲中，我还要讨论一个与适当目标同等重要的更根本性的议题——政策工具，即不论在什么既定目标下都能以最优方式实现目标的政策工具。该议题更具根本性，因为即使我们决定设立一个新的目标，如与名义GDP相联系的新目标，除非采取政策工具，否则我们无法实现该目标，即使这些政策工具可能给未来的金融和宏观经济稳定带来负面影响。

问题是我们能够以及应该采取何种措施才能刺激或者抑制名义总需求。危机前的共识是，通过政策利率变动从而影响信贷或货币成本的传统货币政策，应该是主要工具；无需关注相机抉择的财政政策，也没必要采取措施直接关注信贷或货币规模。危机以来，大量政策性工具已经被实际运用或正在讨论之中。

- 利率已经下降到接近零的水平，但中央银行仍能够或已经采取量化宽松措施。
- 量化宽松政策运用的范围扩大到其他资产，而不局限于政府债券，并且中央银行能够直接参与补贴商业银行的贷款，比如英格兰银行的贷款融资计划（Funding for Lending Scheme）。

---

① 参见 Woodford, *Interest and Price: Foundations of a Theory of Monetary Policy* (2003)。

- 德龙和萨默斯（DeLong 和 Summers，2012）重申了在利率水平接近零的情况下，财政政策是影响需求的有效工具。

这些调控工具的极端形式就是财政赤字的公开货币化融资（Overt Money Finance），即通过"直升机撒钱"的方法，将政府的债务永久货币化。我认为，考虑到以下三个原因，该极端选择不应该被排除在外：

（1）对各种政策方案（包括财政赤字的货币化融资）的分析有助于澄清目前正在使用的其他非极端方案的理论基础，并识别其缺陷和风险。

（2）可能存在一些极端状况，此时极端政策就是一个恰当选择。

（3）如果我们未在事前讨论如何在极端情况下使用政府赤字的货币化融资工具，同时维护严格的规则约束和当局的独立性以防通胀风险，那么，以无约束以及危险的通胀方式使用这一工具的危险就会增加。

然而，提及政府赤字的货币化融资的可能性接近于打破禁忌。2012 年秋天，我的一些观点被解读为建议考虑政府赤字的货币化融资，一些媒体文章认为这无疑将导致恶性通胀。并且在欧元区，彻底避免公共债务的货币化融资绝对是德国中央银行哲学的核心内容。

为解决财政赤字而印钞的确会产生如同犯了技术错误一样的道德负罪感，就像在为魔鬼工作。2012 年 9 月，德国中央银行行长魏德曼（Weidmann，2012）曾援引了歌德《浮士德》第二部分的一个故事，魔鬼的化身梅菲斯特引诱国王发行纸币，增加支出能力，来减记政府债务，却"陷入愈演愈烈的通胀，摧毁了货币体系"。

担忧创造纸币和（用现代术语）电子货币的潜在危害有充分的理由。在后金本位世界中，货币是指能够被接受为货币的物品：是公共部门创造的简单的"特权"（fiat）。因此其名义数量可以被无限地创造①。但是，如果超额发行，就会导致有害的通胀。凯恩斯曾说过"没有比使货币贬值更微妙却又可靠的颠覆社会基础的手段了"。

政府创造货币的能力就像一种潜在的毒药，我们寻求通过严格的规则、独立的中央银行、自我否定的条例（self-denying ordinances）以及清晰的目标通胀率限制这种能力。当这些手段不到位或未能发挥作用的时候，梅菲斯特表现出的诱惑力会引起恶性通胀，如 1923 年德国以及近几年津巴布韦所经历的通胀。

---

① 显然，货币创造的真实价值受制于名义量变化引发的内生价格变化。

但是决定我们应当排除使用财政赤字货币化的手段之前，应先考虑经济学史上的一个悖论。在发展自由市场经济学以及确定反通胀政策方面、米尔顿·弗里德曼无疑是核心人物。但是，弗里德曼在1948年的一篇文章中提到，不仅某些情况下政府赤字应通过发行货币来融资，而且债务融资无法发挥作用时应一直采用这种融资手段。他建议："政府支出可以全部通过税收收入和货币创造来融资，这等同于无息证券。"他还相信，相对于债务融资和中央银行公开市场操作的复杂程序，赤字的货币化融资能够为低通胀率制度提供更加稳定的基础。

无独有偶，被称为芝加哥学派之父的亨利·西蒙斯（Henry Simons，1936）在题为"货币政策的规则和权威"的文章中认为，价格水平应受制于"实际货币的扩张和收缩"，因此"货币政策的实施应受制于财政政策并且反过来决定财政政策"。欧文·费雪（Irving Fisher, 1936）也提出过相同观点。纯粹货币融资是应对极端紧缩危险的最终方案，这一观点是不同经济学思想的一个交汇点，弗里德曼和凯恩斯均认同该观点。弗里德曼（1969）认为"直升机撒钱"的潜在作用是无成本地启动经济；令人惊讶的是，通常被认为并非保守人士的凯恩斯也希望至少应挖掘"装满银行票据的旧瓶子"（1936）。两位经济学家开出了同样的药方。现任美联储主席伯南克（2003）曾明确表示，日本应该考虑"减税……实际上是通过创造货币来融资"。

西蒙斯、费雪、弗里德曼、凯恩斯和伯南克这些经济学大师都明确阐述了政府赤字的货币化融资的潜在功能，同时相信有效控制通胀是市场经济有效运行的核心。因此，我们将该政策排除在外是不明智的。

但是，我们应该考虑：是否存在政府赤字的货币化融资可以发挥作用或需要它发挥作用的特定环境；即使不存在这样的环境，也应探索货币或债务理论是否有助于我们更好地理解所面临的问题以及运用其他政策工具能够解决的问题。

本文将讨论适当的目标和恰当的工具，尽可能考虑各种可使用的工具，但我想强调的是，我们必须更实实在在地通盘考虑金融稳定和宏观经济政策而非像危机前的主流经济学那样将它们分别对待。

我将从8个方面展开我的这一论点：

（1）讨论有关价格稳定和实际产出增长之间关系的框架，以及宏观需求管理水平——财政、货币和宏观审慎管理。

（2）讨论弗里德曼1948年提出的建议以及宏观经济政策与金融结构和金融稳定之间的重要联系。

（3）分析杠杆水平、杠杆化和去杠杆化过程对金融和经济稳定的重要影响，以及危机之前主流经济学理论和政策忽略的资产负债表效应。

（4）有关目标的问题：我们是否应该调整目标通胀率的目标？如果是，该怎么调整？

（5）为什么利率、量化宽松、宏观审慎管理水平等纯货币政策工具不足以实现既定目标或者可能带来负面效果。

（6）为什么纯粹的财政政策工具可能无效或带来负面影响。

（7）为什么政府赤字的货币化融资政策在特定状况下是正确的和必要的；在使用这一政策时，如何将它赋予独立机构，并置于规则的约束之下，以防被滥用。

（8）根据上述讨论，提出一些适合日本、美国、欧盟和英国的政策。

值得强调的是，该文旨在讨论一般原则并得出一般结论，而非提出具体的短期政策措施。

一、政策工具和总需求：价格效应和产出效应

图1展示了宏观政策工具、名义总需求与价格和产出之间的关系。

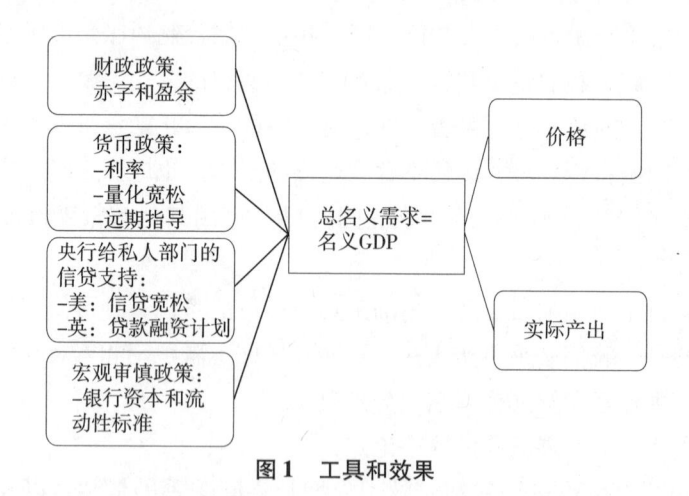

图1 工具和效果

左侧是政策工具。政策工具可能影响名义总需求水平，从而影响名义总需求增长率。政策工具主要包括：
- 财政政策——财政赤字和财政盈余
- 货币政策，包括常规（利率）和非常规（量化宽松）政策。
- 央行对私人部门提供信贷支持，包括美联储的"信贷宽松"以及英格兰银行的贷款融资计划（FLS）等。
- 宏观审慎政策，逆周期的资本和流动性监管要求。

上述四类政策并不是决定性的。尤其是，我们可以将货币政策、私人部门信贷支持和宏观审慎框架下的政策范围进行不同的划分，并且这些政策工具之间存在重要的联系。本文第五部分将综合考虑其中的三类政策。但是这种四分法涵盖了所有可能的政策选择，如果我们再加一类的话，就是政府赤字的货币化融资（将在第七部分详细讨论），实际上是财政政策和货币政策的有效结合。

所有这些政策工具，在不同程度上和不同环境下都会影响名义 GDP 的增长率，反过来可能导致（图 1 右侧所示）：或是价格水平上升，从而通胀率上升；或是实际产出增加，从而实际增长率提高。

该分析框架揭示了两个问题：一是在不同的特定条件下，每个政策工具在刺激名义总需求方面效果如何？二是对于既定的名义总需求（或名义总需求增加），如何分解出对价格和实际产出的影响？

评估这些问题时，首先应确定我们是否认为左侧的政策工具与右侧的影响分解是独立的，这一点非常重要。本文首先假设二者独立，随后考虑在某些特殊情况下（在某些特定工具发挥作用时）是否需要放松该假设。

这里"独立性"有两方面含义。一是将给定的名义总需求水平的变化分解为价格因素和实际产出因素，这一分解取决于实际经济因子：（1）劳动力市场和实物资本的闲置程度；（2）劳动力市场和产品市场定价过程的灵活性。二是效应分解独立于为实现既定名义总需求增长所采用的政策工具。

当然，可能存在着独立性假设不适用的情形，后文（特别是第八部分有关英国的分析）将讨论独立性假设不成立的影响。尤其是：
- 左侧的不同政策工具会对未来政策预期产生不同的影响，这（与通胀预期不挂钩）可能使右侧的效应偏向于价格效应。从政治经济的角度而不是技术角度分析，这是赤字货币化融资政策需考虑的重要风险。

- 我们可能足够聪明，设计出既能刺激总需求又能增加供给的政策工具（或许是财政政策工具或直接信贷支持），这可能使右侧的效应偏向于实际产出。

尽管独立性假设的例外情形是可能的，我们首先在独立性假设基础上进行分析，然后再考虑是否存在例外情形。宏观政策领域的许多争议源于未考虑两步走的逻辑。因此，相同的人有时会提出不同的观点，如：

- 有时断言需要"更多的信贷来维持经济增长"，其假设是此举对产出的影响将远远超过对价格的影响；
- 同时警示通过其他工具（不论是财政政策还是货币政策）刺激GDP增长都会"抬高通胀率"，即价格效应而非产出效应。
- 但不说明为什么影响名义总需求的不同政策工具会导致不同的价格效应和产出效应组合。

本文第五部分到第七部分的分析基于独立性假设。这使我们将注意力放在"如果需要扩大名义总需求，哪种政策工具最有效，它可以抵消负面效应、缺陷和风险"。

当然我们也有可能面对无需刺激需求的情形，比如特定经济体面临的可能是供给约束而非需求约束。如果这样，就会出现反对采取任何刺激名义需求行动的主张，而不仅仅是反对使用何种工具。

二、弗里德曼、财政赤字货币化融资和狭义银行

1948年，米尔顿·弗里德曼发表了《经济稳定的货币和财政框架》。其核心命题是哪种财政和货币安排最可能产生宏观经济稳定，这意味着可测的低通胀率，也意味着尽可能稳定的实际GDP增长。他也十分关心金融稳定，因为金融稳定对更广泛的经济稳定有重大影响。

他的结论是，政府应该允许财政政策发挥自动稳定器的作用，"运用当期收入流的自动调整至少部分抵消总需求其他部分的变化"，同时应该对由此产生的全部政府赤字进行货币化融资；而当需要用财政盈余限制需求过快增长时，应撤出这部分流通货币。因此，他认为"货币当局的首要职能应该是发行货币以弥补政府赤字，当财政盈余时撤回货币"。

弗里德曼认为，相对于政府发行带息债券为赤字融资和央行通过公开市场

操作影响货币价格相结合的措施，当出现财政赤字时将其100%货币化融资的政策安排更有利于稳定。

下面这组数据可以简要描述弗里德曼的思想：

- 假设名义GDP为100，货币供应为50。并假设宏观政策目标为名义GDP年均增速4%，其中允许2%的通胀率和2%的实际增长率。
- 那么均衡货币增长率（假设货币流通速度稳定）为4%，或者第一年2个货币单位。
- 可以在财政赤字规模达到GDP的2%时，通过央行将赤字完全货币化融资，来实现这一增长目标。

这一描述基于两个简化假设，其中第二个假设强化了弗里德曼的核心观点：

- 首先，货币供应量与名义GDP之间存在稳定的联系——所以货币流通速度（GDP/货币供应量）为2，如果我们希望名义GDP增速为4%，那么我们必须将占GDP 2%的财政赤字进行货币化融资。但并非一定是如此，因为货币流动速度可能发生变化①。即便放松该假设，也不会彻底改变弗里德曼建议的适用性。名义GDP增长目标依然可行，使用货币为政府赤字融资依然可行。只不过这表明政府赤字货币化融资的规模需要根据对边际货币流通速度变化的经验观察进行调整和判断（比如ΔMS与$\Delta NGDP$的关系）。
- 第二，我的解释和弗里德曼的建议都假设所有货币都是基础货币，即没有私人部门的货币创造，用格利和肖（Gurley 和 Shaw, 1960）的话来说，就是没有内部货币（inside money）。这是因为弗里德曼的提议中不存在部分准备金银行。在弗里德曼的框架下，不存在部分准备金银行不仅是一个简单假设，而且是一个基本要素，弗里德曼声称："改革货币和银行体系以消除私人部门创造和破坏货币以及中央银行自行控制货币增长"。

1948年弗里德曼就意识到宏观经济政策（财政和货币）的最优方法与金融结构及金融稳定之间的重要联系。他吸收了西蒙斯和费雪等经济学家的观点，20世纪30年代中期他们写的文章反思了1929年金融危机和随后大萧条的

---

① 当然也有可能在弗里德曼想象的世界，所有货币都是高能货币，在那里，货币流通速度比存在部分准备金银行体制的世界更稳定。部分准备金银行的存在，使得私人银行信贷和货币占GDP的比例增长能部分解释实际观察到的货币流通速度变化（特别是从20世纪50年代以来货币流通速度的大幅下降）。见Richard Werner（2005）关于该效应的详细分析。

原因，并认为，问题的关键是1929年之前私人部门信贷的过度扩张和之后的崩溃。

他们指出，部分准备金银行拥有创造私人信贷和货币的能力使信贷过度扩张成为可能。他们的结论是部分准备金银行制度具有内生不稳定性。西蒙斯指出："这一银行体系的根本特征决定了银行会在经济繁荣时期提供大量货币替代品，但在之后的萧条过程中又加剧其有害无益的行为"。因此，他认为"私人机构在决定金融结构的特点以及改变货币数量和货币替代品方面被赋予过度的权力"。

因此，从经济思想史的角度来看，西蒙斯的结论使我们面临第二个悖论。亨利·西蒙斯是坚定的自由市场派，也是芝加哥学派的创始人之一，他认为，广义而言，金融市场尤其是部分准备金银行就是这些所谓的特殊情况：部分准备金银行制度不仅应受到严格监管，而且还应彻底废除。

那么，西蒙斯、费雪和弗里德曼（1948）的观点正确吗？部分准备金银行制度应该被废止、私人银行创造和破坏私人信贷与货币的能力应该被取缔吗？我的答案是不，我觉得他们的立场过于激进，没有意识到私人债务和部分准备金银行制度发挥的经济和社会功能。

• 西蒙斯不仅主张废除部分准备金银行制度，还理想化地主张严格限制使用任何短期债务工具。他认为债务合约给经济关系引入了刚性和潜在的脆弱性，一个都是股权合约的经济体能够更加灵活地平滑外部冲击。该观点无疑是正确的。但他未意识到债务合约存在本身（如固定工资而不是利润股份化的工资合约）是为了满足提高人们对未来收入确定性的基本渴望①。

• 尽管部分准备金银行制度无疑会制造风险，但它也具备有益的创造性功能。部分准备金银行的期限转换功能使家庭和企业的负债期限长于持有的金融资产的期限，这有助于支持长期投资。白芝浩（Bagehot, 1873）认为，股份制部分准备金银行发展在19世纪中期英国经济发展过程中可能发挥了重要作用，它使得英国比其他期限转换型银行体系不发达的经济体在资本动员方面具有更多优势②。

尽管我们拒绝西蒙斯、费雪及弗里德曼早期激进的政策建议，他们对大萧

---

① 该观点在意大利学者Luigi Einaudi的一篇名为"Debt"的文章中有详细说明。
② 在Lombard Street的第一章，白芝浩认为英国银行体系的发展，通过吸收存款，发放贷款，使得英国流通的现金比德国和法国多。

条原因的深思应该促使我们思考我们对2008年金融危机和随之而来的大衰退的分析是否彻底？我们的政策设计是否足够激进？下面三个启示值得特别关注：

• 首先，从理论上讲部分准备金银行制度的存在有很好的理由，但是社会最优化所要求的部分准备金（不论是以资本还是以存款准备金的形式）不应是危机之前以及现在的水平①。如迈尔斯等人（Miles等人，2011）和赫韦格等人（Hellwig等人，2010）的研究显示，强有力的理论和经验论据表明，如果我们能够设立理想的资本充足率，最优准备金率可能显著高于《巴塞尔协议III》制定的新标准。

• 第二，最优宏观经济政策与最优金融结构和监管之间存在必然的、紧密的联系。西蒙斯、费雪和弗里德曼清晰地指出了该事实，但危机之前的经济学传统理论很大程度上忽略了该问题。默文·金（Mervyn King，2012）指出，货币经济学中占主导地位的新凯恩斯主义模型"未考虑金融中介，因此货币、信贷和银行都未能发挥有意义的作用"。布兰查德称之为"我们以为我们可以忽略金融体系的细节"②，这是一个致命的错误。

• 第三，在设计未来金融监管和宏观经济政策时，一个关键问题是理解杠杆对金融稳定的风险和去杠杆化对危机之后宏观动态变化的重要性。

三、杠杆化和金融稳定：去杠杆化和通货紧缩

导致2007—2008年金融危机的根本原因在于金融系统（银行和影子银行）和实体经济过度杠杆化。过高的杠杆率导致了刚性和金融稳定风险。对此，已有大量论述③，本文仅提及几个要点。

---

① 应当注意的是，部分准备金银行创造私人信贷和货币的能力受制于（i）存款负债与法定存款准备金的比率：西蒙斯和费雪主要研究上述工具的影响，但发达国家的央行在"二战"后的半个世纪来都放弃了法定存款准备金这一工具；（ii）资本充足率要求。

② 见2012年IMF媒体见面会的评论。

③ 参见Bernanke（2004），Gennaioli、Shleifer和Vishny（2010），Schularick和Taylor（2009），Taylor（2010）。特纳（2012年4月和11月）对这些论点做了更详细的论述。

债务合同和刚性

与全部采取股本合约的经济体相比，债务合同在发达经济中发挥了重要作用，提高了企业和个人对未来收入流的确定性。但债务合同不可避免地会产生金融风险和稳定风险。这源于债务相对于股本的三个特性。

● 首先，投资人/债权人很可能因"局部思维"和缺乏远见签订合约，如施莱弗等人所说，"这些合同的存在是因为忽略了风险"（Shleifer 等人，2010）。

● 第二，如伯南克（2004）指出的刚性及违约和破产的潜在破坏，"在完全市场中……永远不会出现"，但是在现实中会引起贱卖和毁灭性风险。

● 第三，对短期和中期债务的需求如滚雪球般增长，这使得信贷增量的稳定成了关键的宏观经济变量。

银行与私人信贷创造

即使没有银行的情况下，债务合约的风险也依然存在，也就是说即使所有的债务合同直接连接了最终投资者和融资者，这些风险仍然存在。但是部分准备金银行同时创造了私人信贷和私人货币，使其能够急剧扩大债务合约的规模并引入期限转换，此外，在实际操作中并不存在一个自发机制来保证期限转换的最优规模[1]。

因此，银行能够显著放大金融和经济稳定风险的规模。在支出能力（如名义需求）的创造和破坏过程中，银行扮演重要的自主性角色，因此会导致总体经济活动的繁荣和衰退。

抵押贷款、信贷和资产价格周期

当授信被用于为购买资产融资时，尤其是房地产（其自身价值取决于债务融资需求的水平），过量且不稳定的银行信贷创造的危险将进一步扩大。不

---

[1] 正如 Jeremy Stein（2012）所述，考虑到固有的市场失灵，"不受监管的私人货币创造会导致外部性：金融中介机构发行过多短期债券，使得金融系统变得极为脆弱"。

可持续的银行信贷扩张会导致明斯基（Minsky）描述的信贷与资产价格周期①；正如我们从危机中了解到的，通过影子银行发放了太多无法控制的贷款。这些影子银行链条整体上履行了信贷中介功能，具有杠杆和期限转换效应（具有银行的功能，但不在银行监管范围内）。②

债务合约、银行和信贷/资产价格周期的这些内在特征共同作用使得金融体系和实体经济的杠杆水平及其变化速度成为金融不稳定的关键驱动因素。过去 50 年中，与 1929 年大危机前 10 年的情形类似，金融体系和实体经济的杠杆率水平显著上升。

危机之前，大多数经济学理论和宏观经济政策的主要假设就是增加杠杆可以被忽略不计或者具有积极效应，因为这源于理性行为人之间的私人部门合约。被忽略是因为金融体系的发展在货币需求、通胀和实际产出的模型中被视为中性（或者更简单地说无关紧要的），被认为具有积极效应是因为金融深化会反映市场的完善程度，自然而然地被认为是有益的。

这些假设是广泛流传的认识误区的一部分，使得我们未能发现不断浮现的金融稳定风险。现在它们正面临全面挑战。国际清算银行经济学家齐切第和哈罗比（Cechetti 和 Kharroubi，2012）重新评估了金融深化对经济增长的影响，并且认为私人信贷占 GDP 的比例与经济增长之间呈倒 U 型的函数关系，金融深化超过一定临界值将会对经济增长产生负面影响。施莱瑞克和泰勒（Schularick 和 Taylor，2009；Taylor，2012）的研究也得到了类似结论。

这表明，未来金融稳定当局应对杠杆率的绝对水平以及债务与股本之间的平衡关系进行监控，并做出反应。这要求宏观审慎工具应发挥的作用比目前预期的更大，不仅着眼于信贷增速是否偏离其趋势，而且应该考虑控制杠杆率的

---

① Minsky 的观点与芝加哥学派一些经济学家的观点之间的联系十分显著，但鲜被人注意。参见 Charles J. Whalen "The Minsky-Simons Connection，A Neglected Thread in the History of Economic Thought"，*Journal of Economic Issues*，Vol XXII，No 2，June 1988。

② 参见 Turner April 2012 and FSB Report "Strengthening the Oversight and Regulation of Shadow Banking"。

绝对水平，如债务 GDP 之比。①②

这同时也表明，我们需考虑宏观需求管理（货币政策的传统领域）与金融稳定的相关定量影响之间的关系。中央银行的政策目标是实现总需求增长，这样的政策会在保证价格稳定的同时兼顾实际 GDP 的增长：金融危机之前该政策有效地实现了目标。但是危机之前的名义总需求增长伴随着总杠杆率的增长，并且很多国家的私人部门名义债务比名义 GDP 的增长更为迅速。债务增长似乎是确保名义需求稳步增长的前提。但是，若果真如此，也就是说，如果我们的经济需要以扩大杠杆来确保需求增长，那我们的系统就会不稳定，需要重新设计，采取必要的新政策工具使系统更加稳定和可持续。

宏观经济与金融稳定性之间的内在联系在危机之前很大程度上被忽略了，这可能影响正常时期和信贷膨胀时期的最优政策组合，但对危机之后通缩阶段的影响更加明显。

去杠杆化和通货紧缩

2007—2008 年危机的爆发是因为我们未能约束金融体系创造私人信贷和货币，我们未能阻止过度杠杆化。当下宏观经济面临的根本性挑战源于私人部门去杠杆化带来的紧缩效应。

危机后，私人部门信贷创造体系崩溃。这部分反映了金融体系必要的去杠杆化——银行杠杆从很高且危险的水平下降。金融体系的去杠杆化潜在地抑制了信贷供给。但这也反映了信贷需求的下降，因为在面临资产价格降低和未来

---

① 这表明机械地运用《巴塞尔协议Ⅲ》关于反周期缓冲的指导原则是不恰当的。这一指导原则建议信贷增量超过以往趋势需增加反周期资本缓冲的量。这表明只要信贷增速稳定并与过去的趋势保持一致，信贷占 GDP 的比例持续上升也是可以接受的，即使信贷增长持续高于名义 GDP 的增长。

② 从某种意义上说，这似乎支持了德国央行长期坚持的观点，即中央银行不能仅仅只关注短期和中期的预期通胀率，而应关注货币总量。这一观点也体现在欧洲央行的政策框架中。尽管银行资产负债表的规模和增速很重要，但将信贷创造作为驱动力并将货币创造作为因变量结果将更富成效。这与本杰明·弗里德曼的观点一致：回溯过去，经济学一直在关注货币，这意味着许多银行资产负债表中负债项下的金融工具被证明不能为经济服务。参见 Benjamin Friedman, "Monetary Policy, Fiscal Policy, and the Efficiency of our Financial System: Lessons from the Financial Crisis", *International Journal of Central Banking*, 2012 年 1 月。参见 Adair Turner, "Debt and Deleveraging: Long Term and Short Term Challenges", Presidential Lecture, Centre for Financial Studies, Frankfurt, 2011 年 11 月。

收入预期下降的情况下，公司部门和家庭部门都设法增强资产负债表①。

信贷增长的崩溃反过来压低了资产价格和名义私人需求，威胁了经济活动和收入，使公司部门和家庭部门实现预期的去杠杆化目标变得更加困难。

费雪（1933）认为，在1929年大危机演变为大萧条的过程中去杠杆化扮演了非常重要的角色。正如理查德·库（Richard Koo，2009）声称，去杠杆化对理解过去20年间日本低增长和价格逐渐紧缩的动因十分重要。

根据理查德·库的研究，自1990年开始日本经历了资产负债表衰退，其中需求和经济活动受到抑制的主要动因是私人部门（尤其是公司部门）设法修复资产负债表，20世纪80年代信贷膨胀期间的过度杠杆化导致资产负债表迅速扩张。他认为，在资产负债表衰退过程中利率下调至零边界（1996年左右实现）无助于刺激信贷需求，因为公司的财务决策主要出于资产负债表方面的考虑。因此，他认为，处于去杠杆化周期中的经济体将面临深度衰退，除非政府部门愿意承担大规模的财政赤字。在任何情况下，只要需求和经济活动受到抑制导致税收减少或政府支出增加，赤字自然而然会上升。

按照理查德·库的分析，20世纪90年代日本政府大规模的财政赤字是必要的和有用的，抵消了私人部门收缩的影响。库进一步声称，如果日本未采取这些赤字政策，其经济表现会更差，将面临类似20世纪30年代的大衰退。

但是大规模财政赤字的必然结果是整个经济的杠杆率并未降低，只是从私人部门转移至公共部门。本轮危机中的西班牙、美国和英国以及许多其他国家也出现了日本自1990年以来的模式。但是当超过某个水平后，持续上升的公共债务水平本身变得不可持续，必须进行财政整顿。

虽然后危机时期的去杠杆化对长期金融稳定非常重要，但对宏观经济环境带来了巨大挑战：一是以短期或长期利率调整为主的货币政策失去了刺激功能；二是财政政策的抵消效应受制于对长期债务可持续性的担忧；三是名义GDP的低增长使得私人部门实现预期的去杠杆化目标更加困难，或者限制了公共债务占GDP比重的上升空间。

在这样的环境中，危险的是其他国家面临的不仅仅是若干年的低增长，而是出现持续数十年的低增长和公共债务负担上升，正如日本所经历的那样。正

---

① 区分决定信贷增长的供给和需求因素的内在困难，参见2012年6月英格兰银行 *Financial Stability Review* 专栏3中的相关讨论。

是在这样的环境下，我们不得不思考之前提出的两个问题：宏观经济政策的适当目标是什么？采用何种政策工具可以实现目标？

四、目标：我们是否应该放弃现行的通胀目标制？

过去30年中一个越来越占据主导地位的假设就是中央银行应该拥有独立性，以追求通胀目标。具体情形各国有所差异，但是理论和实践都趋于将价格稳定作为目标，并且将价格稳定定义为较低的正通胀率，比如约2%。中央银行通常追求2—3年的中期目标。

如今，该传统受到了广泛的挑战，大量的替代规则已经被运用或者正处于讨论中。布兰查德等人（2010）质疑是否需要更高的通胀率以应对高债务水平和有目的的去杠杆化。美联储采取了状态依存的未来承诺（state contingent future commitment）这一政策，明确表示将利率水平维持在零边界附近，并且继续实行量化宽松政策直到失业率下降到6.5%以下或者通胀率超过2.5%。马克·卡尼提出了包括关注名义GDP增长等一系列可能建议。危机之前经典货币理论家伍德福德（2012）建议中央银行应当采取措施，以使名义GDP恢复危机之前的增长趋势。

这些对危机之前传统理论的质疑反映出了过高债务水平和危机后去杠杆化带来的挑战。这些挑战可能使偏离现行的中期目标通胀率显得适当，但是这些偏离都应该以保持长期价格稳定承诺为基准。

英国经验可能是一种非根本性的变化——简单地扩大了解释通胀目标制的灵活性，以反映例外或过渡性效应对目前通胀水平的影响。过去三年间，英国通胀率持续显著高于英格兰银行设定的2%目标。这一定程度上反映了可以被解释为例外或一次性的效果，因此，它导致实际收入不可避免的（也是必要的）下降，但是并未导致偏离通胀预期或平均收入增长率的上升。这些影响包括2008—2009年间英镑贬值，能源价格大幅上涨，增值税和学费的上升。

如果这些上升只是一次性的，只有短期效应，那么对于实施目标通胀制的中央银行来说，审查其中期趋势是合理的。英格兰银行事后确实也这样做了，即使通胀率显著超过预期，也维持0.5%的基准利率不变。因此可以说不必调整英国的目标通胀率来保证适当的政策，正如我们所见，只需要由货币政策委员会（MPC）对目标值做出明智而灵活的解释。

但是，同样值得注意的是，只有当英格兰银行预测的通胀率低于后来实际通胀率时，货币政策委员会的灵活性方能实施。一个有趣的问题是，如果在2009年或者2010年正确地预测了之后的通胀率，货币政策委员会是否还会维持0.5%的基准利率？答案也许是。但是如果不是，如果我们相信（像我一样）面对高于通胀趋势仍维持0.5%的基准利率是事后看才正确的决策，那么我们将面对一个具有讽刺意味和无法解决的事实，那就是由于不可避免的不完美预测，我们才有了适当的利率政策。这可能支持重新定义通胀率目标，以排除一些例外的一次性情形。

然而，适当处理例外或一次性通胀率效应并非根本所在。关键在于我们是否应该放弃2%左右的中期通胀率目标，而转向其他变量，如：（1）追求实际增长以及价格稳定效应；（2）接受一段时期内较高的通胀率，因为这是实现实际增长的可接受的副产品或实现最终通胀率目标的过渡阶段。

这些变量可能包括一个更高的目标通胀率、关注价格水平而非通胀率，或者关注名义GDP增长率或其水平。

下面是关于这些变量的三个论断，其中第三个强烈支持改变正式目标：

（1）提高潜在的无通胀实际增长。名义GDP的增长有可能导致或反映了价格上升或实际产出的增长。如果经济中存在大量闲置能力或者企业和个人对未来通胀预期较低，实际产出效应很有可能占主导地位。如果两个条件都满足，将会出现大规模的名义GDP潜在增长，同时对通胀率上升或下降的影响不大。因此，受名义GDP目标驱动的中央银行会更有信心刺激名义总需求，因为这将主要导致实际产出增长而非价格效应。但是，严格来讲，这种情况下中央银行无需设定名义GDP目标，而只需"在一个明确的目标通胀下促进增长和就业"。美联储的法定目标已经接近于此，而且大多数中央银行实际上都对无通胀增长很感兴趣，虽然这并非它们的法定职责。有些国家确实可能存在刺激名义需求的潜力，对实际产出具有显著的影响。但这个事实不能作为重新定义正式目标的充足理由。

（2）通过高通胀消化过高（公共部门和私人部门）的债务。正如第三部分所分析的，我们面临的最大挑战是所积累的债务（初期为私人部门债务，现在为公共部门债务）高于最优水平。在没有合理的名义GDP增长率的情况下降低杠杆水平十分困难。虽然"二战"后英国和美国成功实现了公共部门的去杠杆化，但当时的名义GDP增长率显著高于目前水平。高于利率（通过有效的金融抑制来实现）的快速实际增长率和通胀率对去杠杆化尤其重要。

　　这些观察可被用来支持暂时提高目标通胀率的政策。但需要清楚该方法的潜在缺点。较高的通胀率仅有助于降低长期固定利率债务的实际价值，而对短期可变利率债务则没有效果（Bootle 和 Jessop，2011），并且暂时的高通胀目标显然会加剧永久性嵌入高通胀预期的风险。

　　需要非常小心地评估暂时提高通胀目标带来的风险以及消化过去债务负担有效性的潜在限制。但是去杠杆化的历史经验表明，设置和实现一个正的通胀目标（如2%）是必要的。若不能做到这一点（如过去20年的日本），降低总杠杆水平（不同于将杠杆从私人部门转到公共部门）几乎是不可能的。

　　（3）对未来宽松政策的远期承诺。伍德福德曾特别指出，中央银行政策利率对名义需求的影响仅在很小程度上取决于市场利率的即期变化，在很大程度上依赖于对未来几年名义利率和实际利率的预期①。今天签订债务合约的居民和企业的决策依据的是对这些合约未来实际利率负担的预期，以及支持债务偿付的可获得的名义和实际收入。

　　但是，在利率接近零以及去杠杆化导致通缩预期的背景下，中央银行形成中期实际利率预期的能力将严重弱化。为保证实际产出增加符合一个较低的、正的通胀目标水平，负实际利率可能应持续若干年，但是如果企业和居民部门预测在任何时点上都追求前瞻性通胀率目标的中央银行通过立即提高利率来应对通胀，未来实际利率预期可能上升。

　　解决该难题的一个方案是提供远期指导，阐明在较长时间内利率都维持较低水平。但正如伍德福德（2012）所指出的，如果市场参与者将这种远期指导解释为中央银行对未来前景的悲观预期，这可能产生紧缩而非刺激效应。

　　为实现打破通缩陷阱的目标，至少在一段时期内应寻求其他替代目标。如马克·卡尼指出："即使在经济和潜在通胀上升以后，中央银行仍需要做出维持非常宽松政策的可信承诺"，并且为使得承诺可信，中央银行需"握紧拳头"。这为一系列预先承诺的措施提供了恰当的理由，包括：（1）有关通胀和失业率的精确的数量阈值；（2）实现特定价格水平的承诺；（3）对名义GDP增速或水平的承诺，即使一段时期内通胀率超过目标。

---

　　① 然而 Goodhart（2013）指出在债务合同与政策利率（例如：在英国的与利率相联系的抵押贷款）明显相关的经济体中，政策利率变化的重要性不容忽视。

上述三个论断表明，需认真考虑央行是否应该采用替代目标。但一些有力的论据表明，目标的变化只能是暂时的，并且应重点强调如何退出暂时目标，在适当情况下重回通胀目标制。

● 尤其是，尽管永久性名义GDP增长目标在理论上具有吸引力，但也有一些缺陷。如戈德哈特（Goodhart，2013）指出，确定合理的增长速度目标应知道可持续的中期经济增长速度是多少，对此本身就有很大的不确定性。在某些情况下，追求名义GDP目标可能导致通胀的剧烈波动，使得确保合理的通胀预期变得更加困难。

● 尽管一段时期内通胀水平超过政策目标有助于稳健复苏，也与稳定的中期通胀预期相容，但通胀超过目标持续的时间越长，形成未来高通胀预期的可能性就更大。前文提及伍德福德建议政策当局应当承诺未来的GDP增长水平回到危机之前的趋势，但是如果刺激作用最终形成的主要是价格效应而不是实际产出效应，这一建议可能导致较高的持续通胀率。

鉴于后危机时期去杠杆化带来的严峻挑战，应当慎重评估这些替代方案。但上文提及的一些考虑因素表明最具吸引力的方案可能是：

● 通过事前承诺刺激经济，直到实现失业率或通胀率的数量阈值（美联储现在的做法）；

● 承诺未来几年GDP增长水平，但该承诺不应确保像伍德福德建议的那样回到危机之前的名义GDP增长趋势。

尽管这些讨论是重要的，但后文将阐述，相比于为实现所确定的目标而使用的工具，这些并不那么重要。只是确定更宽松的目标并不能自动保证目标的实现，为实现目标我们选择使用的一些工具可能是无效的，或者有可能产生严重的负面效果。

下面三个部分将讨论这些工具，首先是纯货币工具，随后是纯财政工具，最后是两者结合——财政赤字的公开货币化。

五、实现既定目标：货币和宏观审慎工具

若希望名义需求的增长速度高于设定的正式目标，图1左侧的货币政策工具、信贷刺激或宏观审慎政策工具是否有助于实现这些目标呢？如果是，是否存在副作用？

利率是经典的货币政策工具。2009年全球四大中央银行将政策利率降至接近零。在某些情况下，还可以进一步小幅下调，但利率对储蓄和贷款产品的直接影响以及可能的刺激作用已显著下降。

然而，即使利率接近零，中央银行，特别是履行宏观审慎职能的中央银行，仍有多种政策工具可以使用，包括：

• 远期指导。在上文提及的事先承诺的潜在支持下（状态依存、物价水平或名义GDP），未来的政策利率将维持在较低水平。

• 量化宽松。其标准形式是中央银行购买政府债券。这至少通过三个紧密相关的传导渠道影响名义需求：一是降低长期无风险利率，诱使政府债券的持有人寻求投资高收益票据的机遇；二是政府债券及投资者投资的其他资产升值的财富效应可能带来额外的消费或投资支出；三是货币贬值。

• 量化宽松着重于购买政府债券以外的其他资产。这些资产包括信用证券、股票、外汇和固定资产。传导机制包括资产增值/财富效应、货币贬值、缩小信用风险溢价、强化标准的量化宽松政策诱致的无风险利率下降对市场利率的影响。

• 对商业银行的流动性支持，如欧洲央行以优惠利率对商业银行提供的长期再融资操作（LTRO）。

• 直接补贴或对商业银行信贷供给提供支持，如英格兰银行采取的贷款融资计划。

• 宏观审慎政策，例如放松资本或流动性要求，可以是单独的措施，也可以是一揽子政策措施的一部分。例如，2012年夏天英国金融政策委员会将其作为贷款融资计划的一部分。

显然即使利率接近零，中央银行也不会"无计可施"：本轮危机以来，全球四大央行的资产负债表相对于GDP显著扩张。分析表明，这些政策能有效地提高名义GDP：英格兰银行（2011）关于量化宽松政策效应的最优估计表明，2011年夏季之前这些政策相对于未采取量化宽松政策可能导致价格水平上升0.75%—1.5%，实际产出水平增加1.5%—2%。

但是，上述对初步效果的有利评估同时伴随着两方面的担心：一是可能存在一些制约货币、信贷支持以及宏观审慎工具有效性的重要因素；二是这些工具本身也可能存在负面效应。

限制有效性的因素

本节考虑的这些政策工具通过利率、信贷和资产价格等渠道发挥作用。它们以不同的方式诱使市场主体改变行为，包括用货币替换债券、降低中长期利率来刺激投资者寻求高收益、通过直接或间接降低信贷供给成本，或是通过放松资本和流动性要求使银行扩大信贷供给。理查德·库描述的经济危机之后的去杠杆化诱致的"资产负债表衰退"可能会限制这些传导渠道的有效性。

- 实体经济中寻求修复资产负债表的借款人对于任何可预见的利率降低的反应可能高度缺乏弹性。远期指导、量化宽松对长期利率产生的影响以及中央银行直接信贷补贴的效应可能有限。

- 长期债券的收益率越接近于零点，无风险债券和货币之间的替代性就越强，经济将陷入流动性陷阱，此时，用央行发行的货币替换投资者持有的债券对经济主体的行为影响最小。

是否达到或者在何种程度上达到这些限制条件是一个经验问题。理查德·库的分析以及日本政府债券长期极低的收益率说明它们可能适用于日本。在英国，问题的关键是，居民部门信贷低增长和企业部门信贷负增长是否反映了去杠杆化以及对未来经济和收入水平的不利预期而导致的供给约束和需求不足。对相关证据的解释有些自相矛盾：贷款融资计划的影响将是一个关键测试，目前为止的证据似乎表明，对于住房抵押贷款的供给水平产生了有限的影响，但对于商业借贷行为几乎没有影响。

潜在的负面影响

第二个问题是，货币、信贷支持以及宏观审慎政策工具无论对刺激名义需求是否有效，都可能产生负面影响。怀特（White, 2012）的分析表明：

- 长期维持极低的利率水平（日本过去20年的做法）将会产生不良的长期影响：一是鼓励从事复杂的套利交易和资产投机活动，制造出宏观审慎当局难以识别的金融稳定风险。由于居民部门和企业部门试图通过去杠杆化来增强资产负债表，低息信贷流入此类活动的规模将超过流入实体经济的投资项目。二是持续的低利率水平，伴随广泛的贷款延期（loan forbearance），原本不具有持续生存能力的公司在较低生产率和低速状态下继续生存，阻碍了有助于长期供给能力改善的资本配置。

- 货币政策、信贷补贴以及宏观审慎政策的成功很大程度上取决于对私人信贷和货币创造的刺激，促使居民增加抵押债务或者企业借更多的钱。在某些情况下，由于名义 GDP 的增长高于名义债务的增长，这种刺激与长期去杠杆化要求可能是相容的。但是，货币政策、信贷补贴和宏观审慎工具也可能刺激杠杆率的进一步累积，从而恶化金融的脆弱性和经济的不稳定。由于私人信贷和货币的过度创造使我们深陷泥潭难以自拔：唯一的退路是否会制造未来的过剩，这点值得我们注意。

- 我们还应该特别关注的是，这些宏观审慎工具是否是通过放松杠杆约束扩大银行信贷供给。银行体系过度杠杆化和期限转换是 2007—2008 年金融危机的核心问题。强有力的论据表明，银行最佳资本比率将远远高于《巴塞尔协议 III》设定的标准。任何放松资本和流动性监管标准以支持增加放贷能力的做法，无论对刺激短期名义需求是多么必要、多么合理，都不可避免地增加金融不稳定的风险。

- 最后，如果量化宽松的传导机制通过汇率发挥作用，那就会产生重要的和潜在的负面溢出效应，而其他国家（无论是发达国家还是新兴国家）不得不应对货币升值带来的后果，投机的、波动的资本流动将强化这种效应。

仅仅依赖货币政策、信贷补贴以及宏观审慎政策工具来刺激名义需求会扩大长期风险：在力图摆脱由过去的过度行为诱致的去杠杆化陷阱的同时，我们可能制造出新的风险。

这并不意味着我不同意近期英国所采取的政策措施。如果我还是英格兰银行货币政策委员会的成员，我会投票支持将利率降至并维持在 0.5%，并维持目前的量化宽松规模。在金融政策委员会上，我强烈支持 2012 年夏天采取的放松宏观审慎政策以及贷款融资计划。这些政策优于不作为。但是，我们应该意识到，这些政策工具的有效性存在很大局限性，并且会带来长期风险。

因此，我们需要确定是否存在其他政策工具，在更加有效地刺激总名义需求的同时带来较少负面影响。

六、财政政策刺激

货币政策、信贷支持和宏观审慎政策手段通过私人信贷、投资组合再平衡以及资产价格/财富效应等间接传导机制来刺激需求。但财政刺激方案是一个更直接的方式，通过减税或增加公共支出，把消费能力直接传递给家庭部门和企业。用弗里德曼的话来说，货币直接进入"收入流"。但"正常情况"下（尤其是当利率不接近于零时），财政刺激对名义需求的直接影响可以部分地或完全地被三个因素抵消①：

一是利率上升会产生"挤出"效应，降低私人部门的消费或投资，从而部分抵消财政刺激的直接影响。如果中央银行有权控制通胀，或者中央银行设定的利率水平与低通胀增长目标是适应的，这种影响非常有可能内嵌于政策框架中②。

二是"李嘉图等价"效应认为，个人和企业之所以储蓄而不是消费和投资，是因为他们意识到未来必须由他们支付公共债务增加的成本（通过增税或削减公共支出）。

三是"李嘉图等价"效应的一个变体，就是若未来潜在公共债务水平增长很高，使人们担心债务是否可持续，从而推高政府为公共债务支付的利率，进一步扩大了未来的偿债负担。

考虑到这些因素，最近30年中占主导地位的传统观点认为，财政政策不是管理宏观需求的有效工具（更谈不上是提高实体经济长期增长率的工具，但在20世纪五六十年代许多决策者持这种观点）。但德龙和萨默斯（2012）认为，这些在常规时期有说服力的论点并不适用于目前的情况。他们承认，"正常时期央行能对冲财政政策的影响"，并且"使政策相关乘数接近于零"，这反过来"使扩张性财政政策作为稳定政策工具没有发挥空间"。但他们认为，在目前条件下：

一是没有利率上升带来的抵消影响，因此不会产生"挤出"效应。政策利率接近零（并且仍高于政策当局追求的目标）：美联储致力于在可预见的将来维持低利率，并承诺实施大规模的量化宽松政策，购买必要的政府债券数

---

① 如第五部分，在此我们假设名义需求的增长是可取的，因为部分增长可能导致实际产出的增加，而不仅仅只产生价格效应。如果生产能力已充分利用，尽管财政政策能刺激名义需求也不可取，因为这只会导致价格的上升。在这种情况下，任何货币刺激政策同样不可取。

② 参见 Thomas Sargent 和 Neil Wallace（1981），Some Unpleasant Monetarist Arithmetic，关于财政政策和货币政策的数量关系的分析。

量，以维持长期低利率①。在这种情况下，财政刺激政策有助于刺激名义需求。

二是经济疲软的走势非常明显，这种刺激会很大程度上提高实际产出而不会产生纯粹的价格效应，不仅有助于提高短期经济增速，而且由于避免了"滞后"影响也有助于提升长期供给能力。

鉴于这些因素，德龙和萨默斯认为，当前情形下财政政策乘数远高于"正常情况"，因此"在可信的假设下，暂时的扩张性财政政策很可能减少长期债务融资的负担"。

他们的论证说明，在某些情况下（目前美国的情形当属此类），传统财政刺激政策可能是合适的。此外，也有理由相信（这并不是德龙和萨默斯的观点），在有些情况下，李嘉图等价效应的影响可能并不重要。一般来说，李嘉图等价效应的有效性取决于其所在环境，包括公众对未来债务负担的意识；现有公共债务/GDP 的水平，以及担忧未来债务是否可持续；财政刺激受益人的收入水平，以及即使担心未来的债务水平，他们的储蓄能力②。这似乎不太可能，比如，大萧条时期一个绝望的美国工人会对财政诱致的实际收入增长做出这样的回应："最好不要花这些钱，因为未来我们须面临更重的税收"，尤其是考虑到大萧条初期美国联邦债务占 GDP 的比例只有 20%。

理查德·库认为，罗斯福财政支出政策能够有效刺激需求是有条件的。该观点是令人信服的③。但似乎极有可能存在其他情形，使得李嘉图等价效应的影响同样能发挥效力。如果公共债务达到了 GDP 的 200%（比如日本），并且公众广泛讨论未来将通过增税（比如日本，几乎引入大规模营业税）来降低财政赤字和债务水平时，财政赤字的刺激作用可能会被抵消。

---

① 在德龙和萨默斯的文章发表之时，美联储正提供具体的时间前瞻性指导，预先设定 QE 的数量。之后美联储转向依环境而变的政策，不再预先审定量化宽松政策限制。德龙和萨默斯的文章的地位才因此有所提升。

② 这对如何设定预期对当前政策措施的影响（或者企图影响预期的指导政策的影响）提出了更宽泛的问题。理性预期模型假设经济行为人在信息处理过程中是理性的并拥有完备的信息。在现实中，预期会受诸如媒体集中讨论某类信息（如，未来债务的可持续性）的影响，预期是在非完全理性中产生的。这一问题也与对未来现行政策转变可能性的预期有关，不管是针对量化宽松政策还是政府赤字货币化融资政策。第七部分会将讨论这两项政策。

③ 还需要关注以下相关问题：罗斯福的政策是否具有财政刺激效应，以及罗斯福在竞选时对财政正统性的阐述与随后的政策执行无关。

尽管理查德·库的观点"过去20年间若没有巨额的财政赤字日本经济增长速度将更低"是有说服力的,但他没有说明日本如何降低公共债务占GDP的比例。第八部分将说明,除非采取债务的货币化融资或债务重组/拒绝偿还,公共债务占GDP比例不会降低。并且,他未能说明公共债务上升超过一定限度后对消费者和企业部门的信心打击,以及随之而来的对需求的影响。

因此,如德龙和萨默斯所述,虽然在某些情况下(如当下美国的情形)财政刺激政策可能有效,但仍存在使其无效的情形,或者短期有效但同时进一步加剧长期问题。如果该观点成立,且纯货币政策也将面临本文第五部分讨论的效果受限或存在其他负面影响的情形,我们需要考虑是否还有其他刺激工具可用。

潜在可用的工具是财政赤字公开货币化融资。

七、财政赤字公开货币化融资:优势、风险和约束条件

本节讨论政府赤字货币化融资(以下简称OMF)并非一个绝对不可行的政策方案。在某些情况下OMF是必要的,并且比其他可供选择的政策工具的负面影响要小。此外,我们必须也有可能建立必要的机制和规则来防范滥用该强效"药物",因为过量的药物无疑会变成毒药。本节讨论分为五个方面:一是OMF以及OMF与量化宽松之间的关系;二是OMF的非通胀潜力:确定的技术可能性;三是OMF、法定通货和政治经济风险;四是强化中央银行独立性来约束OMF;五是关于OMF作为政策选择的争论。

(一)OMF以及OMF与量化宽松的关系。

伯南克2003年发表了题为"对日本货币政策的几点思考"的文章,明确描述了OMF如何运作以及为什么会刺激名义需求。在该文中,伯南克认为:一是"对居民和企业减税与日本央行扩大购买政府债券的规模同步进行,实际上是通过货币创造为减税融资";二是应明确"大量或所有货币存量的增加是永久性的";三是消费者和企业可能愿意将减税所增加的收入花出去,因为"并未制造出当前或未来的债务负担,所以并不意味着未来多缴税"(即不存

在理性的李嘉图等价效应)①②；四是该政策很可能导致日本公共债务占 GDP 的比例下降，因为名义债务负担保持不变，但"名义支出增加有助于提高名义 GDP"；五是减税是主要手段，通过 OMF 推行的刺激政策应遵循相同的原则："既支持支出项目，也促进产业重组"。

伯南克关于 OMF 的描述明确表明，相对于纯货币政策或财政刺激政策，OMF 在刺激名义需求方面具备潜在的优势：

一是与第五节讨论的货币政策工具相比，OMF 在一阶效应上更加直接和确定。货币政策、信贷支持以及宏观审慎政策工具通过间接机制来改变私人部门借款人及投资者的行为，且如果这种行为发生在"资产负债表衰退期"并由去杠杆化过程引发，其效果将受到限制。因为 OMF 为增加的财政赤字融资，直接扩大了弗里德曼所称的"收入流"。正如伯南克指出，这意味着"银行业的健康与扩张效应的传导方式无关"，也使得有关"货币政策传导渠道断裂"的担心变得无关紧要。

二是与第六部分所述的财政刺激政策不同，OMF 的刺激效应不会被"挤出"效应和"李嘉图等价效应"所抵消，因为无需发行新的带息债务，从而没有形成新的债务负担。因此，OMF 至少会比增加财政赤字的刺激效应更强。正如弗里德曼（1948）指出，"发行付息证券（运用财政赤字）的理由是在失业率较高时期，相对于增加税收，发行证券引起的通货紧缩效应更小；这是真理，印发货币一定有助于克服通货紧缩"。

---

① 伯南克在此假设基准货币，不论以票据、硬通货或者中央银行准备金何种形式存在，都不会产生利息，中央银行发行货币的账户以及铸币税也是如此。实际上在英国，存入英格兰银行的商业银行存款准备金是以银行利率计算利息的。如果英格兰银行通过创造存款准备金来为增加的赤字融资或者继续为存款准备金支付利息，那么联合政府/中央银行"债券付息"的成本会等于存款准备金的利息，这一成本将随着银行利率的上升而上涨。英格兰银行制定的存款准备金利率会发生变化，这一变化自然会成为政府赤字货币化融资政策的补充。

② 要指出的是，创造法定货币的能力所带来的铸币税收益（至少）以两种会计账目的形式体现。因此：(i) 政府可以发行付息债券，中央银行可以购买并永久持有（如果资产负债表上现有债券到期，则通过新政府的债券进行展期）。在这种情况下，政府将面临债务付息成本，但中央银行能从债券利息和货币负债的零成本之差中获得相应的收益，进而将收益转移至政府。(ii) 在使央行的资产负债表达到会计平衡时，通过中央银行购买不付息并不可赎回的政府债券来创立一个永久的货币化融资操作是有可能的。就货币创造和政府融资的基本面来说，上述两种路径的选择没有区别。对上述路径的选择可能有信号效应或政治经济方面的影响。

从本质上讲，OMF 是财政政策和货币政策的组合①。OMF 在财政方面的特性似乎使之截然不同于量化宽松政策；量化宽松通常并不伴随有财政赤字的增加，并且将在未来一定期限内撤回。

然而，标准的量化宽松和 OMF 之间的区别并非字面上的，而主要在于对未来政策的预期之中，即：

量化宽松政策最终有可能演变为永久性的货币化融资（可能不是公开的）。传统的量化宽松包括中央银行动用储备（基础货币）购买政府债券。该操作的公开目标是在未来某个时点进行逆操作，中央银行卖出债券，撤回储备②。事实上，它既不是必要的，也不一定会发生；这是因为：

- 可能没有"退出"的必要，因为央行名义资产负债表可能永久性地维持更大规模。中央银行决定将来是否退出，不应该基于根本不存在的必要性，而应该根据在未来某个时点退出时（出售债券和撤回储备）是否实现了中央银行的通胀率目标或其他目标③。

- 因此，退出也不必然会真的发生，量化宽松在事后转变为部分财政赤字的永久性货币化融资的可能性并不一定存在。20 世纪 40 年代早期到 1951 年，美联储通过公开市场操作将长期利率维持在 2.5% 的水平上（无论财政赤字规模多大），因此基础货币增加。根据 1951 年美联储和财政部的协议，该政策停止实施。但并未"退出"，没有逆操作：名义基础货币不再增长，但并未下降，这一稳定而非降低基础货币的措施与当时重返低通胀的趋势相容。事后来看，20 世纪 40 年代早期到 1951 年间很大部分美国财政赤字是通过发行货币来融资的。那时，美联储购买财政部发行的带息债券，今天我们称之为"量化宽松"。

---

① 默文·金在 2012 年 10 月的演讲时说，"直升机撒钱及相关的倡导者实际讨论的是放松财政政策，对这一问题进行公开讨论更好。"他坚持认为 OMF 是财政刺激政策的变种，这一观点无疑是正确的。但重要的是它可能带来的影响会有差别，特别是对长期公共债务可持续性的影响。

② 需要注意的是，即使央行已对量化宽松政策进行逆操作，这仍会引发财政赤字的永久货币化融资（虽然金额不大但颇具影响力），因为在银行持有政府债券期间能获得铸币税收益，这些收益之后便会转至政府手中。最近在英国实施量化宽松政策的过程中，从英格兰银行向英国财政部转移的资金便是最好的例证。

③ 若央行持有的债券在量化宽松政策实施过程中到期，那么为了维持当前的政策立场，央行必然会用到期债券的收入再买入其他政府债券。

因此，所有量化宽松操作都有可能在事后全部或部分转变成永久性的货币化，并且这可能是一个适当的政策。日本政府的总债务（扣除日本政府持有的债券）达到了 GDP 的 200%，其中约 1/6（即 GDP 的 31%）由日本央行持有。这些债务的存在是否有实际经济意义以及日本过去的财政赤字是否采取货币化融资，仍是一个有争议的问题。本文第八部分将进一步讨论该问题。

在必要的时候永久性 OMF 显然应被逆转或通过其他方式抵消。事实上，弗里德曼和西蒙斯都明确指出，同财政赤字导致基础货币发行那样，有时财政盈余会导致基础货币收回。尽管这是在弗里德曼和西蒙斯设想的 100% 准备金银行体系下抵消名义需求过快增长的唯一途径，但在部分准备金银行体系中，OMF 的潜在通胀效应可能会被宏观审慎政策工具所抵消。这样就会存在一种风险，如伯南克所述，最初由削减税收诱致的对名义需求的直接影响，如果随后银行通过增持中央银行的储备创造出更多的私人债务和货币，未来会成倍上升①。但是，如果中央银行/宏观审慎当局拥有最低存款准备金要求等政策工具②，当这种危险出现时可以抵消其影响。莱茵哈特和罗高夫（Reinhart 和 Rogoff，2013）以及斯特恩（Stein，2012）声称，有效的宏观需求政策可能需要重新使用直接针对私人债务和货币创造数量的工具。危机之前的正统理论拒绝使用这些工具。

因此，被称之为临时性的量化宽松政策有可能演变为永久性的政策；同理，被描述为永久性的 OMF 也可能是临时性的或被其他政策工具抵消。

因此，量化宽松和 OMF 之间的差异并非字面上的，而是主要体现在下面两个因素上：一是 OMF 通常伴随着财政赤字的上升，而量化宽松并非如此；二是 OMF 通常伴随着一个关于当前政策意图永久性的声明；而量化宽松的政策意图通常是暂时性的。考虑到人们对未来政策行动的预期所发挥的作用，即使当前这些政策意图的声明未能约束未来的政策行为，也是重要的。

---

① 这当然意味着弗里德曼在第二部分所提出的建议，OMF 对名义需求影响的实证估计在存在部分准备金银行的世界中要困难得多。

② 前注曾讨论过，资本要求的变化也能用来限制银行创造私人债务和货币的能力。其确切影响取决于银行通过融资或者股本筹资来抵消资本要求加大的能力。这便能证明利用法定存款准备金能够直接控制潜在私人债务和货币创造的数量。

(二) OMF 刺激不会导致有害通胀：理论上显然可行

OMF 无疑是刺激名义需求的手段。布特（Buiter，2004）指出："发行不可赎回的法定基础货币，适当的货币和财政政策组合，几乎一直可以刺激总需求……"（之所以是"几乎"，因为未来政策存在转向的可能性，如未来扭转当前的扩张性货币政策）。

在某些情况下，OMF 可能是能够刺激名义总需求的唯一政策，因为有可能出现以下情况：一是由于流动性陷阱和资产负债表衰退效应，纯货币政策工具起不到相应的作用。在面对私人部门债务过度累积之后的去杠杆化过程时，这种情形最有可能出现。二是由于挤出效应和李嘉图等价效应，财政刺激有时会失效，极易出现公共债务占 GDP 比例很高的情形。

并且，不存在任何固有的理论（相对于政治经济学而言）认为，相对于其他刺激政策，OMF 将导致更高的通胀，或产生恶性通胀。一是假定"独立性假设"成立，OMF 不会比其他政策工具带来更高的通胀。如果存在闲置的生产能力以及价格和工资形成具有灵活性，OMF 对名义需求的刺激将产生实际产出和价格效应，影响程度与其他刺激名义需求的工具相当。相反，如果这些条件不成立，无论是通过 OMF 还是其他政策工具对名义需求的额外刺激都仅会影响价格。二是对名义需求以及潜在通胀的影响取决于政策操作的规模：以"直升机撒钱"的方式投入 10 亿英镑对名义 GDP 的影响很小，但 1000 亿英镑的影响将很大，同时也会导致更大的通胀风险。如果 OMF 刺激政策的效果后来被证明高于预期，它可能被未来的紧缩政策所抵消，紧缩政策包括弗里德曼提及的"财政盈余导致货币收缩"的极端形式，以及调整银行资本和准备金要求等形式。

基于以上分析可知，关于"OMF 天生就比其他刺激工具更易诱发高通胀"的观点缺乏理论基础。

(三) OMF、法定货币和政治经济风险

尽管在理论上 OMF 的使用显然与持续低通胀相容，但弗里德曼（1948）指出，从政治经济学的角度来看，有强烈的理由认为 OMF 是一服潜在的毒药。

他在文章中提到："这种建议当然有危险。政府通过直接控制货币数量和货币创造来支持政府赤字为政府不负责任的行为创造了条件，并导致通胀。"

因此，尽管在有些条件下有限地使用 OMF 是有价值的和有益的，但一旦政治家和选民理解 OMF 是一种可能工具，他们想过量使用，或者在许多适合的状况下使用，就会带来风险。

政府回应选民的需求以求赢得选举。如果他们能毫无顾虑地运用货币为财政赤字融资而无视通胀的后果，这种诱惑是十分巨大的。法定货币的历史充满了由诱惑导致恶性通胀的案例，从 18 世纪早期的法国约翰·劳（John Law）印钱，到德国魏玛时期的恶性通胀，再到近几年的津巴布韦。后果是可怕的，禁止用货币弥补赤字在政治经济学领域已经成为一种"禁忌"，不仅在许多情况下是不可取的，而且根本就不应该考虑，更不用说提出这种建议。这一"禁忌"得到了如下论断的支持：在某种意义上 OMF 是"不可能"的、不可取的，甚至当经济学家事实上已经提出了 OMF 的变体时，也没有人愿意公开提及 OMF：

- 有观点主张，OMF 操作会威胁中央银行的偿付能力，因此不可能达到应有的效果。事实上，这种威胁更可能来自量化宽松的逆向操作而不是永久性的 OMF①。但是，更重要的是，这种观点没有认识到，正如伯南克（2003）所说，"与商业银行不同，中央银行不可能破产"，以及"商业银行持有资本的原因不能直接适用于日本央行"（或其他中央银行）。布特（2012）指出，所有者权益为负值的中央银行在技术上也有可能有效运作。对中央银行偿付能力的约束不仅仅是技术上的限制，而是政治经济上的"承诺策略"，该策略的目的是将法定货币的创造严格控制在一定限额内。这并非说它们不重要：尽管事实上央行可以在负资产下永久运行，但是假设它们不能这样做依然非常有用。但我们应认识到到底要约束什么。

- 对于事实上非常接近或完全等同于 OMF 的政策建议，人们通常避免说得太清楚。德龙和萨默斯认为，现在财政乘数很高，因为无论政府赤字多大，美联储都会继续将利率维持在零附近，并继续量化宽松政策；这非常接近财政赤字货币化融资的观点。但他们的文章却没有明确提及事后变为 OMF（美联

---

① 当中央银行采取量化宽松政策之后又进行逆操作时，有可能面临账面亏损但不会引发资本损失。这主要是因为如果以 142 页脚注②中的第二种方式进行 OMF 操作，那么在购买和出售债券时存在价格变动。

储资产负债表永久地保持较大规模）的可能性。伍德福德（2012）的结论也接近于 OMF 观点，但并未明确说明。伍德福德担心本文第四部分讨论的货币政策或宏观审慎工具可能失效，因为这些政策工具通过资产组合的再平衡间接发挥作用。他声称"政策行动应立即刺激支出，不能依赖预期的渠道"，"不单纯依赖预期的渠道来扩大总需求最明显的机制是财政刺激"，他还讨论了清楚阐明"永久性地增加部分基础货币"的必要性。但他从不说，实质上他是重复伯南克呼吁公开使用货币弥补财政赤字的观点。

即便 OMF 实际上已经被采用，人们也不愿将其称为 OMF。因此，OMF 仍是一种"禁忌"，有充分的政治经济理由说明为什么这样做。但如果出现以下情形该如何处理：一是 OMF 是刺激名义需求的唯一有效方法；二是相比于其他政策工具（纯粹的货币工具或财政工具），OMF 在刺激名义需求的同时，带来的负面影响更小；三是将"禁忌"绝对化是有害的。

因此，挑战在于 OMF 解禁的可能性，以及是否或在何种情形下让 OMF 发挥适当的作用，同时保证我们建立适当的规则和制度化的机构限制其被滥用。在纪念挪威央行成立一百周年的一篇论文中，乌戈利尼（Ugolini，2011）认为"货币化并不必然是魔鬼，应该将其作为一个政策选择，进行成本收益分析"。OMF 必须受制于明确的规则以防范其带来的政治经济风险。

（四）通过规则和央行独立性约束 OMF

中央银行的独立性被认为受到了威胁。汇丰银行首席经济学家斯蒂芬·金最近在《金融时报》发表了题为"中央银行独立性的时代即将结束"的文章。日本安倍晋三政府不仅给日本央行强加了明确的通胀目标（其本身仍然与央行的操作独立性完全兼容），还要求日本央行承诺采取具体行动实现与政府债务货币化融资非常接近的目标。

中央银行的独立性，以及限制其行动的承诺策略约束（如正的会计资本）通常被认为是绝对永久固定的，不能随时间推移而变化。但最近的一项研究指出，央行独立性的程度以及它们常用的工具随着时间发生了变化（McCulley 和 Pozsar，2013）。他们还特别强调，央行的适当角色以及央行必须扮演的角色在杠杆化与去杠杆化两个不同时期发生了变化①。

1919—1929年间，美国私人部门杠杆水平飙升，在之后的15年内下降，1940—2008年的长繁荣周期内又有所上升，并在本轮危机之前的十几年间呈加速上升的趋势。我们现在正处于私人部门试图去杠杆化的时代。在杠杆率上升的长周期内，潜在的私人信贷需求取决于利率变化（起码在一定程度上），利率上升（起码在一定程度上）有助于抑制信贷需求，反之，利率下降扩大信贷需求。

在这种环境下，央行和政府之间的关系演变出了一种独特的制度化的独立性、目标设定以及政策工具的运用。

• 随着时间推移越来越明显的是，控制通胀需要货币纪律，有决断力的独立货币当局反过来间接约束财政纪律，否则，财政赤字的增加会直接导致利率上升。1951年美联储与财政部的协议以及80年代前期沃尔克为遏制通胀愿意将利率调整至任何水平都是该过程中的关键步骤。

• 越来越多的央行获得正式授权以实现"价格稳定"，并且在很多情况下追求较低的、正的对称性通胀目标。

• 越来越多的央行完全依赖短期政策利率管理名义需求，避开使用前几年非常普遍的以数量化为中心的工具（如准备金要求或直接信贷控制）。这种功能、目标和角色的组合似乎运行良好。事实上，有一个重要方面并非如此：它没有意识到杠杆化本身是金融和宏观稳定的一个关键因素，导致实体经济和金融部门杠杆化逐步积累，最终酿成2007—2008的金融危机。缺乏宏观审慎监管视角是一个致命的缺陷。但至少就财政和货币当局之间的关系而言，这种安排为70年代滞胀之后同时实现稳定的低通胀和合理的稳定增长提供了支持。

但是，如麦卡利等人（McCulley和Pozsar）指出的，资产负债表衰退和去

---

① Thorvald Moe近期发表的文章说明了中央银行家如何在其职业生涯中不断改变其政策手段，主要考察了1934—1948年间出任美联储主席马瑞纳·伊寇斯（Marriner Eccles）的政策行动及当时的主题。从其实施的财政和货币政策来看，伊寇斯的行为前后矛盾。在20世纪30年代和二战早期，他坚持财政赤字以及宽松的货币政策，这实际上相当于货币化。但随后，他成为美联储独立的关键推动者并最终促成了"1951年美联储—财政部协议"的达成。但正如Moe颇具说服力地说明的，伊寇斯的行为根本就不矛盾，他的行为只是考虑了不同的环境，特别是1945年之后私人信贷的迅速增加。与西蒙斯、费雪和弗里德曼的观点类似，伊寇斯也认为理解银行创造信贷（而非仅作为中介将现有现金转化为贷款）的能动性是了解宏观经济并作出恰当的政策应对的基础。"银行系统中的自由主义与商业稳定是不相容的。"（Moe，2012）

杠杆化，如20世纪30年代、90年代的日本以及许多发达国家目前的情形，导致了相当不同的情形。将短期政策利率降至趋近于零并未能有效刺激信贷需求。附带未来逆向操作承诺的量化宽松也受到边际效应递减规律的影响。在这种情况下，麦卡利他们认为，适当的政策应转向坐标图标有"直升机撒钱"的象限，即采取永久性的OMF，不仅央行会这样做，而且也应该这样做，没有这样的刺激措施将会出现衰退。

这种情况历史上曾经出现过而且还将再次出现，这样的言论是具有说服力的。适当的政策和机构的角色应取决于所处的环境，长期去杠杆化造成的环境与杠杆率上升时期的环境存在显著的差异。货币化并非天生是恶魔，在这些环境下它可能是一个必要的工具。

伯南克（2003）指出，"重要的是要意识到独立的中央银行所担当的角色在通胀和通缩时是不同的。在通胀的情况下，通常伴随着政府债务的过度货币化，独立的中央银行的天然职责是对政府说'不'的权力；但是，（处于流动性陷阱时）过多的货币创造可能不是问题，中央银行需要采取更加合作的立场。在某些情况下，中央银行和财政当局更多的合作与中央银行的独立性完全不冲突。"

但是，这仍然留下了一个疑问：究竟应该如何协调？新环境下应该用什么规则来约束央行和政府？如果我们认为财政政策与货币政策的协调是必要的，同时放弃严禁永久性的债务公开货币化融资的信条，我们又该如何约束过量的货币创造？

历史上真实货币化的案例是不受约束的，如20世纪40年代的美国。为了支付战争开支出现了大规模的政府赤字，美联储被迫购买大量的债券以使利率维持在较低水平。在战时而言，不受约束非常有必要，但这不能成为和平年代的政策框架的基础。

因此，任何运用OMF这种极端政策都应该受到与央行独立性等同的约束，并且要划清使用现行货币政策工具的规则。默文·金（2012）曾指出，"要区别'好的'与'坏的'货币创造，'好的'货币创造是央行为维持价格稳定而创造足够的货币。'坏的'货币创造是政府为支付其开支而创造一定数量的货币"。该原则适用于暂时货币化的决策（如量化宽松），也同样适用于公开的和永久性的货币化融资。

- 因此，赋予中央银行唯一的最终权力去决定OMF的规模（即用货币为增加的财政赤字融资）是可能的也是有利的，只要央行认为 OMF 的规模适合其追求的目标（通胀或是暂时的名义 GDP 增长）。

• 如布利坦（Brittan）所指出的，用一个规则来约束 OMF，其数量不能超过具有周期性特征的财政赤字的某一水平，该水平由一个完全独立的机构（比如英国预算责任办公室）来决定。这也是可能的。

另一种方法是将 OMF 的使用限定为一次性的，重点不是刺激即期名义需求而是创造稳健的、低杠杆的银行体系。这种方法可使宏观审慎当局提出新要求，即提高银行体系的资本要求。这种方法可以与私人股本不可得时公共部门对银行体系注资这一支持措施结合起来实施，但财政支出中的特定部分不是通过发行新的付息债券来融资，而是永久性的中央银行货币化来融资。该方案与 1934 年西蒙斯等人向罗斯福建议的芝加哥计划有一些共性[1]。

然而，本文的目标不是提出使用 OMF 的具体方案，而是强调讨论这些政策选项的重要性。如果我们不讨论如何在明确的规则和权威框架下使用 OMF，我们可能会面临短期的政治压力以及在不受规则和权威约束下过度使用该政策工具，如同我们需讨论如何使用这个潜在的疗效显著的药品，如何控制和约束其使用量同样重要。

（五）OMF 作为一项政策选择

布特说过，OMF 是一种总是能够刺激名义需求的工具。政府和中央银行加在一起总有办法来刺激名义需求。在极端情形下——价格水平与实际产出同时显著下降，OMF 显然是最好的政策工具。并且，在一些情况下 OMF 可能是唯一能够阻止持续通缩的政策。

如果胡佛总统 1931 年就知道 OMF 可行，美国的大萧条就不会那么严重；如果德国总理布鲁宁了解 OMF，20 世纪 30 年代的德国和欧洲历史不会那么糟糕；希特勒的支持率从 1928 年 5 月的 2.6% 迅速上升到 1932 年 7 月的 37.4%，

---

[1] 芝加哥计划旨在专门过渡至西蒙斯等学者提到的完全准备金模型。在国际货币基金组织于 2012 年 8 月发布的名为"The Chicago Plan Revisited"的工作论文中，Jaromir Benes 和 Michael Kumhof 曾认为，向完全的货币银行体系过渡是可取且可行的，并且要配以大幅减记现有的住房贷款，一举移除由高住房杠杆所带来的金融脆弱性和宏观经济不稳定。

背后的原因是通货紧缩而不是通胀。虽然过去20年间日本经历的通货紧缩经历远没有20世纪30年代严重，但如伯南克所说，若10年或15年前日本就开始实施OMF，今天日本的状况将明显改善，价格水平和实际GDP均高于目前的水平，政府债务负担占GDP比例有所下降，维持较低的、正的通胀。当然，在缺乏能够实现这些目标的其他政策工具下，这是有可能的。

在有些情况下，采用OMF的理由不那么明确，其他政策选择也许足以使经济摆脱通货紧缩的困境。纯财政政策可能有效，尤其当政府负债占GDP比例的初始水平较低的情况下。上述第五部分描述的货币政策、信贷支持以及宏观审慎工具可能都有效，特别是当长期利率尚未达到非常低的水平（如日本达到的水平）以及经济未面临绝对的通货紧缩时期。在这种情况下，鉴于使用OMF带来的政治经济风险，就会得出将OMF排除在考虑之外的观点。虽然OMF在理论上是有吸引力的，但政治上风险太大，除非必须，一般不予使用。

即使在不使用OMF工具也能使经济复苏的情况下，考虑到其他选择潜在的长期负面效应，将OMF排除在外可能导致严重的问题。因此应进一步讨论所有备选方案的利弊。下面比较分析两种备选政策方案。

- 第一种方案涉及大规模的量化宽松政策，假定规模为千亿英镑量级，同时采用贷款融资计划，并放松资本和流动性监管标准。其目的是通过间接渠道刺激信贷增长（包括供给和需求两个方面），并通过资产组合再平衡、利用资产价格上升的财富效应。该方案可能承诺延续数年的低利率。该方案内含一种潜在的可能性，即部分量化宽松永远不会撤回，但大部分量化宽松将不得不被撤回，或通过其他机制抵消，如提高准备金要求，以防止未来过度通胀①。其公开的意图是全部撤回。

- 第二种方案是OMF。通过减税或增加公共开支，它直接将钱放入个人或者企业的口袋，以直接刺激需求。在数量上要小得多，也许只有几百亿英镑而不是几千亿英镑，其明确的政策意图是货币基础增加是永久性的，不会撤回。如果永久性刺激效果被证明过于强烈，可以通过提高存款准备金等

---

① Michael Woodford讨论了此规模下的量化宽松政策所带来的问题。他认为，承诺永久性地扩大货币基础对传达央行的未来意图十分必要，"但是像日本的量化宽松或美联储的计划那样大幅扩大货币基础并不意味着会形成相似的对未来的预期：对于任何倾向于永久化的可行建议来说，扩张规模都过大了。而以任何明显的方式与中央银行未来可能极力传递的目标相联系的扩张规模也不可能形成相似的预期。"（Woodford, 2013）。

151

手段加以抵消。如果成功了，可能比第一种方案的影响更加直接，而且可能会更快回归正常利率水平。但是，如果人们由此担心 OMF 一旦实施就会继续并升级，则有可能产生高通胀的预期，使得对名义需求的影响更多体现为通胀效应。

哪一种方案最有可能在刺激需求的同时不引起较高的中期通胀或不对金融稳定产生长期不良影响呢？采用最可行的模型详细估计一阶效应和二阶效应后才能找到答案。我不知道答案是什么，针对不同国家和不同时期，答案可能有所差异。但至少我们应该提出这一问题。

八、对不同经济体的启示：一些初步思考

本文的目的不是提出针对特定国家的相关政策，而是探讨去杠杆化和私人部门需求不振时期与政策相关的理论问题。这里简要给出了一些必须加以考虑的可能启示或因素：

- 日本：伯南克是正确的。
- 美国：目前的政策组合是合理的和成功的，并且可能转化为事实上的 OMF，但公开承认这一点在政治上很难。
- 欧元区：不完善的货币联盟阻碍了最优政策，财政政策和货币政策的协调需要一定程度的财政联邦主义。
- 英国：鉴于显而易见的供给约束，最起码可以适用 OMF 以及其他需求刺激政策。

（一）日本：伯南克是正确的

伯南克是正确的。过去 20 年里，日本应该做过一些 OMF。如果真的实施过，现在日本应该拥有较高的名义 GDP、更高的价格水平和实际产出水平，以及较低的债务/GDP 之比。这会使日本的状况比现在要好。理查德·库也可能是正确的，在缺乏这种政策的情况下，大规模的财政赤字是避免更大程度通货紧缩和彻底衰退的核心，但使公共债务占 GDP 的比例不可持续。

由于日本已经处于技术前沿及其特殊的人口结构，其实际增长率放缓是不可避免的。在增速放缓和财政赤字进一步延续的情况下，日本难以偿还两倍于

GDP 的债务。2012 年 10 月国际货币基金组织的财政监管部门制定了整顿方案，要求不同国家在 2030 年达到财政可持续性的基准。与其他国家 60% 的基准相比，日本的基准较低（公共债务占 GDP 的 80%），并且是净债务而不是毛债务。即便如此，该方案依然无法让人相信：要求日本从目前 8% 的赤字变为 2020 年 13% 的盈余。这不可能发生，并且如果采取这种措施将会使日本经济陷入严重的衰退。日本政府的债务最终将货币化或重组，因为在正常情况下无法偿还这些债务。

不同于该观点的相对乐观的看法是，在一定程度上债务已经货币化了。考虑到政府部门和社会保障机构持有的债务后，日本净债务占 GDP 的比例为 200%。其中约 1/6（31%）由日本政府拥有的日本央行持有；还有 46% 的债务被政府拥有的邮政银行持有。在某种意义上，这部分债务通过日本客户在邮政银行的无息货币账户事实上已经被货币化了。因此，在无需改变日本私人部门持有的现金资产的情况下，日本仍有可能性通过会计手段确认这些债务已经被货币化的事实即可。

但即使考虑了这些影响，日本非货币化融资的债务负担仍在上升，并将持续下去，除非政府实现预定的 2% 通胀目标和更快的名义 GDP 增速。实现该目标可能需要公开的货币化融资。但危险之处在于，为了降低债务占 GDP 比例所需要的 OMF 水平可能很高，从而导致无法接受的高通胀。因此，日本需要注意三点：一是在某些情况下 OMF 在充分刺激名义需求方面发挥核心作用。二是新工具的发行与新目标的设立同等重要。如果 15 年前日本设立了一个正的、对称性通胀目标，并且使用所有可用的工具去实现它，日本现在的处境会好一些，为此，不要向非传统目标（如名义 GDP）转移。三是如果在某些条件下必须采用 OMF，相对于容忍债务占 GDP 比例累积到一个不可持续的水平之后再实施 OMF，早一些实施以及小规模实施 OMF 可能更为有效。

（二）美国：已经实施 OMF 吗？

过去四年间，美国是四大经济体中最成功的，拥有最高的名义 GDP 增速和迄今为止最强劲的实际 GDP 复苏。德龙和萨默斯的分析表明，美国大规模的财政赤字与货币政策的组合抵消了挤出效应，因此提高相关政策乘数。量化宽松的货币化将被证明为永久性的，同时美联储资产负债表（1951年后）占GDP的比例下降，但名义值保持稳定（并未降低）。若果真如此，部分或者全部量化宽松事后都需要用货币为财政赤字融资。同时需要指出的是，尽管这些分析增加了知识层面的确定性，但可能使得本已激烈的政治辩论更加复杂。如果这样，继续现行的政策但不公开承认是OMF可能是最明智的选择。

（三）欧元区：不完善的货币联盟阻碍了最优策略

自2009年进入低谷以来，欧元区的表现比美国差得很远。欧元区实际增长率很低，而名义GDP增长率则更低。确凿证据表明，鉴于名义GDP年增速只有约2%的水平，名义需求的快速增长是有益的，对于存在着长期结构性供给方制约因素的国家来说也很重要。

由于欧元区的特殊性，即单一货币区，同时几乎所有的财政决策和财政债务仍留在国家层面，戈德哈特（2011）称之为"附属主权"，即便是采取典型的量化宽松（更不用说OMF）也会非常复杂。因此，欧洲央行任何量化宽松操作都会面临统一的财政/货币体系不会面临的分配和激励问题。例如欧洲央行购买西班牙和意大利政府债券相当于美联储购买伊利诺伊州或加州的债券；即使有可能找到应对挑战的方法（例如欧洲央行按照事前确定的比例购买欧元区所有成员国的债券），确定合适的比例（例如相对于GDP规模或未清偿债务规模）也面临着去政治化的难题。

此外，欧洲央行实施货币融资的能力（无论是暂时的，还是永久性的）受到非常严格的法律约束。

- 实践中这些约束条件都有弹性。从经济方面来看，中央银行直接从政府购买债券（一级市场融资）与在二级市场上购买现有债券都无本质不同。欧洲央行会决定是否以及何时购买债券进行对冲操作，但是这一操作的效应比第一次出现时要小。麦卡利（2010）曾指出："可以肯定，欧洲央行强调通过快速从体系中撤出准备金将其转换为定期存款，可以对冲准备金的创造。因此，从技术上讲，基础货币保持不变。但实际上，准备金和定期存款都是欧洲央行新创建的债务，它们是非常接近的替代品。"

- 即便如此，欧洲央行使用其全部能力的政治自由/意愿也受制于有关政治经济后果的担心。复杂的多国政体，以及不同主权国家之间的利益差异，确保OMF能够达到上文讨论的必要的严格条件非常困难。在欧元区的政治结构下，将OMF依然放在"禁忌"盒子中的理由依然强烈。

然而，危险仍然存在，现有结构导致的约束会诱发严重的通货紧缩，这也使得高赤字/高负债国家去杠杆化进程压低了名义GDP，无法实现有效的去杠杆化。德龙和萨默斯"若央行政策是外生给定的，相关政策的财政乘数很高"的观点非常适用于这些没有独立货币政策的附属国家。

因此，最佳政策的实施严重受制于欧元区的结构性缺陷。解决这些缺陷的第一步（尽管很困难）不仅是建立银行联盟，而且需要一定程度上的财政联邦制，在联邦层面建立规模不大但重要的收入/支出，并创造欧元债券。

（四）英国：供给面的约束与需求面一样多？

我认为，英国应谨慎使用非常规措施来刺激名义需求。一是英国是四大经济体系中最小的，也是最开放的（英国进出口占GDP的比例最高），英国最有可能利用汇率波动进行调整，也最没有必要采取极端的政策工具；同时英国也面临最严重威胁，即预期渠道使得名义GDP的增量更多地来自价格效应而不是实际产出增长，如果今天的OMF释放出了未来过量OMF的政治风险，将会导致汇率/通胀周期。二是至少可以肯定的是，英国经济的根本问题是需求（名义GDP增长乏力）而不是供给。自2009年经济衰退以来，英国名义GDP增长中近80%来自价格效应，实际产出仅贡献了20%稍多；美国价格效应和实际产出的贡献分别为40%和60%；而在欧元区，价格效应与实际产出大体相当。英国面临最不利的局面，名义GDP的上升只是推动了价格上涨而不是实际产出的提高。

英国名义需求不足的判断具有合理性，但我们也需要关注供给面的因素。2009年英镑贬值对英国净出口仅产生了很小的正面影响。这种现象可能是由行业之间不平衡引起的，这些不平衡是由于英国过度依赖金融部门的增长，使非金融部门（尤其是制造业）变得脆弱进而导致整个经济难以对名义需求刺激做出强烈回应。这或许表明，选择刺激名义需求的政策工具时，我们也应该重视政策工具对供给的潜在影响。然而，在这种情况下取得成功是非常困难的。

九、结论

本文的重点不是评论现行政策，而是就金融稳定与宏观需求管理政策之间的关系得出一些大概的结论，特别是为应对金融危机之后去杠杆化而产生的宏观需求政策的影响。本文的结论包括九个方面：

（1）杠杆率与信贷周期有很大关系。实体经济和金融体系的杠杆率是关键变量，但在危机之前被忽略了，这是很危险的。未来宏观审慎政策应该反映对整个经济中最高的合意杠杆率水平以及信贷增长率所作的判断。很多政策工具可以用来约束杠杆率。

（2）银行是与众不同的：适用于其他行业的自由市场论断对银行业并不适用，私人信贷和货币创造是金融和宏观经济不稳定的根本驱动力，需要受到严格的监管。

（3）过度杠杆化导致了金融危机，随之而来的是抑制名义需求的长期去杠杆化过程，这从根本上改变了设计和实施适当的宏观需求政策的环境。

（4）在这种背景下，暂时性地偏离纯粹的通胀目标制是合理的，采用状态依存的政策规则，如美联储正在实施的政策目标，或采用一段时间内关注名义GDP增长率或GDP水平的政策。但仅改变政策目标不改变政策工具在某些情形下并非最优选择。

（5）在去杠杆化周期中，单独使用货币政策工具——包括常规的和非常规的——效用可能不够强大，还有可能对金融长期稳定产生不良影响。如果我们陷入了私人部门过度杠杆化的泥潭，我们应该警惕通过创造更多私人债务来逃生的策略。

（6）当利率接近零，以及货币当局预先承诺未来采取宽松的货币政策时，财政乘数可能更高。但长期债务可持续性应被视为一个重要的约束因素。

（7）政府和中央银行联手就有用不完的政策手段来创造名义需求，公开的永久性货币化融资（以下简称OPMF）往往可以实现目标，并且是能够确定地实现目标的唯一政策工具。在某些情况下，OPMF比纯货币政策工具（传统和非传统）的副作用可能更小；从理论角度分析，OPMF比其他政策工具导致通胀的风险也更小。

（8）但OPMF的政治经济风险是很大的。强有力的纪律和规则是确保

OPMF 不被滥用从有效药物沦为危险毒药的关键。基于独立中央银行的独立判断和清晰的通胀目标或其他目标制，能够设计出相应的纪律和规则。

（9）因此，应该打破禁止使用 OMF 的禁忌。如果继续固守这一禁忌，会造成使用 OMF 工具太迟而无法发挥效用或带来危险，或者以不受约束的方式使用 OMF，从而加剧金融体系和宏观稳定的风险。

十、魔鬼、金钱和债务

最后，我们应该从魔鬼、货币和债务中得出什么结论？对于魏德曼而言，《浮士德》第二卷的含义是显而易见的。在一段令人愉快的消费者需求上升和国家债务降低的上行周期过后，"所有这些活动将演化为通胀，货币迅速贬值破坏了货币体系。"

但是魏德曼关于梅菲斯特货币试验消极影响的观点受到一些权威人士的挑战。普林斯顿大学杰出的经济史学家詹姆斯教授是研究两次世界大战之间德国经济史的顶尖专家，非常熟悉德国历史与文学，在题为"德国应该重读《浮士德》第二卷"的短文中（James，2012），他对此持乐观态度。他说："在帝国统治下，一切事物都因为纸币引入有所改善。将军们很高兴，因为又一次支付了士兵的工资，司库发现可以还清所有债务，裁缝们忙于做新衣服，女士们更愿意从事回报丰厚的浪漫冒险。"

因此，尽管随之而来是我们自己的危机，后果毋庸置疑；但我们应该将其视为种警示——"房地产市场繁荣，笨蛋们都可以买大房子"——纸币创造的潜在收益不应被忽视。

究竟魏德曼正确还是詹姆斯正确？实际上，他们的差异比字面意思要小得多：他们都指出了适度的货币创造能带来好处，也都表达了货币过度创造引发的通胀危险。詹姆斯的结论是："与以金银为本位的货币相比，管理良好的纸币制度使得价格更加稳定"，同时也能更好地满足潜在经济扩张的需要。货币——以纯粹的、不可赎回形式出现的法定货币——在严格约束下使用，是一服经济良药，如果过度使用，就成为潜在毒药。

私人部门之间的债务合约，特别是银行贷款，创造了数量匹配的银行信贷和银行货币，歌德的《浮士德》没有提及他们。但 20 世纪 30 年代的大经济学家欧文·费雪和亨利·西蒙斯等人正确地指出，即使法定通货的创造受严格控制，同时财政赤字很小甚至不存在，且通胀率很低，不受控制的银行信贷和银行货币依然是金融体系动荡和随后的经济衰退的主要驱动力。这表明：

（1）在通货紧缩、经济周期下行的去杠杆化阶段，我们可能需要更多地放松不可赎回的法定基础货币的创造，只要未超过规定的限额。

（2）在经济上行阶段，我们要比此次危机之前更多地关注私人货币和私人债务的过度创造，我们应格外小心地防止将私人债务和杠杆率上升作为乱中逃生的工具，正是过度的债务创造使我们深陷危机不能自拔。

（中国银监会国际部　王胜邦　译）

因篇幅所限，参考文献略，特向作者和读者致歉，需要者可向《比较》编辑室索取：bijiao@citicpub.com。

法和经济学

Law and Economics

准入监管

A. 施莱弗　**S.** 詹科夫　**R.** 拉波塔　**F.** 洛佩兹－德－西拉内斯

1. 引言

各国对于新设商业组织的准入监管有着极大的差别。在莫桑比克，为了满足政府对设立一个新商业组织的要求，企业家必须履行19道程序，等候至少149个工作日，支付256美元的费用。同样的事项，在意大利，企业家需要履行16道程序，支付3 946美元的费用，还至少要等62个工作日。相比而言，在加拿大只需2个工作日，支付280美元的费用，并且只需履行2道程序。

在本文中，我们将描述在85个国家中规范准入监管的法定程序以及履行这些程序所需的时间和成本。我们关注的焦点在于，一个商业组织能够正式运营前必须达成的法律要求，达成这些法律要求所需的官方成本以及在政府部门不拖延的前提下完成这些程序最短的等候时间。我们还将使用这些数据来评判有关监管的经济理论。我们的工作很大部分要归功于德索托（1989）对秘鲁的准入监管所做的开创性研究。与德索托不同，我们关注官方要求、官方成本以及官方时间，没有衡量进一步增加准入成本的腐败以及官僚机构的拖延。

庇古（1920）关于监管的公共利益理论认为，没有监管的市场经常出现市场失灵，这些市场失灵包括垄断势力和外部性。一个追求社会效率的政府会

---

* 本文摘自中信出版社即将出版的《法官的失败与监管者的崛起》一书。

纠正这些市场失灵，通过监管来保护公众的利益。当这一理论应用于准入时，该理论认为，政府筛选新的市场进入者以确保消费者从"合意"的卖家买到高质量的产品。这种准入监管减少了市场失灵，如不可靠的厂商生产质量低劣的产品，以及外部性，如污染。这样做"是为了确保新设公司达到提供商品和服务的最低标准。通过注册，新设公司获得一种官方批准，使它们取得了与普通公众以及其他商业企业进行交易的信誉"。（SRI，1999）公共利益理论认为，尤其是用程序数作为监管衡量标准时，更严格的准入监管对应较好的社会结果。

公共选择理论（Tullock，1967；Stigler，1971；Peltzman，1976）认为政府并非那么仁慈，并认为监管缺乏社会效率。它有两个分支。一是施蒂格勒（Stigler，1971）的监管俘获理论，认为"监管被特定行业俘获，并主要为了它的利益设计和运作"。由于行业的现有成员通常比分散的消费者面临更低的信息和组织成本，所以他们更易俘获监管法规，为它们创造租金。根据这一理论，准入监管排除竞争者，提高现有成员的利润。更严格的监管提高了进入门槛，所以它会导致更强大的市场势力和更高额的利润，而不是有利于消费者。

公共选择理论的第二个分支，我们称其为收费站观，认为监管是政客和官僚追求自身利益的产物（McChesney，1987；de Soto，1989）。政客们既利用监管创造租金，还通过竞选捐款、选票以及贿赂的方式抽租。"许多许可和监管存在的一个重要原因很可能是，赋予官员否定它们的权力，以便给予许可时收取贿赂"（Shleifer 和 Vishny，1993）。俘获理论和收费站理论之所以紧密相关，因为它们都关注政治程序中的租金创造和抽租问题。俘获理论强调行业的获利，而收费站理论则强调政客们获利，即使这些监管可能使整个行业变差。

理论上，收取贿赂以换取放松监管可以是有效率的。实际上，政府可以成为一个被监管企业的股权所有人。但是，事实上，通过监管为官僚和政客创造租金常常是低效的，部分原因是监管者是混乱无组织的，还有部分原因是他们从腐败和扭曲中获得租金。高速公路收费站的类比对我们理解这一点是有帮助的。有效的监管可能要求一条道路只设一个收费站，或者在支持该路段运营的最有效的融资方式是普通税时，甚至不设收费站。但是，在政治均衡的情况下，该路段穿越的每个城镇都可能会设立自己的收费站。收费人还可能堵塞其他的道路以迫使往来车辆行经收费路段。由于以上这两个原因，政治性过路费是低效的。

根据收费站理论，准入监管使得监管者能够从潜在进入者身上收取贿赂，同时不产生任何社会收益。"当某人最终决定投资时，他马上就会遭受到若干可以想见的最差待遇……在某些情况下，甚至包括纯粹的勒索：无限期的拖延或者反复刁难直到他支付大笔的贿赂"（World Bank, 1999）。越宽泛的监管伴随着越差的社会结果，尤其是腐败。

我们通过提出两组问题来从上述理论的角度评估世界各国的准入监管。首先，什么是准入监管导致的结果？特别是，谁获得了租金？如果准入监管是为公共利益服务的，那么就会出现较高质量的商品，较少的负外部性以及更激烈的竞争。公共选择理论认为，正相反，更严格的监管往往伴随着更少的竞争和更严重的腐败。

我们用以区别几个有关监管理论的第二个问题是，哪些政府对市场准入进行监管？公共利益模型认为，那些自己的利益与消费者的利益联系更为紧密、那些更具代表性和更有限的政府，在其他条件相同时，应当对市场准入进行更严格的监管。相比而言，公共选择模型认为，受公众监督最少的政府应当追求更严格的监管，以便为自己或者现存的企业谋利。因此知道谁在监管可以帮助区分上述理论。

我们对于85个国家有关准入监管的详细数据的分析得出以下结论。新设企业所需的法定程序从最少的加拿大2道到最多的多米尼加共和国21道，世界平均数大约是10道。新设企业所需最短的官方时间从最短的澳大利亚和加拿大的2个工作日到最长的马达加斯加的152个工作日，假设申请人或者监管者都没有拖延，世界的平均数是47个工作日。设立企业所需的官方成本从美国的低于人均GDP的0.5%到多米尼加共和国的人均GDP的4.6倍，世界的平均数是年人均收入的47%。对于一个企业家而言，世界上绝大多数国家的法定准入监管都极其繁琐、费时且费用高昂。

在样本国家中，我们没有发现，更严格的监管伴随着更高质量的产品、更少的污染或者更好的健康状况，又或者更激烈的竞争。更严格的准入监管反而伴随着更严重的腐败和规模相对更大的地下经济。这一证据更支持有关监管的公共选择理论而非公共利益理论。

作为回应，公共利益理论的支持者可能会反驳，在一些国家中，更沉重的监管可能正反映了如下事实：严重的市场失灵；解决这种问题的备选机制，诸如好的法庭或者自由媒体，严重缺失。此外，腐败和较大规模的地下经济可能是宽松监管的偶然结果，因此不应被视为反对公共利益理论观点的证据。这一偶然结果可能是筛选不合格进入者的附带结果（Banerjee，1997；Acemoglu 和 Verdier，2000），或者仅仅是一个用心良苦但是误入歧途的从富国向穷国移植监管的结果。基于这一逻辑，哪些国家市场准入监管更严厉这一问题，更适合从概念上区分上述两种理论。

我们发现，在政治权力的获取更加开放，对行政人员更多限制以及赋予更多政治权利的国家，准入监管负担更轻，而较少代表性、较少制约以及较少自由的国家，准入监管负担较重（即使控制了人均收入这一因素，同样成立）。就这一分析而言，控制人均收入十分重要，因为人们可以辩称，更为富裕的国家有更好的政府，对准入监管的需求也更低，大概是因为它们较少出现市场失灵或者有应对此问题的更好的备选方法。更好的政府准入监管更少，以及对腐败和地下经济的证据直截了当的解读，都指向收费站理论：之所以监管市场准入，是因为这样做有利于监管者。

第 2 节描述样本。第 3 节提供我们对世界各国准入监管程度的基本研究结果。第 4 节探讨谁从监管中获得了租金。第 5 节给出了政府监管的主要结果。第 6 节总结。

2. 数据

2.1 数据库的构建

本文的研究基于描述 85 个国家在 1999 年对新设公司的准入监管的新数据集。我们主要研究一个企业家为了合法开始运营一家从事工商业活动的企业需要履行的所有程序。具体的过程是，我们记录一个企业家为了获取所有必需的许可，以及向所有必要的机构提交通知和相应文件所需履行的所有法定程序。我们还计算在常规情况下，完成每道程序所需的官方成本和时间。这一研究假设信息易于获取且所有政府部门有效运转、没有腐败。

我们通过所有可以获取的关于新设企业程序的书面信息，收集有关准入监管的数据，这些信息来源于政府出版物，诸如世界银行和美国国际开发署（USAID）这类发展组织的报告以及政府网页。然后我们联系有关政府部门核对数据的准确性。最终，对于每个国家，我们委托一家当地的律师事务所至少出具一份关于准入监管的独立报告，并和该律师事务所以及政府官员合作以便消除他们对相关内容存在的不同意见。

对于程序数、所需的时间以及成本，我们使用官方的来源。如果官方来源相互矛盾或者法律模糊，我们依据最权威的来源。在缺乏明确的法律定义时，我们使用政府官员的报告作为来源。如果几个官方来源对时间和成本的估算不一致，我们选取中间值。如果缺乏官方对时间和成本的估算，我们选取当地协助设立公司的律师对此的估算。如果几个非官方来源（例如一个私人执业的律师）的估算不一致，我们再一次选取中间值。

样本国家的收入水平和政治体制跨度很大。样本包括14个非洲国家，包括中国和越南在内的9个东亚国家，3个南亚国家（印度、巴基斯坦和斯里兰卡），除了阿尔巴尼亚和若干前南斯拉夫联盟国家以外的所有中东欧国家，8个前苏联国家和蒙古，10个拉丁美洲国家，2个加勒比海国家（多米尼加共和国和牙买加），6个中东国家（埃及、以色列、苏丹、黎巴嫩、摩洛哥和突尼斯）以及所有主要的发达国家。

我们记录了与以下内容相关的手续：即为使企业能合法运营所需的所有许可和执照，以及法律要求完成的所有签名、证明和通知。当存在多种方式可以使企业开始合法运营时，我们选择时间最短的方式。在某些国家，企业家可能不会费工夫去履行官方程序，而是通过支付贿赂或者雇佣"中间人"提供服务以绕开这些程序。一个格鲁吉亚企业家可以在履行13道程序、等待69个工作日并支付375美元的费用后，开始新设公司的运营。但他也可以雇用一个法律咨询公司，花费610美元在3个工作日内完成同样的流程。在本文的分析中，我们使用第一组数字。我们这样做是因为我们想要了解官方监管的结构。

有关设立公司的监管在一国之内也存在地区差异、行业差异和企业规模差异。具体而言，我们聚焦一个"标准"企业，该企业具有以下特征：它从事普通的工商业活动，它位于最大的城市①（依据人口数量），没有特定行业的特殊要求（包括环保方面的要求），它不参与外贸，不交易需要缴纳特许权税（excise tax）的货物（例如，酒类、烟草、燃气），它是一家国内所有的有限

---

① 在实践中，除了澳大利亚（墨尔本）、巴西（圣保罗）、加拿大（多伦多）、德国（法兰克福）、哈萨克斯坦（阿拉木图）、荷兰（阿姆斯特丹）、南非（约翰内斯堡）、土耳其（伊斯坦布尔）以及美国（纽约）以外，最大的城市和首都城市都是重合的。

责任公司①，它的资本以现金形式缴纳（而非实物出资）且金额是以下两者中数额较高者：1999 年人均 GDP 的 10 倍，或对于此类商业实体的最低资本金要求，它租用（即，并不拥有）土地和营业场所，它在开始运营后的一个月内雇用 5—50 名员工且全是本国人，它的营业额是其新设企业资本金的 10 倍，它不符合投资刺激政策的要求。虽然不同国家使用不同的法定形式来设立最简单的企业，但为便于比较，我们需要观察同样的企业形式。

我们的数据几乎必然会低估市场准入的成本和复杂性。② 在各省新设企业的程序通常比在首都要慢。行业特殊要求也会增加程序数。外资所有权经常涉及额外的证明和程序。实物出资通常要求资产评估，这是一个有赖于财产登记机构效率的复杂程序。最后，购买土地在某些样本国家将会十分困难，甚至是不可能的（例如，在吉尔吉斯斯坦共和国）。

2.2 变量的定义

我们使用三种方法衡量准入监管：企业必须履行的程序数，完成程序所需的官方时间，以及相应的官方成本。根据公共利益理论，一个更为彻底的筛选过程需要更多的程序和时间。根据公共选择理论，更多的程序和更长的等待时间会助长索贿（收费站观）和（或）使市场准入对潜在的竞争者而言更缺乏吸引力（俘获观）。

与我们的成本衡量相关的理论预测是不明确的。一个致力于在筛选新进入者方面花费众多资源的仁慈社会规划者，可能选择通过普通税而非我们衡量的直接收费来支持这一程序。因此当我们衡量成本时，会得到较低的数值。一个腐败的监管者也可能希望设立较低的费用以便提高自身的贿赂收入，比方说，如果收费是可以核实的且无法被监管者据为己有。③ 相比而言，根据俘获理论，较高的费用毫无疑问是一种可被用于阻止其他进入者的理想工具。因为这些不明确之处，我们提供的成本数据主要用于描述监管的重要特性而不是对理

---

① 如果公司法许可一种以上有限责任的私有企业形式，我们选择在该国的小公司中更流行的企业形式。

② 《世界竞争力报告（2001）》就行政监管作为新设企业的障碍有多重要这一问题对商业人士开展调查。我们三个测算结果与这些主观评价高度正相关。

③ Shleifer 和 Vishny（1993）区分腐败兼偷窃和腐败不偷窃。在后一种情况下，监管者必须将官方费用汇往财政部，因此对该费用是否高昂没有兴趣。

165

论进行区分。

我们追踪所有新设企业所需的法定程序。仅在该项活动要求企业家和外部主体（国家和地方政府官员、律师、审计师、公司印章的制作人、公证人员等）进行互动时，在新设过程中的单项活动才被记为一道"程序"。例如，所有有限责任公司都需要召开股东参与的创立大会以便正式通过公司章程大纲和细则。由于这项活动仅涉及企业家自身，我们不将其计入程序当中。类似的，大部分公司雇用律师起草章程大纲。然而，我们并不将其计入程序，除非法律要求必须有律师加入这一项。同样道理，我们忽略那些企业家完全可以规避（例如，保留对拟使用的企业名称的排他权直到登记完成）或者能在企业开始运营后再完成的程序。① 最后，当取得一份文件需要若干单独的活动且涉及不同的官员时，我们将每项活动都视为一道程序。例如，一个保加利亚的企业家从索菲亚的公司登记处收到他的登记证书，然后需要在一个官方指定的银行支付相关的费用。即使两道活动都和"取得登记证书"相关，它们仍被作为两道单独的程序计入数据。

为了衡量时间，我们收集需要履行的程序信息，并且利用官方提供的关于完成每道程序需要多少个工作日的数据。我们忽略收集信息的时间，并假设在准备设立企业之初当事人了解所有程序。我们还假设，为了最大化效率，只要有可能就同时进行多道程序。由于企业家不可能在同一天到访几个不同的机构（特别是如果他们来自于城外），我们将到访一家机构所需的最短时间设定为1天。②另一个支持这样构建数据的原因是，相关政府部门有时开门办公时间很短：在开罗的经济部和司法部都只在上午11点到下午2点之间开门办公。

我们基于所有能够确认的官方费用估算准入监管的成本，这些费用包括：收费、程序和表格的成本、影印费用、印花税票、法律及公证费用等。所有成本数字都是官方数字，且不包括贿赂。德索托（1989）的研究表明

---

① 在几个国家里，我们的顾问向我们建议，某些程序虽然不要求，但高度推荐，因为没有履行这些程序可能导致严重的拖延和附加的费用。我们对这些程序收集了数据，但没有将它们纳入这里给出的变量之中，因为我们想要严格遵循法定的标准。我们将这些高度推荐的程序纳入数据后，重新进行了下文讨论的回归分析。增加这些数据对于结果没有实质性的影响。

② 在计算时间时，当两道程序能够在同一日在同一幢建筑物内完成，我们将其计算为一日而不是两日（在有些国家，在行政人员的敦促下几间办公室位于同一幢建筑物内）。我们的结果没有受到计算时间的这一特殊方式的影响。

贿赂对登记而言影响巨大。企业成立费用（setup fee）通常随着新设企业的资本金水平而变化。正如上文所述，我们报告的是开始合法运营一家企业的成本，而该企业的资本金应相当于以下两者中数额较高者：1999年人均GDP的10倍或法定的最低资本金要求。我们尝试过用其他资本水平，发现我们的结果是稳健的。

有关准入监管成本的理论预测是不明确的。作为一个备选的衡量方案，我们仅考虑流入政府的成本部分。该部分成本在样本中平均约占总成本的一半。对于这一成本变量的结果通常比全部支出成本的结果要弱，但是两者趋于相同。我们基本的成本估算也忽略了企业家时间的机会成本和官僚拖延所致的放弃利润（forgone profit）。为了解决这一问题，我们用"全部成本"的衡量方法进行计算，即将官方费用和企业家时间的价值估值加总，该企业家的时间估值按照该国每个工作日的人均收入计算。我们在下文中报告了这一数据，并且将其作为衡量成本的方法再次进行分析。使用这一成本衡量法得到的结果与使用未经处理的粗略时间和成本数据得出的结果十分相近，因此本文未再单独给出。

表1列出了在我们的样本中设立企业的一般程序。依据它们的功能，程序被进一步划分为：筛选（剩余性范畴，通常用于排除"没有吸引力"的项目或者企业家）、卫生和安全、劳工、税务以及环保。在每个地方新设企业都需履行的基本程序，就是在公司登记处登记。这可能需要履行不止一道程序；有时还存在"临时"执照和"正规"执照。与这一程序合并或者作为单独程序存在的，是查询拟用公司名称的唯一性。追加程序包括以下要求：对公司契约进行公证、开立银行账户并存入新设资本金，以及在一份官方或者商业报纸上发布公司已经成立的公告。额外筛选程序，如取得不同的认证及向登记部门以外的机构提交这些证明，可能会导致97天的延迟，这正是马达加斯加的情况。另一套基本的筛选程序，几数据组里所有国家都会有，包括若干法定的市政程序，在统计部门以及工商业商会登记（或者相应部门）。在多米尼加共和国，这些筛选程序需要履行7道程序并等待14天。各国在筛选程序的数量、时间以及成本方面存在着很大差异，在大多数有效率的国家，公司登记处自动承担大部分的任务；而在较为低效的国家，企业家承担大部分的跑腿工作。

表1　新设公司程序清单

本表提供了一份在85个样本国家中新设公司所需的共同程序

1. 安全和卫生要求
通知安全和卫生当局并从卫生部取得运营授权
通过检查并取得与工作安全、建筑、消防、卫生以及清洁相关的证书
2. 环保相关的要求
签发环保声明
取得环保证书
获得排水系统的批准
获得区域规划的批准
通过环保部门官员的检查
在水务管理和排放当局登记注册
3. 税务相关的要求
从公司的工薪基金里自动扣除员工的所得税
为税收的目的指定保证人
向财政部提交文件
向税务当局签发开始经营的通知
登记公司所得税
登记增值税
登记州税
向税务当局登记公司的章程细则
给账簿盖章，使其生效并用红笔标注
4. 劳工/社会保障相关的要求
向劳动部提交文件
为所有员工签发雇用声明
对劳动合同进行公证
通过社会保障部门官员的检查
登记意外伤害和劳动风险保险
登记健康医疗保险
登记养老金基金
登记社会保险
登记失业保险
登记住房基金
5. 筛选程序
商业资格证明
无犯罪记录证明

婚姻状况证明
查询名称的唯一性
对公司契约进行公证
对登记证书进行公证
向统计局提交文件
向工贸部、经济部或者依据其业务类别管辖的相应部门提交文件
通知市政当局成立日期
取得遵守公司法的证书
取得营业执照（运营许可）
取得向公众播放音乐的许可（无论是哪一类业务）
开立银行账户并存入新设资本金
在公司设立时进行官方审计
发布公司成立声明
在公司登记处登记
报名成为商会或者行会或者地方贸易组织的成员

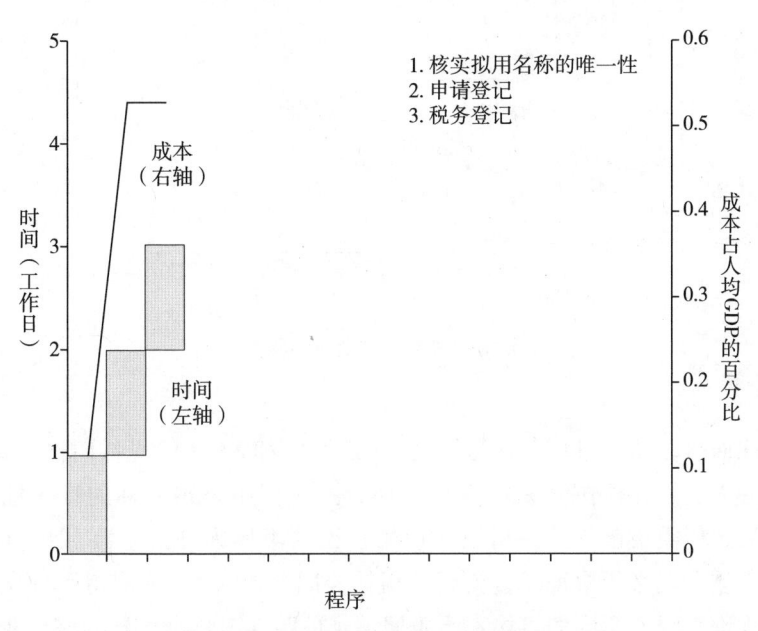

1. 核实拟用名称的唯一性
2. 申请登记
3. 税务登记

图1　新西兰新设企业的程序

注：程序依据先后顺序在横轴上排列，并在文本框内说明。完成每道程序所需的时间用条纹的高度表述，且参照左边的刻度。累积的成本（以人均GDP的百分比来表示）用一条线来描绘，参照右边的刻度。

169

额外程序出现在四个领域。第一个领域包括与税收相关的程序，在马达加斯加这需要7道程序并等候20天。第二个领域是劳工法规，在玻利维亚要求7道程序并等候21天。第三个领域是卫生和安全法规，在马拉维要求5道程序并等候21天。最后一个领域是对环保法规的遵守，在马拉维如果一切顺利的话，则要求2道程序并等候10天。

图1和图2分别描述了在新西兰和法国开始合法运营企业所需的程序数、时间以及成本。新西兰新设企业流程只需3道程序和3天的等候时间。企业家首先从公司登记处的网站取得对公司名称的批准，而后向公司登记处和税务部门在线申请登记。

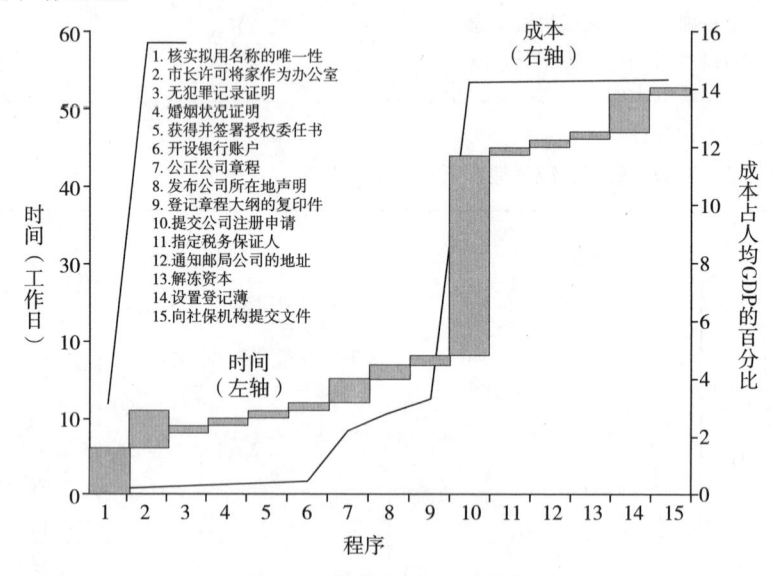

图2 法国新设企业的程序

注：同图1。

相比而言，这一过程在法国则需15道程序和53天的等候时间。最开始，公司创办人需要在法国知识产权局（INPI）对拟用公司名称的唯一性进行查询。然后，他需要市长的许可以便使用自己的家作为办公室（如果办公室是租用的，创办人必须取得经过公证的租赁合同）。而后必须取得下列文件，每一份文件都来源于不同的机构：无犯罪记录证明，市政府出具的该企业家婚姻状况的证明，以及一份授权委托书。然后，新设企业资本金需要存入一家公证机关认可的银行（notary bank）或者法国发展银行（Caisse des Dépôt），该资金将被冻结直至获得登记证明。而后，需要公正章程大纲。还要在一份被批准发布法律声明的期刊上刊登办公室所在位置的公告，且需获得刊登的证据。接下来，创办人要在当地税收机关登记四份章程大纲的复印件，然后向负责企业设立公告以及其他相关登记手续的企业登记申报中心（CFE）提交一份登记申请。企业登记申报中心必须处理该文件，或者在该申请不完整时，将其退还。企业登记申报中心自动在全国企业登记处（RNE）将公司信息输入，并从中获得认证号码：法国企业信息系统（SIRENE）的号码，法国机构信息系统（SIRET）以及NAF（Nomenclature des Activités Francaises）的号码。除了其他机关以外，法国机构信息系统的号码是用于税务机关。NAF也在发布民商通告的官方公告板上发布公司信息的通知。然后企业取得登记格式的证据"K-bis"，事实上这是企业的身份证明。为了开始合法运营，企业家还需完成5道程序：告知邮局新企业的地址，指定一个保证人或者以现金押金形式保证支付税款，向银行提交登记证明（K-bis）以解冻公司资本金，设置公司账簿和登记簿，向社会保障机构提交文件。《企业》杂志评价："为了确认公司登记所需的文件已经齐备，许多创办人通过顾问来对此进行核查，这一服务在巴黎花费200法郎（大约30美元）。但总是有些东西遗漏，于是大多数企业家最终雇用律师来完成这一程序。"

3. 基本结果

表2描述了在研究中所使用的变量，表3总结数据。我们将程序归为五类：安全和卫生、环保、税收、劳工以及其他范畴。我们将其他范畴标注为"筛选"，依据公共利益理论，其目的是淘汰不合格的企业家。然后，我们计算并报告了程序的总数，并将每个国家的程序都划分为这五个类别。我们还计算官方要求履行准入监管所需的最短工作日，官方收费所产生的成本，以及企业家时间的全部估算成本（以人均GDP的百分比作为计算单位）。我们提供了不同收入水平组的平均数，并给出了对不同收入组的准入监管进行比较的t检验值。

表2 变量

变量	描述
程序数	一家新设企业为了取得合法地位，即作为法律实体开始运营，需要履行的程序数（来源：作者自己的计算）。

续表

变量	描述
安全和卫生	一家新设企业为了作为法律实体开始运营需要履行的有关安全和卫生的程序数（来源：作者自己的计算）。
环保	一家新设企业为了作为法律实体开始运营需要履行的有关环保程序数（来源：作者自己的计算）。
税收	一家新设企业为了作为法律实体开始运营需要履行的有关税收的程序数（来源：作者自己的计算）。
劳工	一家新设企业为了作为法律实体开始运营需要履行的有关劳工程序数（来源：作者自己的计算）。
筛选	一家新设企业取得登记证书需要履行的与安全和卫生、环保、税收或者劳工无关的程序数（来源：作者自己的计算）。
时间	为了取得运营一家企业的合法地位所需的时间。一周有5个工作日，一个月有22个工作日（来源：作者自己的计算）。
成本	为了取得运营一家企业的合法地位所需的成本，以1999年人均GDP的百分比作为计算单位。它包括所有能被确认的官方费用（收费、程序和表格的成本、影印费用、印花税票、法律及公证费用等）。假设公司的新设资本金是1999年人均GDP的10倍（来源：作者自己的计算）。
成本+时间	为了取得运营一家企业的合法地位所需的成本，以1999年人均GDP的百分比作为计算单位。它包括所有能被确认的官方费用（收费、程序和表格的成本、影印费用、印花税票、法律及公证费用等）以及企业家时间的货币价值。企业家的时间以时间的产品（as the product of Time）以及1999年每个工作日的人均GDP的形式定价。假设公司的新设资本金是1999年人均GDP的10倍（来源：作者自己的计算）。
GDP/POP1999	以当时美元表示的1999年人均GDP（来源：世界银行，2001）。
质量标准	截止到1999年每个样本国家平均每千名居民获得的国际标准化组织签发的ISO9000认证数量。"ISO标准代表对于相关科技领域当前技术的国际认同……"（来源：国家标准化组织，www.isoch）。
水污染	1998年有机水体污染物（千克/工人/天）的排放。依据生化需氧量衡量，水中的细菌为了分解废物需要消耗的氧气量。每个工人排放量以总排放量除以行业工人数计算。（来源：世界银行，2001）。

续表

变量	描述
意外中毒死亡	每百万居民中意外中毒（包括毒品、药物、生物产品、固态和液态物质、气体以及蒸汽）引发的死亡数量的对数值。1981—1994年的平均数（可以获得的最新数据）（来源：世界卫生组织，1998）。
肠道感染死亡	每百万居民中肠道感染（包括消化系统疾病）引发的死亡数量的对数值。1981—1994年的平均数（可以获得的最新数据）（来源：世界卫生组织，1998）。
地下经济规模	影子经济的规模以GDP的百分数来衡量（在不同时期有所不同）[来源：基于Schneider和Enste（2000）研究中报告的各国的所有估值的平均数以及Sananikone（1996）对布基纳法索的研究，Chidzero（1996）对塞内加尔的研究，Turnham和Schwartz（1990）对印度尼西亚和巴基斯坦的研究，以及Kasnakoglu和Yayla（2000）对土耳其的研究］。
地下经济的雇佣情况	每个国家首都地下经济雇用的劳动力占官方劳动力的百分比。数据基于调查以及（对于某些国家）基于计量经济学的估算[来源：Schneider（2000）和全球城市指标数据库（www.urbanobservatoryorg/indicators/database）]。
产品市场竞争	调查衡量在何种程度被调查者同意以下表述"当地市场竞争激烈且市场份额经常性波动。"程度从1（强烈不同意）到7（强烈同意）（来源：IMD，2001）。
腐败	1999年的腐败感知指数。腐败被广义定义为"为一己私利滥用公权力，例如，贿赂政府官员，在政府采购时支付回扣，或者贪污公款。"从1（最腐败）到10（最不腐败）[来源：透明国际（www.transparencyde/）]。
行政人员实际的独立性	"首席行政官员（实际上）的独立性"指数。从1到7（1＝纯个人；2＝中间类别；3＝稍微到适中的限制；4＝中间类别；5＝实质性限制；6＝中间类别；7＝行政对等或者隶属）从1945年到1998年的平均数。（来源：Jaggers和Marshall，2000）。
行政权力的限制	对行政权力限制的指数基于一国有效否定观点的数量。从1945年到1998年的平均数（来源：Henisz，2000）。
立法的效力	立法的效力指数。下行指数从1到4。从1945年到1998年的平均数[来源：跨国时间序列数据档案室（www.databankssitehostingnet/www/mainhtm）]。

173

续表

变量	描述
立法机关提名任命程序的竞争性	对于立法机关的席位提名任命程序的竞争性指数。下行指数从1到4。从1945年到1998年的平均数。［来源：跨国时间序列数据档案室（www.databankssitehostingnet/www/mainhtm）］。
专制	指出"政治制度的一般封闭性。"下行指数从0到10,0专制程度低，10专制程度高（来源：Jaggers和Marshall, 2000）。
政治权利	政治权利指数。从1972年到1998年的平均数（来源：Freedom House, 2001）。
法律渊源	指每个国家的商法典或者每一部公司法的法律起源（来源：La Porta等人，1998;，Reynolds和Flores, 1989; CIA World factbook, 2001）。

这些数据表明各国的准入监管存在着巨大差异。程序数从加拿大的2道到多米尼加共和国的21道，全部样本的平均数是10.48。准入监管极少包含税务和劳工问题。全世界劳工和税务程序的平均数分别是1.94和2.02。涉及环保问题以及安全和卫生事宜的程序更为少见（平均数量分别是0.14和0.34）。相反，大多数政府准入监管程序都可以归类为筛选程序。新的市场进入者面临这一程序的世界各国平均数是6.04。

程序数和时间、成本变量都高度相关。程序数（对数值）和时间（对数值）的相关系数是0.83，和成本（对数值）的相关系数是0.64。转换成经济术语，意味着在大量使用事前筛选程序的国家里，企业家在费用和延迟方面支付了过高的代价。例如，在莫桑比克，履行完19道程序需要等候149个工作日以及支付相当于人均GDP 111.5%的费用。在意大利，履行完16道程序需要等候62个工作日以及支付相当于人均GDP 20%的费用。多米尼加共和国自成一类：履行完21道程序需要等候80个工作日以及支付至少相当于人均GDP 4.63倍的费用。这些数字在样本里显然较为极端，但是在平均样本国家满足官方的准入要求大致也需要47个工作日和支付相当于人均GDP 47%的费用。

当我们将时间和已经支付的成本加成总成本，对于某些国家而言结果甚至更为极端。世界各国平均总成本上升至相当于人均GDP 66%的费用，但是变化幅度从新西兰的人均GDP 1.7%一直到多米尼加共和国的人均GDP的4.95倍。

表 3 数据

	程序数	安全和卫生	环保	税收	劳工	筛选	时间	成本	成本＋时间	GDP/POP1999
A 组：1999 年人均 GDP 四分位组的平均值
第 1 四分位组	6.77	0.00	0.05	1.59	1.14	4.00	24.50	0.10	0.20	24 372
第 2 四分位组	11.10	0.24	0.14	2.14	2.38	6.19	49.29	0.33	0.53	5 847
第 3 四分位组	12.33	0.52	0.14	2.19	2.33	7.14	53.10	0.41	0.62	1 568
第 4 四分位组	11.90	0.62	0.24	2.24	1.95	6.90	63.76	1.08	1.34	349
样本均值	10.48	0.34	0.14	2.04	1.94	6.04	47.40	0.4708	0.6598	8 226
B 组：平均值验证（t 检验值）
第 1 和第 2 组	−4.20[a]	−2.07[b]	−0.87	−1.35	−3.64[a]	−3.34[a]	−3.71[a]	−3.03[a]	−3.97[a]	12.03[a]
第 1 和第 3 组	−4.58[a]	−3.02[a]	−0.87	−1.64[b]	−2.82[a]	−4.07[a]	−4.21[a]	−2.54[b]	−3.19[a]	16.35[a]
第 1 和第 4 组	−4.04[a]	−2.08[a]	−1.55	−1.61	−2.43[b]	−3.18[a]	−4.09[a]	−3.53[a]	−4.06[a]	17.31[a]
第 2 和第 3 组	−1.17	−1.34	0.00	−0.11	0.10	−1.51	−0.54	−0.52	−0.59	6.14[a]
第 2 和第 4 组	−0.72	−1.17	−0.61	−0.21	1.10	−0.89	−1.46	−2.54[b]	−2.73[a]	8.05[a]
第 3 和第 4 组	0.33	−0.27	−0.61	−0.11	0.82	0.26	−1.06	−2.17[b]	−2.27[b]	8.53[a]

注：1 A 组数据给出了按 1999 年 GDP 四分位组划分的变量的平均值。变量包括所有程序目划分为以下五类：(1) 安全和卫生；(2) 环保；(3) 税收；(4) 劳工；(5) 筛选（以 1999 年人均 GDP 的百分数来表示）。同时表中给出了时间，与满足政府要求相关的直接成本（以 1999 年人均 GDP 的百分数来表示），直接成本加上企业家时间的货币价值（以 1999 年以美元衡量的人均 GDP 的水平）。以及 1999 年各个人均 GDP 四分位组平均值差异的 t 检验值。各个变量的具体描述见表 2。

2. a 在 1% 水平上显著；b 在 5% 水平上显著；c 在 10% 水平上显著。

表3的A组给出了根据1999年人均GDP四分位组划分的程序总数的平均值及其构成、时间和成本。出现了两个模式。第一，成本和人均GDP的比率与人均GDP一致下降。在最高四分之一人均GDP国家（"富裕国家"）组里，成本和人均GDP之比的平均数是10%，而到了最低四分之一人均GDP国家组里，该比值升至108%。这一模式仅仅反映了费用（在对数值的水平上）的收入弹性是大约0.2。第二，最高四分之一人均GDP国家组设立企业的法定程序较少，且其企业家设立新商业组织等待的时间较其他组别短。① 富裕国家平均程序数是6.8，明显少于其余样本国家的平均数11.8（t检验值在B组里呈现）。在安全和卫生、税收以及劳工方面，富裕国家新设企业的程序也要少于其余样本国家。同样道理，在富裕国家里，达成政府法定要求需要等候24.5个工作日，在统计意义上显著少于其余样本国家的平均数55.4个工作日。相比而言，其他三个组别的国家相互间在程序数和完成这些程序所需等候的时间方面，没有统计意义上的显著差别。

总之，准入监管在各国间的差异巨大。它通常以筛选程序的形式出现。富裕国家（即那些处于人均GDP最高四分位组的国家）对准入的监管要比其他国家少。大体上，这些调查结果与公共选择理论和公共利益理论都符合。市场失灵在收入刚好低于人均GDP最高四分位组的国家可能更为多发，在这些国家产生了对良性监管的较多需求。又或者，收入水平可能是某些政治体制特征的代理指标，正是这些体制使得政客和/或现有企业得以为自身的利益俘获监管程序。在接下来的两节当中，我们将这些数据中的模式和监管理论联系起来。

4. 谁从监管中获得租金？

谁从监管中获益，监管理论有不同的看法。公共利益理论认为，较严格的准入监管伴随着较高的可衡量的消费者福利。相比而言，公共选择理论将监管视作为官僚和/或在位企业创造租金的工具。较严格的监管应伴随着更严重的

---

① 对这一调查结果的一项反对意见是富裕国家的企业家可能比贫穷国家的企业家面临更多的准入后监管（post-entry regulations）。我们取得了准入后监管的某一方面的数据，即对劳动力市场的监管（参见Botero等人，2004）。与此正相反，在各国准入监管和劳动力市场监管的数量是正相关的。

腐败和更少的竞争。

衡量租金本身极其困难，特别是跨国衡量。在本节中，我们提供若干现在能够找到的与理论相关的衡量方法，虽然这些方法还很不完善。首先，考察与公共利益理论相关的若干变量。这些变量反映了一国所有企业的活动，并不仅限于新进入者。第一个变量衡量某个国家对国际质量标准的遵守程度。如果监管的目的是排除可能销售低质商品的新进入者，那么这就是一个需要关注的变量。第二，我们考察水污染的程度，如果准入监管的目的是控制外部性并成功地实现这一目的，那么污染程度就会下降。① 第三，我们考虑了衡量公共利益理论下的准入监管会保障的卫生结果：意外中毒和肠道感染的死亡人数。② 此外，我们的衡量方法还包括两个衡量地下经济规模的方法，它们分别基于地下经济的产量和就业人数的估算来衡量。由于地下运营的企业规避了所有的监管，更多监管制度的国家存在大规模地下经济的事实违背了公共利益理论认为的监管能有效保护消费者利益。③ 最后，我们使用了"产品市场竞争"这一概括指标（survey measure）。按照公共利益理论，更严厉的准入监管会导致更激烈的竞争，而依据公共选择理论则会导致缺乏竞争，特别是其中的有关监管俘获理论。

表4提供了以程序数作为因变量且使用这6个衡量监管后果的方法得出的结果。出于两个原因，我们在进行回归分析时，一次使用人均GDP的对数值，一次不使用该数值。首先，程序数与人均收入相关，因此我们想要保证我们并没有只收集和较高收入相关的良好政府治理的一般效果。其次，我们使用人均GDP作为衡量某国市场失灵发生率的大致代理指标。将人均收入作为一个控制变量，是把社会对合意监管的需求作为一个常量的粗略方法，这使得我们能够关注剥离社会需求后的监管后果（以及继续研究其原因）。

表4的结果表明随着监管程序的增加，对国际质量标准的遵循却在下降。污染水平没有随监管水平的降低而降低。在监管更多的国家，意外中毒的两个

---

① 我们也尝试对空气污染进行衡量，得到了同样的结果。
② 根据世界卫生组织所述，鉴于被披露的贫穷国家的实际情况，第二个变量可能更好地反映了贫穷国家的中毒死亡情况。
③ 有大量文献详细说明了监管如何驱使企业进入地下经济，因为这能使它们规避某些甚至全部监管。参见Johnson、Kaufmann和Shleifer（1997），Friedman、Johnson、Kaufmann和Zoido-Lobaton（2000）。

衡量结果并没有减少（如果两者之间真有关联，即使控制人均收入这一变量，结果也可能是相反）。更多的监管伴随着较大规模的地下经济，且如果我们使用地下经济就业人数这一变量，该结果在统计意义上显著。观测监管更多的国家发现，市场竞争较不激烈，虽然该结果只在不控制收入因素时才在统计上显著。我们还使用了成本和时间作为自变量进行所有的回归分析，也取得了定性的相似结果。即使数据有些杂乱，也没有结果支持公共利益理论。①

表 4 的负面结果应当谨慎解释。首先，我们对公共物品的一些衡量，如意外中毒死亡，可能与贫穷国家更相关，特别是不太可能受富裕国家的准入监管制度的影响。据此，对于不同收入水平的国家分别进行分析可能会更为妥当。为此目的，我们依据人均收入的中位数将样本重新划分，并对每一个子样本再次重复表 4 中的回归分析。数据并不支持以下主张，即在较贫穷国家的子样本中，较严格的准入监管伴随着更好的社会效果和更多的竞争。

其次，表 4 中的结果还有一个更为深层的问题是，尽管我们已经控制了人均收入因素，在各国的样本里仍会存在未被观察到的、与监管相关的重要差异，且该差异会影响回归结果。例如，假设一些国家出现特别极端的市场失灵，但也特别缺乏其他替代的解决机制，例如媒体和法院。而监管可能比媒体或司法机构的腐败程度要低。在这样的国家里，一个为公共利益着想的监管者会选择使用更多的监管程序，因为其他应对市场失灵的方法更不可行，但是最终仍旧取得较差的效果。

虽然我们之后的研究结果使人们对这一担忧产生了怀疑，但是我们并不能完全排除这一担忧。我们使用詹科夫等人（Djankov、McLiesh、Nenova 和 Shleifer，2003）有关媒体自由的信息，重新进行表 4 中的回归分析，发现当对媒体自由和人均收入不同的指标取常数时，程序数仍然与较优的社会结果无关。我们还使用若干公民得到正义和司法效率的指标进行表 4 中的回归分析。我们再次发现，对这些指标以及人均收入取常数时，程序数如果确实相关，那就是较差的社会结果。

---

① 在使用上市交易的公司数据后，基于资产收益率来衡量，我们发现没有证据显示准入监管更严厉的国家拥有更多的盈利企业。但是，这些盈利能力的数字非常粗糙。我们还使用来自世界银行业务评价局的世界银行融资项目的回报来衡量盈利能力。这些数据也没有得出更多监管伴随着更高利润的证据。

表4 监管和社会结果的证据

因变量	程序数	GDP/POP1999 对数值	常数	R² / N
质量标准（ISO证书）	-0.2781ᵃ (0.0496)		0.7649ᵃ (0.1268)	0.3311 / 85
	-0.1595ᵃ (0.0443)	0.0771ᵃ (0.0131)	-0.1140 (0.1484)	0.5384 / 85
水污染	0.0127ᵇ (0.0084)		0.1557ᵃ (0.0174)	0.0247 / 76
	-0.0037 (0.0076)	-0.0131ᵃ (0.0027)	0.2984ᵃ (0.0314)	0.2310 / 76
意外中毒死亡	0.6588ᵃ (0.2057)		1.6357ᵃ (0.4381)	0.1179 / 57
	0.0637 (0.1958)	-0.4525ᵃ (0.0933)	6.8347ᵃ (1.0929)	0.4109 / 57
肠道感染死亡	2.3049ᵃ (0.3081)		-2.2697ᵃ (0.6778)	0.3451 / 61
	1.0501ᵃ (0.2971)	-0.8717ᵃ (0.1012)	7.8494ᵃ (1.3048)	0.6259 / 61
地下经济规模①	14.7553ᵃ (2.5698)		-3.7982 (5.2139)	0.2482 / 73
	6.4849ᵇ (2.5385)	-6.1908ᵃ (1.0834)	67.1030ᵃ (13.7059)	0.5187 / 73
地下经济就业人数	19.4438ᵃ (2.5756)		-4.1103 (5.9160)	0.3132 / 46
	13.8512ᵃ (-3.6056)	-4.4585ᵃ (1.3918)	41.5133ᵇ (17.6836)	0.4477 / 46
产品市场竞争	-0.4012ᵃ (0.1213)		5.7571ᵃ (0.2511)	0.1405 / (54)
	-0.1418 (0.1202)	0.2108ᵃ (0.0680)	3.3579ᵃ (0.7749)	0.3087 / 54

注：1. 本表给出了使用以下7个因变量的OLS回归分析结果，它们是：(1) 以ISO9000证书作为代理指标的质量标准；(2) 水污染；(3) 意外中毒死亡人数；(4) 肠道感染死亡人数；(5) 以GDP的百分比衡量的地下经济规模；(6) 地下经济的就业人数；以及 (7) 产品市场竞争。自变量是程序数的对数值和以美元计算的1999年人均GDP的对数值。表2具体描述了所有变量。稳健性的标准差在系数下方显示。

2. ①表示在控制人均GDP与地下经济收入之和（即人均GDP*(1+地下经济)）的对数值的条件下对地下经济的规模进行回归分析，而不是像本表其他的回归分析那样仅使用人均GDP。

3. a 在1%水平上显著；b 在5%水平上显著；c 在10%水平上显著。

收费站假设的直接含义是腐败的程度与准入监管的强度正相关。事实上，由于在我们的样本里，许多国家的政客们经营企业，准入监管导致了双重腐败收益，并且减少了与政客关联的在位企业的竞争。图3给出了在没有控制人均GDP的条件下，腐败和程序数的相关性。① 表5中的A组数据显示，与收费站理论一致，更多的监管伴生更严重的腐败。相关系数在统计上显著（无论是否控制收入因素），且从经济学角度看系数值足够大。系数估计表明，在控制人均GDP的情况下，如果将程序数减少10道将会导致腐败的标准差减少0.8，大致就是法国和意大利的差别。使用准入监管的成本和时间作为自变量的结果也在统计上显著，这进一步表明了支持收费站理论的证据的稳健性。

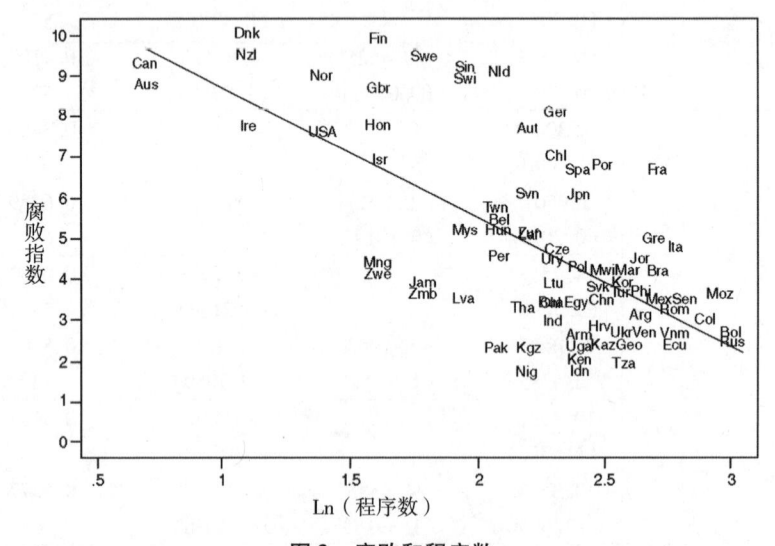

图3 腐败和程序数

注：本散点图给出了我们样本中有腐败数据的78个国家的程序数对数值以及相应的腐败指数。

调和表5的结果和公共利益理论的一个途径是，认为监管会带来意料外的结果。新兴市场仁慈的政客们带着美好的愿望模仿富裕国家的监管，往往落得腐败和其他执行失败的结果。这一理论和我们早前的研究结果，即贫穷国家事实上比富裕国家设置更多的监管并不完全吻合。这一理论进一步的含义是监管

---

① 我们也尝试了一些腐败的衡量方法，所有的方法都得出相似的结果。我们保证我们的结果不是基于作为衡量腐败的方法之一的"官样文章"。

表5　收费站理论的证据

A组：全样本的结果

自变量	(1)	(2)	(3)	(4)	(5)	(6)
手续数量	-3.1811a (0.2986)	-1.8654a (0.2131)				
时间			-1.7566a (0.1488)	-0.8854a (0.1377)		
成本					-1.2129a (0.1206)	-0.4978a (0.1285)
GDP/POP1999对数值		0.9966a (0.0864)		0.9765a (0.1014)		0.9960a (0.1118)
常数	11.8741a (0.7380)	1.1345 (0.9299)	11.0694a (0.5932)	0.0677 (1.1176)	2.7520a (0.2414)	-4.0893a (0.7867)
R^2	0.4656	0.8125	0.4387	0.7662	0.4256	0.7306
N	78	78	78	78	78	78

B组：人均GDP在世界中线之上和之下的国家的结果

	在中位数之上的国家 GDP/POP1999			在中位数之下的国家 GDP/POP1999		
自变量	(1)	(2)	(3)	(4)	(5)	(6)
手续数量	-1.8729a (0.2971)			-0.7841b (0.3304)		
时间		-0.8135a (0.1762)			-0.0923 (0.2850)	
成本			-0.5327a (0.1894)			-0.3408a (0.1021)
GDP/POP1999对数值	1.4811a (0.2265)	1.5871a (0.2789)	1.7621a (0.2913)	0.3993b (0.1735)	0.3680a (0.1802)	0.2117 (0.1718)
常数	-3.6970 (2.4628)	-5.9027 (2.9942)	-11.3736a (2.5773)	2.3246c (1.2849)	1.0098 (1.8813)	1.3125 (1.1136)
R^2	0.7820	0.7155	0.6728	0.2362	0.1324	0.2830
N	40	40	40	38	38	38

注：1. 本表给出了腐败作为因变量的OLS回归分析结果，自变量是：(1) 程序数的对数值；(2) 时间的对数值；(3) 成本的对数值；(4) 1999年以美元计算的人均GDP对数值。A组数据提供了可以获得腐败数据的78个观察对象的结果。B组数据分别给出了1999年人均GDP在样本中位数之上和在中位数之下的国家的子样本的结果。表2具体描述了所有变量。稳健性的标准差在系数下方显示。

2. a在1%水平上显著；b在5%水平上显著；c在10%水平上显著。

对贫穷国家的腐败有更大的影响。表5的B组数据通过分别检验准入监管和腐败在收入高于中位数国家和低于中位数国家的关系来验证这一假设。结果显示,在较富裕国家的子样本中,监管实际上对腐败有更强烈的影响。

有关意料外后果的说法的第二个版本是,一个仁慈的政府在筛除不合格新进入者时想要不加剧腐败是不可能的(Banerjee, 1997; Acemoglu 和 Verdier, 2000)。在那些市场失灵远处不在的国家,存在腐败的监管者也比没有监管者强。腐败可能是解决市场失灵问题需要支付的代价。接下来我们观察与实施监管的国家的政治特质有关的证据,以便理顺这些相互矛盾的监管理论。

5. 谁在监管市场准入?

在本节中,我们关注监管市场准入的国家的政治特质。这些特质与有关监管的各种假说紧密相连。根据公共利益理论,监管矫正了市场失灵。该理论的含义是,如果一个国家的政治体制能有效协调政策效果和社会偏好,对准入监管就更为严厉。在下文的经验分析中,我们将这些国家归类为更具代表性以及更受监督的政府。

根据公共选择理论,专制体制更可能被在位企业俘获,更可能设立追求贿赂和少数裙带关系的利润最大化的监管体系,而不是解决市场失灵问题(Olson, 1991; DeLong 和 Shleifer, 1993)。这样的专制者需要各种利益集团的政治支持,使用扭曲的政策讨好他们的朋友,打击他们的敌人。专制者的扭曲政策不会受到公共压力,因为他不用面临选举。当公众无力坚持自己的偏好时,我们可以预测到更多的扭曲政策。特别是,我们预计,更具代表性和更受监督的政府往往伴随着更宽松的准入监管。

有人可能辩称,与此相反,专制者应该追求有效率的经济政策,包括宽松的准入监管,只要他们政治上安全且能够对进入市场和经济成长的果实"征税"。奥尔森(Olson, 1991)、德龙和施莱弗(1993)曾经讨论过,虽然少数专制者在政治上安全且追求开明的政策,但大多数专制者并非如此。不安全的专制者尽可能地尽快从经济中搜刮,既为了延长他们的任期,也为了在当权时使自己和支持者更为富有。民主不见得能够拓宽政客们的视野,但的确限制了他们的机会主义。

我们就政治体制的多种特征收集数据,因为我们希望"良好政府"的含义更具弹性。只要可能，我们使用不同来源的变量检验我们的结果是否稳健。我们的政治变量划分为四个大组。第一大组包括行政人员事实上的独立性，以及约束行政人员限制的指标。第二大组包括立法效力指标以及对立法机关提名任命程序的竞争程度指标。第三组包括专制政体以及政治权利的指标。

我们关注的另一个变量是法律渊源。我们依据国家的商法渊源将样本国家划分为5大组：英国、法国、德国、斯堪的纳维亚以及社会主义。法律渊源被认为是政府干预经济的倾向以及保护本国产权的法律立场的代理指标。

政治变量之间的相关性见表6。政治变量在同一类别数据间相关性更强。例如，对行政人员权力的约束和行政人员事实上的独立性高度相关（0.9761），还和立法的效力高度相关（0.9078）。但是，我们报告的所有这三组变量的结果，每一组变量都有不同的来源。类似的，同一类别的变量倾向于相互间更相关。特别是民主往往与竞争和约束行政人员以及立法部门正相关。相反，法律渊源与其他政治变量的相关性不显著（例外的是社会主义法律渊源与民主和限制政府存在显著的相关性）。① 收入水平和民主、竞争、约束行政人员和立法部门都是正相关，但和法律渊源不是正相关。出现严重市场失灵的国家，政府更易滥用权力本身就限制了庇古模型的规范效用。

在表7里，我们给出了基于人均收入对数值以及每次从政治变量中选择其一作为常数进行的程序数回归分析的结果。在解读这些回归分析时，我们将对受限制和代议制的政府的广义政治指标作为准入监管的外因。当然，政治和监管的变量也可能同时都由若干更深层的历史因素决定。即便如此，了解它们之间的相互关系也非常有用。那些导致好政府的历史到底会带来更少还是更多的准入监管？控制发展水平非常关键（事实上，没有控制这一因素的回归结果更显著）。相比富裕国家，贫穷国家的市场失灵很可能更普遍更严重。此外，我们对好政府的衡量结果在富裕国家里一致较高。如果没有控制收入因素，我们的政治变量可能只是收入水平的代理指标。想象一下，例如，在贫穷国家，消费者更有可能受新进入市场销售劣质商品的坏企业的不利影响。在较贫穷的国家，庇古式的计划者需要更多工具来筛选加入者。

---

① 与这一调查结果一致，拉波塔等人（2004）发现普通法渊源与英国式的对自由的宪法保障，诸如司法独立和政府对法律负责相关。这对自由的宪法保障与经济自由强烈相关，但与政治自由的相关性没那么强。

表6 政治特质的相关性

	行政人员实际的独立性	行政权力的限制	立法机关的有效性	提名任命程序的竞争性	专制	政治权利	法国法律渊源
行政人员实际的独立性	1.0000						
行政权力的限制	0.9761[a]	1.0000					
立法机关的有效性	0.9210[a]	0.9078[a]	1.0000				
提名任命程序的竞争性	0.8243[a]	0.8069[a]	0.8484[a]	1.0000			
专制	−0.9085[a]	−0.8844[a]	−0.8514[a]	−0.7819[a]	1.0000		
政治权利	0.8440[a]	0.8448[a]	0.8485[a]	0.7191[a]	−0.8564[a]	1.0000	
法国法律渊源	−0.1814	−0.1814	−0.1901	−0.1985	−0.0258	0.0565	1.0000
社会主义法律渊源	−0.3321	−0.2927	0.3236	−0.3240	0.5475[a]	−0.4572[a]	−0.4169[a]
德国法律渊源	0.2101	0.2008	0.2023	0.1281	−0.1920	0.2444	−0.2141
斯堪的纳维亚法律渊源	0.3391	0.3274	0.3378	0.2522	−0.2978	0.3109	−0.1727
英国法律渊源	0.2259	0.1998	0.1462	0.2412	−0.2324	0.0778	−0.4874[a]
GDP/POP1999对数值	0.6900[a]	0.6703[a]	0.7483[a]	0.6123[a]	−0.6389[a]	0.7519[a]	−0.0767[b]
程序数的对数值	−0.5518[a]	−0.5234[a]	−0.5848[a]	−0.4435[b]	0.4662[a]	−0.4412[a]	0.4863[a]
时间的对数值	−0.5420[a]	−0.5204[a]	−0.5635[a]	−0.4360[b]	0.4770[a]	−0.4921[a]	0.3976[b]
成本的对数值	−0.5070[a]	−0.4937[a]	−0.5656[a]	−0.4177[b]	0.4075[b]	−0.4588[a]	0.3472
成本+时间的对数值	−0.5700[a]	−0.5478[a]	−0.6267[a]	−0.4745[a]	0.4713[a]	−0.5085[a]	0.3870[b]

注：a 在1%水平上显著性；b 在5%水平上显著性；c 在10%水平上显著性。

社会主义法律渊源	德国法律渊源	斯堪的纳维亚法律渊源	英国法律渊源	GDP/POP 1999 对数值	程序数的对数值	时间的对数值	成本的对数值	（成本+时间）的对数值
1.0000								
−0.1479	1.0000							
−0.1192	−0.0612	1.0000						
−0.3365	−0.1729	−0.0139	1.0000					
−0.1995	0.3409	0.3133	−0.0742	1.0000				
0.1538b	0.0030b	−0.3413b	−0.5069a	−0.4745a	1.0000			
0.1869	−0.0640	−0.2914	−0.4291b	−0.5014a	0.8263a	1.0000		
0.0319	−0.0727	−0.3007	−0.2172	−0.5953a	0.6354a	0.6147a	1.0000	
0.0851	−0.0933	−0.2786	−0.3094	−0.6244a	0.7434a	0.7793a	0.9605	1.0000

表7 监管和政治特质的证据

因变量	(1)	(2)	(3)	(4)	(5)	(6)	(7)
行政人员实际的独立性	−0.1249[a] (0.0322)						
行政权力的限制		−0.1048[a] (0.0352)					
立法机关的有效性			−0.3301[a] (0.0778)				
提名任命程序的竞争性				−0.2763b (0.0999)			
专制					0.0545b (0.0178)		
政治权利						−0.3470 (0.2185)	
法国法律渊源							0.7245[a] (0.0916)
社会主义法律渊源							0.4904[a] (0.1071)
德国法律渊源							0.7276[a] (0.1363)
斯堪的纳维亚法律渊源							−0.0085 (0.1733)
英国法律渊源							−0.1434[a] (0.0270)
GDP/POP1999 对数值	−0.0491 (0.0331)	−0.0634c (0.0352)	−0.0087 (0.0401)	−0.0902b (0.0358)	−0.0867[a] (0.0321)	−0.0939b (0.0386)	2.9492[a] (0.1955)
R²	3.1782[a] (0.2334)	3.2040[a] (0.2408)	2.8709[a] (0.2586)	3.3540[a] (0.2641)	2.7457[a] (0.2888)	3.1850[a] (0.2599)	0.6256
	0.3178	0.2872	0.3424	0.2475	0.2640	0.2350	
N	84	84	73	73	84	84	85

注：1. 本表给出了将程序数的对数值作为因变量进行回归分析的结果。我们使用表2中描述的不同政治指标和人均GDP的对数值进行了7次回归分析。稳健性的标准差在系数下方的圆括号内显示。

2. a 在1%水平上显著；b 在5%水平上显著；c 在10%水平上显著。

控制人均收入不变，使用衡量好政府的六个方法中的五个方法得出以下结果，受限制程度较高的代议制政府实施较少的准入监管，且统计上显著。① 这些结果显示，即使人均收入不变，更受限制的政府，更容忍竞争的政府以及人民政治权利更多的国家对市场准入的监管更宽松。图4给出了程序数与专制程度之间的关系，且表明监管在专制政体里不断增加。在诸如越南和莫桑比克此类专制国家里监管程度较高，而在诸如澳大利亚、加拿大、新西兰以及美国此类民主国家里，监管程度较低。

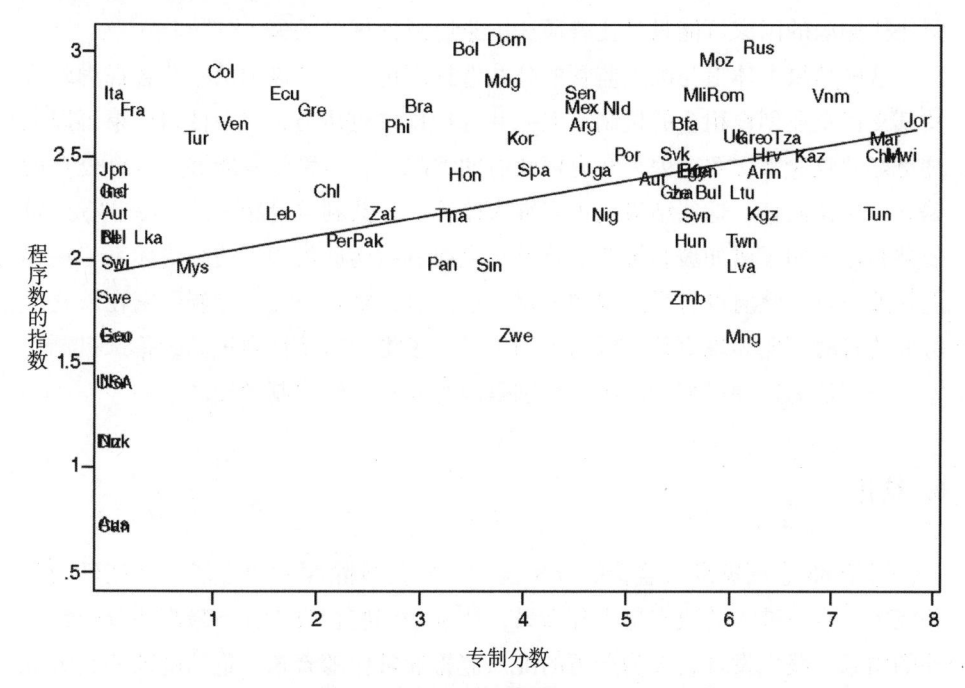

图4 程序数与专制程序的关系

注：本散点图显示在我们的样本中84个有专制分数数据的国家中程序数的对数值值相对于专制分数（更高的分数对应更专制）的关系。

加入人均GDP的对数值，容易对这些回归分析的结果产生显著影响。对于这一结果的解读并不明朗，既因为政治变量存在多重共线性，也因为因果关系的方向不清晰。根据公共选择理论，繁重的监管反映了来自企业家和/或消

---

① 当我们使用时间而不是程序数作为因变量时在所有6个回归分析中结果都显著。相反，当我们使用成本作为因变量时，在3个回归分析中结果不显著（立法机关的提名任命程序中的竞争性、专制和政治权利）。

费者的转移支付，这可能是扭曲的，而且和较低的收入相关。国家贫弱可能就是因为监管阻碍了新企业的成立。

控制人均收入不变，具有法国、德国以及社会主义法律渊源的国家比具有英国法律渊源的国家监管更多，而具有斯堪的纳维亚法律渊源的国家则与英国法律渊源国家基本一致。民法法系国家（斯堪的纳维亚国家除外）实施更严格的准入监管支持法律渊源是国家干预经济生活倾向的代理指标的观点。但是，要注意该证据本身并没有像民主因素的证据那样区分不同的理论：具有法国法律渊源的国家可能只是比普通法国家愿意处理市场失灵。

这些结果大体上与准入监管的公共选择理论一致，该理论将监管视为政客及其支持企业创设租金的机制。但公共选择理论也认为，这一抽租后果可以通过更好的政府来缓解，因为在有好政府的情况下，监管效果能够更符合公众的偏好。相比而言，这些结果更难和准入监管的公共利益论相一致，除非有人将公共利益等同于诸如玻利维亚、莫桑比克或者越南此类国家的政治体系，在那里腐败横行，政府没有受到限制，财产权没有保障。当然，专制国家在缺乏严厉的监管时可能表现更差，因为市场失灵规模更大以及社会控制的备选机制更差。我们认为这种可能性较小，特别是因为我们已经控制了发展水平。

6. 结论

对于85个国家准入监管的分析显示，即使排除腐败和官僚主义拖延的相关成本，企业准入的成本也十分高昂，特别是那些在收入分布最高四分位组以外的国家。我们发现，较为严厉的准入监管通常伴随着较严重的腐败和较大规模的地下经济，但却与更高质量的私人或公共物品无关。我们还发现较少监督、较低民主水平的国家以及较为奉行干预主义的政府对于企业准入监管更为严厉，即使控制经济发展水平这一变量，结果也是如此。

这一证据与有关监管的公共利益理论不符，却支持公共选择理论，特别是强调政客抽租的收费站理论（McChesney，1987；Shleifer和Vishny，1993）。民主程度较低的国家，准入监管较为严厉，且这一监管并没有取得可见的社会效益。主要的获益者好像是政客和官僚自身。

（于涛 译）

改革论坛

Reform Forum

土地制度改革是新型城镇化的突破口

陶 然

20世纪90年代中后期以来,伴随快速工业化,我国人口城镇化与空间城镇化都进入加速阶段。从人口城镇化来看,农村向城市迁移的流动人口每年超过1000万,人口城镇化率从2000年的36.2%增加到2011年的51.3%,但城镇人口中超过2亿农村户籍人口已在城镇工作、居住,但绝大部分未获得城镇户籍。

与此同时,我国的空间城镇化进程更为迅速。从2001年到2008年,全国城镇人口年增长率只有3.55%,而城市建成区面积高达6.2%,城市建设用地面积增加速度更高达7.4%,这表明城镇化过程中人口城镇化速度慢于空间城镇化速度,形成了所谓人口城镇化与空间城镇化失配现象。

不仅如此,我国城镇化过程中,绝大部分进入城镇的流动人口并没有实现完全城镇化。由于城市房价的快速上涨乃至泡沫化,使绝大部分流动人口无法支付城市住房,而当户籍改革也没有实质性突破的情况下,这些流动人口也不能享受与拥有城市户口者相同的城市公共服务,尤其是子女平等就学、高考的教育服务,结果是绝大部分流动人口家庭无非实现永久性迁移和完全城镇化,形成了所谓"半城镇化"现象。这种人口城镇化模式,不仅从保障作为国家公民的农民工基本权利角度看很不合理,而且也不利于为实现可持续发展而必须扩大内需的诉求。

今年以来，中央政府多次提出要推进城镇化，并提出了"人的城镇化"这一新思路。但在地方政府看来，基本上还是要继续沿着以往的路径来推进城镇化，这就意味着未来地方政府可以通过银行、信托等渠道去借更多钱来进行更多的基础设施、城市新区乃至开发区建设。而借着城镇化的东风，这些借债也有望通过未来房价持续上升以及未来中央放松地产调控政策后出让更多商、住用地去偿还。在我国目前的财政与土地体制下，地方政府有这样的投资冲动并不奇怪。但可以设想的一种可能性是，一旦地方政府无法继续借贷，而目前征过头税和预征未来税收等筹资手段也用尽后，将面临严重收支不平衡，将不得不迅速加大商、住用地供给来变现。这就会给本已脆弱、并因泡沫而过度供给的房地产市场一个未来价格下滑的预期，进而引起房地产抛售，最后导致地产泡沫的全面破裂。最坏的结果是，政府、银行和很多相关企业的资产负债表全面损害，引起整体性经济与金融危机。

因此，我们认为，中国未来城镇化在路径选择上必须寻求新的突破，而绝不能再走大建城市新区、工业开发区的老路，未来的城镇化必须从过度空间城镇化转向以农民工市民化为导向的人口城镇化。为此，需要推进两个方面的改革：户籍制度改革和土地制度改革。而土地制度改革是未来城镇化的突破口，首先，农民工市民化的关键还在土地制度改革，这是因为户籍制度改革的关键，不在于为流动人口大规模建设保障性住房，甚至也不在于中央给地方施加压力去降低入户条件，改革的要旨是赋予城市郊区的本地农民一定的土地开发权利，让他们能在符合城市规划和基础设施要求的前提下，合法地为外来流动人口盖出租房。而配套税收制度改革，比如，对以出租房为主容纳外来人口居住的城中村、城郊村地段，政府利用免费获得的公益事业用地建立公立学校，接受外来人口子女入学，而学校的日常运营费用，包括教师工资以及基本办公费用，则可以部分来自于对本地村民所建设出租屋抽取的出租收入所得税。其次，即使城市进一步扩张后不再按照传统方式征地，地方政府手中仍握有包括大量工业用地在内的存量城市土地，完全可以通过一些有效的政策措施来更集约化地利用存量土地，通过结构调整和用途转换在未来10年左右的过渡期持续获取土地出让金收益。其中的一个关键措施，就是通过工业用地和开发区重整后实现制造业用地更集约利用，同时腾出空余土地并逐年转化为商、住用地。这种措施不仅可以增加住宅用地供给、逐步化解现有城市房地产泡沫，而且可为地方政府在未来10年新动员数额可观的土地出让金收入和各类房地产开发相关税收，并用于地方建设融资和巨额存量债务偿还。最后，城镇化、工业化也必须与农业和农村现代化结合起来。实际上，农业，农村发展终究要靠工业化和城镇化的推进。一方面，以城镇化为内生动力的经济持续发展有助于政府积累财力，实现工业反哺农业；另一方面，只有大部分农民迁移定居城镇，将承包地和宅基地逐渐退出，才有条件逐步解决农地细碎化问题，实现农业适度规模经营，提升务农收入，在农村宅基地占地面积不再继续扩张的同时，提升农村道路、学校、医院、通信、排污、给排水等基础设施建设水平，这也需要稳定的土地供应来保障。而其中的关键是多元化生成建设用地指标，特别是农地整理新增耕地可以折抵部分建设用地指标，在此基础上推动地方政府与农民进行农地整理，并逐渐实现农地确权，实现城市与农村发展的统筹共进。

一、尽快推动以"公共服务"为核心的户籍制度改革

当前，政府部门和学术界逐步形成一个共识，就是中国的城镇化必须改变既往从农村向城市流动人口单身、临时性迁移的局面，实现人口完全城镇化，或者说农民工的市民化，而为此，政府必须开始推进户籍制度改革。

但从目前来看，户籍制度改革的一个关键问题，即改革主导和实施主体的问题，并没有得到有效解决。虽然中央提出要推进户籍改革，但改革主动权基本还是在地方，主要是市、县一级，结果是地方政府或有意误设改革对象，或无所作为，有些地方还以改革为名设定了过高入户门槛。

仔细观察我国近年来不少地方的户籍改革试验，本质上都是以给"城市户口"为名进行的"土地财政"行动。实际上，很多发达地区或城市郊区的农民，其土地本身就比较值钱，自己非农就业收入也不低，子女也可以在本地公立学校就学，获得城市户口对他们意义不大。地方政府之所以有积极性为这些人"解决"户口，无非是看中了他们的土地。另外一些户籍改革试点地区，其主要瞄准对象也主要还是来自本辖区范围内的农村流动人口，而对那些最需要城市户口与相关公共服务的跨区外来人口，地方政府则基本没有激励解决其入户问题，仍然把他们当成廉价劳动力。一些地方制定的"积分制"户籍改革，主要还是瞄准流动人口中的高端技术人员或有购房能力的人群，这就使得户籍改革不仅无法覆盖绝大部分来自外地农村、已在城

市长久工作和居住、但工作与收入介于中、低端的外来雇佣人口,而且无法覆盖大约占城市流动人口20%,在城市扎根最深、但没有社会保险的几乎所有城市自我雇佣者。

总体来看,若无来自中央的政策和压力,跨区户籍改革很难得到有效解决,而恰恰我国的人口迁移有相当比例是跨地区或跨省迁移,特别是从内地向沿海、从发达省份内较不发达区向更发达区的迁移,所以,把户籍改革的主动权交给地方,只会让改革效果大打折扣。郑州曾经进行的户改例子再清楚不过地表明,户籍制度改革不仅需要中央政府介入并在全国不同城市同时推动,以防止单个或少数城市行动而导致的人口剧增带来的公共资源困境,也需要地方政府有配套的财政资源来为流动人口提供相应的公共服务。

进一步来看,要切实推进户籍改革,本质上还是要解决与户口相关的公共服务提供问题。需要强调的是,随着我国就业市场化,与就业相关的各种社会保险也逐渐开始与城市户口脱钩,这就意味着户籍与就业相关的社会保险,即所谓的"五险一金"已开始脱钩。这些保险由作为雇主的企业和作为雇员的个人(单独或共同)缴纳的,因此劳动者所在就业单位如果为其雇员缴纳了社会保险,则不论该雇员是否具有本地的城市户口,都可享受这些保险。尤其是跨区养老保险接续政策出台后,这个问题更不成为问题。因此,那些提出户籍改革还必须为外来流动人口解决社会保险问题、否则就难以推进的说法,如果不是故意夸大户籍改革难度来作为延缓改革的借口,至少也是对户籍改革内涵的重大误解。

二、农民工市民化的关键是城中村与城郊村土地制度改革

当前,城市户口主要意味着那些由城市政府提供的、与城市户口相关的有排他性的三项公共服务,首先是以城市最低生活保障为主的社会救助(非社会保险)服务,其次是以经济适用房和廉租房实物或租金补贴为主的政府补贴性住房安排,最后是在城市公立学校平等就学权。

上述三项福利中,城市低保的成本较低,基本不构成户籍改革的障碍,而成本较高的主要是补贴性住房安排和子女平等就学权利。其中"保障性住房"成本最高。实际上,解决住房问题与实现子女城市公立学校平等就学

权，是流动人口举家迁移并实现市民化的两个基础条件，这是因为举家迁移不仅要求在城里找到符合其支付能力的家庭用住房，而且还要求孩子能够顺利就学升学，否则一家三口或四口就无法在城市里定居。如果城市房价高企，而保障性住房又不向外来人口提供，加上流动人口子女就学困难，以单身、临时性迁移为主体的人口流动模式自然难以避免。中国的农村女性流动人口，很多之所以在30多岁后选择回乡，就是因为子女无法在九年制义务阶段的城市公立学校顺利就学，更不用说在迁入地读高中和参加高考，所以不得不选择回去照顾孩子上学。很多男性劳动力在城市工作到40多岁后，也因城市定居与购房无望而不得不退出城市劳动力市场。反过来看，如果中国城市不因为土地制度扭曲而制造如此高的房价泡沫，也没有户口制度阻止流动人口子女在城市公立学校平等就学，那些在城市里打工的农村劳动力本来完全可以在城市一直工作到退休。这也就是为什么当前中国虽然城乡生产力差距在3倍以上、农村还存在不少剩余劳动力，但城市中低端劳动力工资却已开始迅速攀升的关键所在。从这个意义上讲，解决了流动人口的定居问题，农村剩余劳动力也就可以充分释放出来，并缓解目前城市劳动力市场紧缺的局面。

给农民工解决住房问题的一个思路是政府建设保障性住房，但未来一二十年内，各级政府是否有财力、意愿以及足够管理能力为4亿—4.5亿进城农民提供上亿套保障性住房，不容乐观。从目前的情况来看，虽然中央不断施加压力，大部分流动人口迁入地城市依然缺乏大规模建设保障性住房的积极性。其中的道理很简单，一旦大规模供地来进行保障性住房建设，地方政府不仅商住用地出让金收入会显著下降，而且还需要直接增加建房和维护支出。虽然短期内地方政府迫于中央压力会做出一些动作，但如果中央要求地方长期这样做，除非大规模增加转移支付，否则很容易出现所谓"中央请客，地方买单"的现象，保障性住房政策推行举步维艰，甚至难以实施。

在我们看来，户籍制度改革的关键，不在于为流动人口大规模建设保障性住房，甚至也不在于中央给地方施加压力去降低入户条件，而在于从中央层面开启有效的土地制度改革，全面降低农民工举家迁移并顺利在城市定居所需的成本。实际上，无论是农民工住房问题，还是子女教育问题，都可以通过有效的土地制度改革来实现，而改革的要旨，就是赋予城市郊区的本地农民一定的土地开发权利，让他们在符合城市规划和基础设施要求的前提下，合法地为外来流动人口盖出租房。

从经济学的角度来看，上述措施的本质，就是所谓的土地"增值溢价捕获"，即政府的公共投资和基础设施建设，是农地转非农地过程中增值的关键，因此，在这个帕累托改进中，政府可以与土地原权利人谈判，无偿征收部分土地用于基础设施和公用事业建设，从而捕获土地价值上涨中得益于公共投资的那一部分。其基本原理可通过以下例子说明：假设某城郊村有100亩土地，其中有200户原住村民，每户有一处宅基地。城市外扩时政府可直接与村民进行谈判，在明确开发增值前景与利益分配方式后，要求村民以无偿向政府缴纳部分土地（如50亩）的方式支持整个开发项目。在政府拿走的50亩土地中，30—35亩土地用作整个地段的基础设施建设，剩下15—20亩公开拍卖以支付基础设施费用。而作为原土地权利人的村民虽放弃了50亩土地，但却获得了剩余50亩、且已转为国有土地的相应开发权。由于基础设施改善及政府给予的一定容积率奖励，这50亩土地的开发价值会高于未改造前100亩土地的价值，那么村民就可以用自己集资或拿国有土地使用权证抵押贷款建设安置房和出租屋。

政府可以明确上述建设的住房在10—20年内只有有限产权，不可上市销售，只能用于出租，但超过10—20年年限后，则可以给予完全产权，允许房屋上市流转。一旦这种开发模式在流动人口集中的城中村、城郊村推广，城市出租房供给会大幅度增加，租金也可降到绝大部分流动人口可支付的水平。地方政府就无需大规模建设廉租房或公租房。10—20年之后，相当部分外来人口将有购买住房的经济能力，逐渐从租房者变为住房所有者。

上述改革措施，本质上是一种双轨制的渐进土地制度改革方案。之所以不得不对本地农民所盖住房施加10—20年内只能出租、不能出卖的限制，就是因为目前房地产市场的严重泡沫。如果不施加上述限制，村民就一定会倾向于盖商品房，不仅解决不了流动人口的居住问题，而且会马上对现有商品房市场造成巨大冲击，甚至直接引致泡沫崩盘。也正因为如此，地方政府、开发商乃至中央政府都不会支持这种改革。而上述双轨制改革方案，一方面因其不会对现有商品房市场造成巨大冲击，与此同时却又对市场释放一个炒作商品房没有前途的信号，从而对炒房者形成有效威慑。一旦形成这种威慑，政府就可以逐渐放松房地产市场限购、限价、限贷调控，让商品房市场的刚性需求在合理价格水平上得到满足，促进商品房市场的正常发展。

配套税收制度改革，上述土地改革方案还可有助于流动人口子女就学问题的解决。比如，对以出租房为主容纳外来人口居住的城中村、城郊村地段，政府可以考虑利用免费获得的部分用地建立公立学校，接受外来人口子女入学，这实际上也就解决了学校用地问题。而学校的日常运营费用，包括教师工资以及基本办公费用，则可部分来自对本地村民所建设出租屋抽取的出租收入所得税。在通过上述土地制度改革和相关财税体制改革有效解决了外来人口住房问题和子女教育问题后，户籍制度改革也就实现了实质性突破。比如，如果税率按房屋租金10%抽取，每平米年均租金100元，未来10年建设60亿—70亿平米出租房，年均出租面积可达到30亿—35亿平米，年均房租3000亿—3500亿元，相关所得税可以抽取300亿—350亿元，按照每个义务制教育阶段孩子每年2000元教育经费计算，至少可以解决1500万—1750万流动儿童的城市公立学院教育经费问题。考虑到我国流动和留守儿童数目巨大，中央和地方政府还需要支付一些学校建设费用以及更多学校运营经费。对于人口流入城市，中央政府除了施加压力要求办学之外，给予一些转移支付进行激励也非常必要。

三、以工业用地转商住作为新的土地出让金收入来源

仅仅采用上述改革措施，仍然很难说服地方政府支持上述改革。这是因为地方政府还有很多城市建设已经再建或将要进行，手上还有大量存量债务也要偿还。因此，短期内让地方政府不再继续征地，从而放弃土地出让金收入难度很大。虽然从长远看，我国地方税制改革的一个方向，是逐渐引入对城市存量房地产征收物业税替代土地出让金，但短期来看，物业税很难替代土地出让金收益。比如，物业税如果只对第二套（或一定面积）以上住房征收，由于城市里有二套以上住房的居民不超过20%，所征收物业税将非常有限，而要对包括第一套住房在内的所有城市存量房征收物业税，很难获得民众支持，因此目前也不具备全面开征条件。换句话说，要全面开展物业税，也必须在政府逐步完善公共财政体制，确保物业税征收合理、使用得当并取得百姓支持后才可能实现，很难一蹴而就。

那么还有什么方案可以推动地方政府支持改革呢？我们希望强调的是，即使城市进一步扩张后不再按照传统方式征地，地方政府手中仍握有包括大量工

业用地在内的存量城市土地，完全可以通过一些有效的政策措施来更集约化地利用存量土地，通过结构调整和用途转换在未来10年左右的过渡期持续获取土地出让金收益。其中的一个关键措施，就是通过工业用地和开发区重整后实现制造业用地更集约利用，同时腾出空余土地并逐年转化为商住用地。这种措施不仅可以增加住宅用地供给、逐步化解现有城市房地产泡沫，而且可为地方政府在未来10年新动员数额可观的土地出让金收入和各类房地产开发相关税收，并用于地方建设融资和巨额存量债务偿还。

实际上，由于各地杀价招商引资，我国绝大部分地区城市范围内的工业用地，尤其是工业园区与工业开发区用地效率非常低，据国土资源部的调查，即使在很多沿海经济发达地区，工业项目用地容积率也只有0.3—0.6，工业用地平均产出率非常低，只要政策合理，通过工业园区土地重划，平均容积率提高一倍以上完全可以做到。需要指出，这些工业用地已被征收，并且支付了全部或大部分征地成本，多是地方以低价出让的。利用很不集约，因此，完全可以考虑采取包括空地闲置税、规划调整、政府与厂商合作开发等各种手段，推动政府与原工业用地者重新谈判。比如，政府可以直接投资或引导投资者选择开发区的合适地段兴建多层厂房，让既有工业用地者实现无成本转移，这样既有工业区面积就可以大幅度缩小。然后，政府就可以运用规划手段，将节约土地分年转化为商住用地并收取出让金。从一些发达地区的情况来看，许多工业用地也在悄悄改变用途，以工业厂房名义实质行使办公及总部基地等用途。部分制造业企业也正在积极和政府沟通，试图盘活企业闲置存量用地，进行商业、住宅业开发。

在实际操作中，地方政府需和原土地权利人进行充分谈判，在分享收益的前提下实现上述用地结构调整。为此，中央则需要在关于商住用地必须招、拍、挂出让的政策上进行相应调整，允许地方政府与原土地权利人（那些已获低价工业用地的制造业投资者）之间建立一个合理的收益分配谈判机制。其中一种思路，是地方政府可能给原制造业企业留用一定比例商住用地后，再根据规划统一变更宗地性质后把政府所获得土地通过招、拍、挂等公开出让方式推向市场。另外一种思路，是地方政府考虑以一定溢价将闲置工业用地或者低效率利用的工业用地收回，再由土地储备中心统一收储，然后"招、拍、挂"出让。但上述两种方式，都无法从根本上改变地方政府作为城市单一商住用地供地主体，从而必然会限量少供商住用地，以最大化商住用地土地出让金的局面，而这恰恰是目前中国城市房地产泡沫形成的一个关键体制基础。即使考虑到房地产泡沫已经比较严重，短期内可以采取上述两个方法，但中期可以推动的改革，是只要符合地方基本城市规划要求，在政府修改规划用地性质的基础上，允许原工业用地厂商直接与商住用地开发商进行土地交易，政府通过累进土地增值税（或者补交商住用地出让金的方式）来获得相关土地改变用途所带来的土地增值收益。这种做法，在以前划拨用地入市的操作中早有经验，因此并不难推动。但这个改革的关键，是改变地方政府作为城市单一商住用地主体的局面，让它们从市场化交易中抽取增值税（也可称为补交商住用地出让金），从而切实改变地方政府的激励，只有这样，在城市中创造多个供地主体，才能扭转城市商住用地垄断"招、拍、挂"所带来的限量少供，房地产泡沫难以缓解的现象。

当然，要实现上述改革，中央政府首先要严禁开发区进一步扩张。只有这样，地方政府才会开始从存量用地集约利用这个方面去做文章，并制定分年度的整体土地利用结构调整方案。因此，上述用地结构调整的前提，就是地方政府不仅不能再像过去那样低价征地、然后以更低的价格出让工业用地去新建开发区，而且还要逐渐收缩既有开发区和工业用地规模，把中国工业用地比重过高、商住用地比重过低的局面逐步扭转过来。前文已经提到，中国目前的制造业全面产能过剩，存在开发区过度建设，工业用地占地比重过高的局面，中央必须下定决心全面叫停内地新一轮建设工业用地开发区的狂潮，严禁地方政府零地价、负地价招商引资，否则不仅会增加征地所导致的社会矛盾，还会把地方政府、国有银行，最后是中央政府进一步拖入巨额不良资产的陷阱而难以自拔。

调整工业用地结构给地方政府带来的财政收入潜力，不仅包括工业用地逐年转商住用地后获取的土地出让金收入，还包括这些土地释放入市后商住用房地产建设为地方产生的各种预算内税收。1997—2009年间，我国工业用地大约增加了2000万亩，如果这些新增工业园区平均容积率能够提高一倍，达到0.6—0.8的基本标准，就可以节约1000万亩用地，相当于每个县增加3000多亩用地（近3平方公里）。未来10年，按照每年转化为商住用地出让100万亩，即使以2008年平均每亩商住用地75万的较低价格，未来10年也可以筹措7.5万亿、每年至少7500亿的土地出让金纯收入，即使这个过程中让利给企业1/3，地方政府每年也可获得5000亿元左右的土地出让金或者土地增值税收入。此外，如果上述100万亩土地中1/3用于基础设施与公益事业用地，剩余2/3用于住宅开发，为66.7万亩，容积率1.5，每年还可以开发6亿—7亿平米住宅，每平米按照5000元单价计算，总产值大约3万亿—3.5万亿，新增增加值1.2万亿—1.5万亿，还可以新增各类房地产开发有关税收4200亿—5200亿。

综上所述，政府可以通过工业用地结构调整，获得大约每年接近1万亿的各类财税收入，基本可以补足地方政府当前土地出让金的纯收入。最关键的是，这个措施和前面提到的城郊村居民为外来农民工盖房子的改革措施结合起来，可以直接消化目前我国严重过剩的钢铁、建材等房地产相关行业的过剩产能，并有助于化解地方政府的巨额存量债务；这些措施不仅可以逐步消除城市房地产泡沫，让城市居民有更多非住房消费，还可促进流动人口举家迁移，让农村迁移家庭的男性、女性劳动年龄人口都能在城市持续供给劳动力，获得更高劳动收入，转换其消费模式；更多农村剩余劳动力释放还可以抑制城市中、低端劳动力工资过快上涨，流动人口子女实现城市公立学校就学，配合各省高考入学指标随就学儿童人数调整，也可以解决流动人口子女异地就学、升学的问题。因此，上述改革措施可以从多方面增加内需、促进经济增长，增加社会和谐，为未来长期建立以财产税为主体的地方公共财政体系赢得宝贵的转轨期。统筹推进农地整理与确权，以多元化机制生成建设用地指标，推进农业基础设施建设与规模化经营

从今后10年来看，我国城镇化过程中仍然需要增加建设用地，即使工业建设用地未来不需再大幅度扩张，甚至总体上看还应该有所收缩，但局部地区工业用地还会增加，更重要的是，既有2亿左右农村流动人口及其家庭成员入城定居，以及未来每年1000万左右城镇新增人口所需生活用地，以及相关城市公共交通，电力、通信、给排水等市政公用设施，学校、医院、文化设施、体育场所等公共服务设施水平还会进一步增加，这都需要持续、稳定的城镇建设用地投入作为基本保障。

四、统筹推进农地整理与确权，以多元化机制生成建设用地指标，推进农业基础设施建设与规模化经营

此外，中央政府也提出，城镇化、工业化也必须与农业和农村现代化结合

起来。实际上，农业，农村发展终究要靠工业化和城镇化的推进。一方面以城镇化为内生动力的经济持续发展有助于政府积累财力，实现工业反哺农业；另一方面只有大部分农民迁移定居城镇，将承包地和宅基地逐渐退出来，才有条件逐步解决农地细碎化问题，实现农业适度规模经营，提升务农收入，在农村宅基地占地面积不再继续扩张的同时，提升农村道路、学校、医院、通信、排污、给排水等基础设施建设水平，这也需要稳定的土地供应来保障。

在此背景下，我国耕地保护压力将仍然很大。必须转变土地利用方式，通过制度创新，积极探索节约、集约利用土地途径，充分挖掘存量建设用地潜力，在推进城镇化过程中一方面确保建设用地适当的持续供应，另一方面确保耕地总量不减少、质量不降低，土地利用效率明显提升。为此，首先要稳妥推进城乡建设用地增减挂钩政策，同时培育以"增减挂钩结余指标"为内容的跨区土地发展权交易市场。通过统筹规划管理，在充分尊重农民意愿的原则下，开展农村土地综合整治，不仅可以推进新型农村社区建设，促进农村农业现代化，还可以促进农村建设用地集约利用，复垦出大量的耕地。将这些复垦出的耕地，与土地利用总体规划允许建设区和有条件建设区范围内的耕地置换，就可以实现在不突破建设用地总规模、不减少耕地总量的前提下稳定土地供应。

目前我国建设用地总量已经超过4.7亿亩，其中城镇用地（城市加建制镇）0.5亿亩，独立工矿用地0.5亿亩，而村庄用地（不含独立于村庄之外的乡镇企业用地）就高达2.5亿亩，且呈逐年增加的态势，农村空闲住宅面积约占村庄建设用地总量的10%—15%，人均农村居民点用地达到229平方米，用地十分粗放。在充分尊重农民意愿的原则下稳妥推进城乡建设用地增减挂钩政策对推动城乡统筹发展，同步实现城镇化与农业、农村现代化有正面意义。

但也应该注意到，一些地方政府确实出现了为获得建设用地指标，以新农村建设为名而大拆大建，强制性推动农村居民集中居住的情况。无论是宅基地拆迁补偿水平，还是集中居住标准，补偿安置政策基本上是由地方政府部门主导制定，缺乏公共参与。一些地区在城镇边建设大规模的高密度公寓式农民居住小区，镇内几个被拆除村庄的原居民统一被安置到农民居住小区。对农民而言，尽管生活方便了，农业生产却可能受到很大影响。

由此可见，城乡建设用地增减挂钩政策也不能搞一刀切，应该在积极稳妥、因地制宜、充分尊重农民意愿的原则下推进，同时还应研究制定土地增值收益管理办法，明确土地增值收益的来源、形成和分配，确保增值收益全部返还农村，切实维护农民权益。更重要的，为鼓励农村建设用地利用相对粗放的经济相对欠发达地区，在充分尊重农民意愿前提下稳妥推进增减挂钩工作，平衡增减挂钩所需资金，维护项目区农民利益，政府应该在结果可控、有偿调剂收益反哺农村的原则下，通过试点，探索省内增减挂钩节余指标跨县有偿调剂政策，培育规范的土地发展权交易市场。

除了进一步完善城乡建设用地增减挂钩政策外，我们认为，积极推动农地整理，培育以"折抵指标"为内容的土地发展权交易市场，也是未来中国在解决城镇化过程中同时实现有效耕地保护与城市建设用地合理扩张的关键改革举措。

"城乡建设用地增减挂钩"措施的本质，是要在城市新增建设用地的同时，确保农村耕地数量不减少。但在中国农村，增加农村耕地数量的方法并不只有复垦农民的宅基地，实际上，还可能存在一个成本更低、效益更高的方法，就是进行"农地整理"，通过对农地，包括对田、水、路、林、村进行综合整治，归并零散地块等措施，强化农田水利基础设施来提高既有耕地质量的基础上，同时增加有效耕地面积。

如果中央允许地方政府对土地整理新增有效耕地面积按照一定比例折抵建设用地指标，那么地方政府就会有很大积极性利用新增建设用地指标的经费去全力推动农地整理工作，从而激发地方政府进行农地整理与农田水利基础设施建设的积极性，让中国的城镇化与耕地保护、城镇化与农业现代化真正结合起来。这里所谓的"折抵指标"是指经过土地整理新增有效耕地折抵建设用地指标（相对于前面城乡增减挂钩政策所产生的"复垦指标"，即建设用地复垦新增耕地置换建设用地指标）。实际上，1999年国务院颁布的《土地管理法实施条例》第18条规定："地方各级人民政府应当采取措施，按照土地利用总体规划推进土地整理。土地整理新增耕地面积的百分之六十可以用作折抵建设占用耕地的补偿指标。"但后来国土资源部的解释认定该条款中"土地整理新增耕地面积的百分之六十可以用作折抵建设占用耕地的补偿指标"的含义是土地整理新增耕地的百分之六十可以用来补充建设占用的耕地，也就是说用以耕地占补平衡。耕地占补平衡虽然也是一种指标，但其市场价值低于建设用地指标，因此，地方政府进行土地整理的积极性要小得多。实际上，如果理解上述政策是土地整理新增耕地可以用于补平衡，那么百分之六十的规定显然就是不合理的。按照现行法律法规和政策，垦造、复垦或者土地整理新增的耕地，只要质量达到要求，全部可以用于补充建设占用耕地。因此，这里理解为折抵建设占用耕地指标似乎具有合理性。实际上，既然土地整理可新增耕地，完全可以至少折抵部分建设用地指标，剩余部分用于占补平衡。

为解决建设用地指标不足及地方政府缺乏土地整理激励的问题，20世纪90年代末，在浙江省等地开始推行"土地整理新增耕地折抵建设占用耕地指标"政策，值得国土部门的重视。以浙江为例，在实行这个政策之前，地方政府对土地整理基本没有积极性。为推动农村土地整理工作，浙江省提出土地整理新增有效耕地的72%可以折抵建设用地指标。这一政策就同时解决了土地整理资金筹措和经济发达地区建设用地指标不足的问题。为鼓励农地整理资源丰富、但建设用地指标需求不大的县市推动农地整理工作，浙江省政府还出台了一系列政策，允许通过土地整理新增耕地折抵的建设用地指标进行跨县市有偿调剂，即推行土地发展权交易。从2000—2004年，浙江省通过土地整理，不仅改善了农业生产的条件，通过土地整理建成的1000多万亩超过基本农田质量的标准农田，而且新增了耕地。截至2004年底，浙江省通过土地整理新增耕地达182万亩，使用经核拨的折抵指标104万亩，占全部批准建设占用耕地179万亩的58%，大大缓解了建设用地计划指标严重不足的矛盾。同时通过土地整理实现了浙江省政府提出的建设1000万亩商品粮基地（标准农田）的目标。

较之宅基地复垦折抵建设用地指标的政策，我们认为，"农地整理新增耕地折抵建设用地指标"政策值得政府考虑并在完善的基础上作为未来多元化建设用地指标来源的主要方向。它有以下几个明显的优势：

首先，同样可以增加耕地，但农地整理成本往往显著低于宅基地复垦成本，避免社会资源无谓浪费。

其次，也是更重要的，农地整理可以有效地改善农业基础设施，同时提高存量和新增农地质量，更有利于实现耕地保质、保量的目标；实际上，在我国农村税费改革之后，地方政府由于无法从农业产出中收税，进行农田水利基础设施建设的积极性有所下降，很多地区因为水利灌溉设施"最后一公里"建设不到位，对农业生产造成不利影响。农地整理是农业基础设施建设和完善的关键措施，如果农地整理新增耕地可以折抵部分建设用地指标，地方政府进行农业基础设施建设的积极性将会被调动起来。中央政府目前要求地方政府必须从土地出让金收入中抽取10%进行农业基础设施建设，但地方政府并没有积极性去执行这个政策，一旦"农地整理新增耕地折抵建设用地指标"，上述政策的必要性自然下降。

最后，农地整理不仅不影响农民生活、生产，反而有助于农民增产、增收，不会带来农民集中居住可能带来的社会不稳定问题。

农地整理的投资主体短期、中期可以先限定为地方政府，如果允许农地整理新增耕地折抵一部分建设用地指标，有助于大大提高地方投资农地整理的积极性。当然，通过土地整理新增耕地并部分折抵建设用地指标，其缺点是新增耕地数量可能有水分。因此，如何通过规范验收程序和高科技手段确保新增耕地的真实性需要关注。但这类技术性问题还是有办法有效解决。无论如何，土地整理对农村、农业和农民是有益投资。

因此，我们认为，未来应该分阶段推动以农地整理为主体的土地发展权交易政策。在现行建设用地计划管理体制不大调的情况下，可以在稳妥推进"城镇建设用地增加和农村建设用地减少相挂钩"政策的情况下，同时允许通过农地整理来折抵建设用地指标。但这些措施可以分步进行。

第一步，在市县乃至省级行政范围内建立起农地整理折抵建设用地指标的政策。我们主张对各地推动和投资农地整理工作新增的耕地进行一定比例的建设用地指标折抵。当然，农地整理折抵建设用地指标政策可以比过去各地的政策更严格，并建立严格监督和验收机制，这将有助于地方加大对农田水利基础设施的投入，有利于农村、农业和农民。

第二步，在全国范围内建立以折抵指标为主体的土地交易市场。考虑到各地土地整理的潜力完全不同，未来应该总结和完善浙江、江苏、广东等地区在过去10年的政策和实践，制定全国性的政策，建立一个全国性的土地发展权交易市场平台。总体来说，恰恰是因为在资源丰富的欠发达地区用地需求少，既没积极性也没有足够的财力投资于农地整理，如果允许农地整理新增耕地折抵的建设用地指标跨省交易，不仅可以解决发达地区用地指标不足的问题，同时也向欠发达地区注入了大量的资金用于改善农业生产条件，提高农地质量。当然，中央可以将市场交易对象、交易量纳入计划管理，并对农地整理和指标交易加以严格的监督管理。

这里还需要专门讨论一下一个流行的主张宅基地指标异地换户籍的政策建议。我们明确反对这个建议，是因为从效率上来看，这个方案如果实施，会带来土地利用指标跨区配置效率低下。从原则上看，建设用地指标跨区交易，有利于提升土地利用效率，但这种指标交易应该是一个单独建立的市场，使得交易指标多个买方和多个卖方通过市场寻求均衡价格，只有这样做，才是最有效率的。而如果把它与户籍捆绑起来操作，只会降低建设用地指标交易市场运行的效率。举个例子，江苏、浙江农民去上海、南京打工，按照宅基地指标异地换户籍的方式就不得不复垦江苏、浙江农民宅基地来获得建设用地指标。但从经济效率上看，相对于江苏、浙江的宅基地复垦，一些以农业为主的地区，如安徽、黑龙江的宅基地，其占地面积往往要更大，而住房建筑面积更小、投资更少，每单位面积宅基地复垦的成本要远远低于江苏、浙江宅基地复垦的成本。如果建立一个单独的建设用地指标跨区交易，上海、南京就一定会去安徽、黑龙江购买宅基地复垦指标，而不会去江苏、浙江买。换句话说，从社会最优角度来看，拆迁江苏和浙江的宅基地复垦并置换用地不是一个好的选择，而宅基地指标异地换户籍则会锁定这种不好的选择。进一步讲，由于人口迁移和土地利用不是线性关系，那些特大城市土地利用集约度更高，人口吸纳能力也更强，却未必需要与吸纳人口同比例的土地，这样宅基地换户籍很难实现供求均衡。如果无法实现均衡，这种方案就会存在很大问题。事实上，所谓"宅基地指标换户籍"，就我们观察了解到的试点看来，恰恰是仅在重庆、浙江等地小范围区域内的置换，难以解决"异地进城"的问题——因为其首先需要一个跨区的发展权交易市场作为制度前提，而我们的逻辑是，一旦跨区的土地发展权交易市场（建设用地指标市场）建立之后，人口流动所带来的土地利用跨区调整问题就可以很好地解决；而搭配前面所提到的本地农民给外来农民工盖出租房来解决户籍改革中最困难的住房问题之后，这两个市场已足够解决"异地进城"的问题，并不需要再将"宅基地权利"与"户籍"两者挂钩——从可行性上来说，这两件事情可以分别用两套机制应对；从必要性上来说，将这两者挂在一起反而会带来侵害农民财产权利的风险。

这里还要特别讨论一下农地整理与农地确权登记的问题。2013年中央一号文件提出，要用5年时间完成农村土地承包经营权的确权登记颁证工作。农村土地产权改革的第一个内容就是确权。确权不仅确保集体所有制归属，而且要确保农户，不是确立一种资源的权利，而是确立农村所有资源，包括山林、耕地、建设用地、宅基地和所有土地资源和房屋的权利。

一般而言，农地确权赋予了农民对于作为生产资料的土地的更完整的财产权，有利于提高农民利用土地的积极性，有利于土地利用效率。但在中国，要在未来较短的时间内全面完成农地确权，仍然存在以下三个关键的问题。

首先是农地确权是为了未来农地的流转，不仅包括转租，更应该包括买卖，如果不能有效推进转租和买卖，进行确权的收益就会非常有限，而确权本身的成本并不低。但就目前来看，政府似乎没有将农地私有化的意愿，那么在这个情况下，过快确权可能从成本收益上看并不划算。

其次，是在农地确权的过程中，到底按照什么标准确权，以及高速城镇化过程中人口大规模流动情况下应该给谁确权的问题。这是因为目前中国农村土地仍然是集体所有，而在农村社区内，由村庄内部不同家庭之间人口相对变动而带来的土地调整压力一直存在。尽管最近10多年以来中央一直强调要稳定农地承包权，但这种压力也并不会因中央强调农地承包权稳定的政策而消除。这就使农地承包制度处在两难的境地：要想稳定地权、鼓励对农地长期投资，提高农地利用效率，就要尽可能减少甚至避免调整土地；但在农村人口相对变动的情况下，农民对地权平等的要求必然带来土地调整的压力。我们的研究发现，在中央大力推行稳定农地承包权的大环境下，二轮承包后各地发生土地大调整和小调整的次数显著下降，但一些地方依然在进行土地调整，其中又以小调整为主。我们的研究还发现，仍有超过60%的被访者，特别是二轮承包以来家庭人口增加的被访者以及以非农业收入为主的被访者，不太认同农地承包权长久不变的政策，认为应该按人口变动进行土地调整。总体来看，如果在未来5年内按照现有的农地分配状况全面完成确权，很容易带来相当部分农民的反对。更重要的是中国目前有接近2亿的农村人口向城市迁移，相当比例的是长途、经常性迁移。考虑到未来中国要进行的户籍制度改革，如果这些外出人口中的绝大部分将在城市定居，那么他们就不仅从就业方面，也从安居方面彻底脱离了农村，将不再被算作农民。那么如何处理这些人留在农村的土地问题，是否应该直接给他们确权，就是一个需要仔细考虑的重大问题。毕竟，绝大部分农村外出打工者的收入，要远远高于留在农村的务农者，而后者恰恰是因为农地规模过小，农业基础设施与现代化水平不高而收入低下。如果也一视同仁地为前者确权，那么农村留驻人群要扩大经营规模也必然支付更多成本。

最后，在未来5年内全面实现农地确权还面临一个直接确权后无法解决中国农地细碎化，从而为未来实现规模经营，提高农田水利基础设施质量和农业生产力制造麻烦的问题。中国农地利用的一个最基本特征是农户经营土地规模小，农户拥有的地块数量多，并且每块土地的面积都很小，前者可称之为土地规模经营问题，后者则称之为土地细碎化问题。这里的农地细碎化，就是一个农户经营一块以上的农田，这些田块分布在居住地周围，相互不连接，但在一定合理的距离之内。受人为或自然条件的影响，这些农地难以成片集中和规模经营，土地利用往往呈插花、分散、无序的状态。

中国人多地少的现实与家庭联产承包责任制下的土地均分，使得中国农户家庭经营的农场规模偏小。此外，出于对公平的诉求，土地分配时还需要兼顾土地肥力与地块位置的差异，实行好坏搭配、远近搭配，这就导致了农地的细碎化，块均农地面积狭小，并且互相插花。1984年的调查显示，农户家庭经营农地面积平均为0.56公顷，包含9.7块土地，块均土地面积仅为0.06公顷。据更新的调查，2003年我国农户家庭平均土地经营规模为7.517亩，户均有土地块数5.722块，平均每块大小为1.314亩；其中，东部地区由于人地比例较高，农户家庭平均土地经营规模为4.438亩，户均有土地块数3.850块，平均每块大小仅有1.153亩（农业部农村固定观察点办公室，2003）。此外，由于农村人口的持续增长、城镇化的迅速发展以及为了土地使用权的平均化，"大调整"和"小调整"手段的持续实施必定将进一步加深农业用地细碎化的程度。在土地细碎化情况下，确权也很容易细碎化。这种方式的确权，不仅会增加确权本身的成本，而且会使未来土地整合的成本大大上升，农业耕作规模经济无法实现，农田水利设施建设困难，这就导致了"反公地悲剧"。

以上所讨论的三个原因，使得我们必须避免在土地确权问题做一个"早做早主动，晚做晚主动，不做就永远被动"的判断，而必须在实际操作中，进行充分准备，创造必要前提，有步骤地开展。我们认为，既然解决农地细碎化的一个关键措施是农地整理，既然农地整理在进行科学规划设计的基础上，通过土地权属调整有利于实现田成方、路成框、树成行、沟成网的新型农业生产布局，那么土地整理就是改变土地细碎化，建设标准高产农田，推动农业规模经营和基础设施改善，并最终提高农业生产力的一个最有效手段。因此，在农地整理基础上再进行确权，就更有利于农业生产的发展和农民利益的实现。而正如前面所指出的，如果农地整理新增耕地可以折抵部分建设用地指标，那么通过这种创新方法生成建设用地指标的土地发展权转移机制，就可以很快调动地方政府乃至农民本身进行农地整理的积极性。而因此所产生的建设用地指标收入，完全可以部分用于农地整理，部分用于农地确权，甚至还可以部分用于村集体按照一定的评估规则购买那些到城市打工并定居的外出人口在农村遗留的农地，再无偿分给那些留在农村的人口。由于上述建设用地指标所产生收入本质上来自于城镇化过程中城郊农地转化为非农用地的土地增值，上述措施本身就有效地实现了土地涨价在更大范围内的归公，实现了城镇化与农业现代化，城镇化与农村发展、农业规模经营的同步推进。

以体制机制创新推进金融改革

焦津洪

党的十八大提出,要深化金融体制改革,加快发展多层次资本市场,稳步推进利率、汇率市场化改革,逐步实现资本项目可兑换,完善金融监管,维护金融稳定。应该说,目前金融改革的总体方向和目标都已逐步明晰,亟待解决的是桥或船的问题,即方式、路径、时机等策略选择,以及如何重点突破、面临哪些突出矛盾等实际层面的问题。解决这些问题的关键是要在体制机制改革上解放思想,大胆探索。

一、改革的推进方式

纵观我国过去三十多年的经济体制改革历程,一条重要的成功经验就是采取了科学合理的推进方式:

一是试点改革,即选择特定的区域先试点,再总结经验逐步推广,以点带面,从局部到整体,发展与稳定兼顾,循序渐进地推进改革。如设立"经济特区"、"农村土地承包责任制"改革等。二是增量式改革,即对新增资源、新开辟领域实行全新方式运作的改革,减少对原有体制和利益格局的直接冲

---

* 作者为对外经济贸易大学兼职教授。本文仅代表作者本人的观点,不代表所任职机构的观点。

击，以最大限度地降低改革带来的震荡。如"价格双轨制"改革等。三是边缘突破式改革，即在一些边缘化的领域先行突破，再由边缘向核心渗透，由易于突破的外围到需要攻坚的内核逐步深入、不断推进。如"乡镇企业"改革等。

这些改革推进方式，遵循了正确的改革哲学理念，较好地协调和平衡了各种利益关系和经济关系，避免了社会矛盾和经济运行中矛盾的激化，维持了稳定的社会政治秩序和经济秩序，从而降低了改革成本，提高了改革收益，实现了改革、发展、稳定相协调。金融体制改革是当前经济体制改革最为迫切的内容之一，是转变经济增长方式、优化经济发展结构的关键环节，牵涉全局且涉及巨大的利益调整，同样也需要借鉴过去的成功经验，采取渐进、增量和边缘突破的方式稳步加以推进。

二、改革的策略

一是知行合一，重在行动。当前对金融体制改革的利弊都有比较清楚的认识分析，但缺乏具体的制度、配套措施以及实施执行，因此金融改革的重点应放在行动和实践上，要抓住机遇，果断推进，深化落实。

二是上下互动，重在基层实践。金融体制改革既要有顶层设计，又要有基层实践创新，当前在总体方向和框架已逐步清晰的情况下，改革重点应是在顶层设计的统一指导下，选择特定的地区和领域大胆进行试点、积极开展试验，"在探索中'排雷'和清除'荆棘'"。

三是软硬兼修，重在体制机制建设。金融发展的关键不在硬件，而在监管体制、法治、社会诚信、人才等软件问题。一个国家或地区金融市场能否得到发展，根本在于能否提供比其他地方更为优质、便利和低成本的公共服务，以及包括公正司法、有效监管等在内的良好金融生态环境。从上海、北京等金融中心建设的情况看，软环境滞后是最突出的短板，与纽约、伦敦、香港等国际金融中心相比仍有较大的差距，急需加以完善。

三、改革的突破口：明确监管机构的法律地位

政府职能转变不到位，体制机制不完善，特别是金融监管机构定位不清是

当前制约金融市场充分发挥作用和进一步扩大对外开放的主要障碍。金融监管机构的法律定位不清，导致其授权依据、职责范围、预算管理、人才引进以及与司法机关的关系等方面常常无法理顺，出现各种冲突或矛盾，一方面行政审批过多，限制了市场的活力和企业发展；另一方面执法力量不足，一些领域市场秩序混乱，损害社会公众利益的违法行为泛滥。

准确认清金融监管部门的定位是加强和改进监管的前提。监管部门不应是市场交易的当事人和调控者，而应当是提供公平正义、维护市场秩序的相对中立和公正的监管者和执法者。因此，金融体制改革的关键并不在于监管机构的分与合，而在于重新厘清监管机构的法律定位，理顺政府监管与市场的关系，并以此为突破口，构建一个符合金融发展规律和趋势的现代金融监管体制。一方面，增强金融监管的独立性、专业性和权威性，理顺金融监管与立法、行政、司法的关系，明确金融监管机构是不同于普通行政部门的、拥有一定"准立法权"和"准司法权"且相对独立的法定机构，保证它能够依法公平、公正地履行监管职责，排除各种短期、不当的干扰，高效、专业地严格执法，从而维护市场秩序和稳定，增强市场信心。另一方面，坚持市场化的改革方向，取消过多的行政审批职责和权力，减少对市场的干预，提高市场创新的活力，更大程度发挥市场机制的作用。

四、改革需要解决的主要矛盾

（一）扩大开放与风险管控的矛盾

只有开放，才能更好地发展。在当前国内产能过剩、需求不足的情况下，迫切需要企业"走出去"，迫切需要为"走出去"的企业提供有力的金融支持。通过进一步扩大金融业对外开放，提升整体金融服务水平及核心竞争力，是金融体制改革的既定方向。但扩大对外开放将会使我国金融业暴露在国际金融体系的动荡中，外部金融风险将会更迅速、更直接地对我国的金融安全形成冲击。如人民币资本项目的开放，可能带来资本大规模流入流出，国内市场遭受游资和热钱冲击的风险加大；跨境金融交易将更加频繁，跨境金融风险传染的可能性增加；外资金融机构进入国内市场后，会给国内金融机构带来一定的竞争压力。因此，进一步扩大金融业对外开放，必须同时加强金融监管，在有效解决风险管控问题、有能力防范国际资本流动可能带来的系统性金融风险的前提下，稳步进行。

（二）分业监管与交叉混业经营的矛盾

随着经济的发展、金融交易技术的进步和金融产品的创新，我国金融领域内各行业间的界线日益模糊，交叉经营、混业经营、跨境经营潮流势不可当，大型金融集团和跨国金融企业不断涌现，越来越多的金融机构突破了传统业务领域，银行业、证券业与保险业的相互渗透越来越普遍。面对金融业混业经营趋势，国内现行的金融体制机制受到挑战。

一是现行金融体制过分强调流动性和安全性而忽视了效率。监管制度的隔离使得对金融机构的政策限制较多，监管成本高，整体金融效率偏低。二是缺乏有效的监管协调机制，不仅可能造成重复监管、监管缺位和监管套利并存，制约监管效率的提高，而且使金融监管由于缺乏统一的信息基础，难以把握金融体系的整体风险，极易导致系统性风险的形成和累积。三是目前国内监管金融控股公司的有关法律法规仅限于规范集团公司的内部关联交易，而对其他方面的问题缺乏明确的法律准则约束，也极易导致系统性风险的形成和累积。随着混业经营的规模和范围的扩大，还可能强化金融机构"大而不倒"的预期，引发道德风险，增加监管难度。

（三）中央与地方之间金融监管协调的矛盾

当前的金融管理体制，以中央垂直管理体系为主，地方政府承担地方中小金融机构和准金融机构的管理及风险处置职责为辅。这种体制存在着一定的矛盾。一方面，中央监管部门受到监管目标、监管资源的制约，难以顾及和保护地方各类金融市场主体的创新活力和利益，因而不能有效支持地方金融机构服务地方微观实体经济，特别是小微企业的金融需求。另一方面，国家对金融业垂直统一的监管要求与地方金融业发展差异巨大因而需要差异性监管之间，存在较大冲突，而地方监管部门在资源、专业等方面能力有限，难以对地方金融活动实施有效管理，容易造成地方金融监管真空和监管过度，产生监管套利的机会，不利于金融资源的有效配置和合理流动，甚至形成区域性风险，引发社会动荡。

（四）金融创新与投资者权益保护的矛盾

在金融发展和深化的过程中，金融机构创新的动力越来越强烈，部分金融机构急于进入创新业务领域、推出创新产品，但对风险缺乏足够的管控，对投资者适当性和权益保护关注不够。金融机构通过金融创新降低经营成本、攫取更多利润的冲动与投资者不够成熟、自我保护意识不足的矛盾比较突出。另一方面，我国有关金融消费者和投资者特别是中小投资者保护的立法、司法严重滞后，也缺乏系统、有效的金融监管和保护机制。这些都制约了金融创新的健康发展。

五、改革的具体建议

（一）建立适应金融业综合化经营趋势的功能监管机制

从成熟市场经济国家金融监管体制改革的趋势来看，多数国家正逐步从传统的分业监管体制向审慎监管和行为监管分开的"双峰式"功能监管或目标监管模式转变。在目前，我国分业监管体系和以金融机构为中心的监管模式整体转向功能监管、统一监管具有一定的难度和风险。深圳作为金融业较为发达的经济特区，辖区市场主体高度多元化且创新活跃，随着前海金融改革开放的推进，综合经营、跨境经营活动逐渐增加，监管体制机制与国际接轨的需求更为迫切。因此，在现有监管体制的基本框架下，在深圳前海开展金融市场功能监管改革试点，根据功能监管理念调整监管职责分工和业务整合，并将宏观审慎监管和投资者保护等重要监管目标融入监管架构设计中，可以为下一步全国金融监管体制改革、扩大金融市场开放探索路径，摸索经验。

（二）建立系统性风险监测预警机制

目前，我国对系统性风险的防范与应对主要是通过形势通报、监管会谈、动态调整相关监管指标等方式。与系统性风险的复杂性相比，仍明显欠缺综合防范与系统应对的经验和工具。在已有监管实践的基础上，建立全面的、机制性的系统性金融风险早期预警和防范干预体系越来越迫切。针对未来深圳前海外资多、跨境业务多、境外金融机构混业经营多等特点,借鉴国际标准和国外成熟市场的经验做法,可以探索建立对国际热钱和跨境资金流动监测预警体系,控制跨境业务和混业经营风险。加强对系统重要性机构及创新业务、创新产品的风险监测和动态预警,建立跨行业、跨部门、跨地区的集中统一的市场信息系统,提升市场信息采集的及时性和准确性,提高对系统性、区域性风险的防范能力。

(三) 建立健全金融消费者、投资者权益保护机制

完备的投资者保护制度是发达金融体系的共同特征,也是构成一国金融体系国际竞争力的重要因素。研究国外金融市场的有效经验、总结国内成功做法,制定系统的、有针对性的投资者保护制度,把投资者保护嵌入全程监管的各个环节。一是从当前市场实际出发,从金融纠纷着手,探索建立多元化的投资纠纷快速解决机制和损害赔偿机制,设置专门的投资者保护机构,以调解、仲裁相结合的方式对涉及合同纠纷的投诉进行分流处理,帮助中小投资者便捷、有效地解决纠纷;二是加强事后司法保护,建立一套与国际惯例接轨的金融民事诉讼和赔偿责任制度,以严格的法定责任和程序确保投资者权益的救济和维护。

(四) 探索建立新型金融执法体制

一是研究推进金融市场执法体制改革,推动设立综合性的专业金融执法队伍,联合打击违法违规活动,确保执法有效性和标准统一。二是在金融行政执法中引入司法或准司法元素,特别是通过法官参与行政执法审裁机制,可以将法官职业具有的独立性、专业性、权威性等特点和优势融入证券执法工作,有利于确保执法的专业性、权威性和公信力,从而加强和保障证券行政执法的公正和效率。三是研究设立统一的金融监管行政执法审裁机构,负责银行业、证券业和保险业有关违法行为行政执法的审裁工作,从而将"查审分离"机制和"法官参与"机制融入金融监管执法体系,实现更高层面、更大范围的执法资源的整合,为全面提高金融监管执法的公正、效率和效果提供体制机制保

障,并探索建立金融专门法庭。

(五) 建立金融监管合作与协调机制

针对当前金融业"交叉、混业、跨境"的经营趋势,在现行金融监管体制下,可以从三个方面完善金融监管合作与协调机制。

一是加强"一行三会"之间的跨部门监管合作。建立监管合作长效机制,加强重大监管政策的沟通协调、跨行业业务的日常监管协作以及现场检查沟通协作,共同防范和化解金融风险,合作开展投资者和金融消费者权益保护。例如,可以借鉴境外经验,在深圳前海探索建立金融监管协调委员会,负责统筹协调各金融监管部门在前海所设分支机构的监管工作。二是完善金融监管部门及地方政府的监管协作和联动机制。在以"一行三会"的专业金融监管的基础上,引导地方金融管理创新,对于"一行三会"难以覆盖的领域,承担起监管和风险处置的职责,构建条块结合的管理协调机制,实现金融发展与金融风险防范责任的协调统一。三是加强与国际金融监管机构和发达国家金融监管部门的沟通协作及信息共享。积极参与国际金融体系及监管规则的重建,努力争取国际金融"话语权",将有利于我国国家利益、有利于我国金融市场发展的意见建议反映在新的国际金融规则中。

(六) 建立金融高端人才的引进和培养机制

在全球化的趋势下,各国的资本市场和金融服务业的竞争最终表现为金融人才的竞争。华尔街和伦敦作为世界金融中心,一直吸引着全世界最优秀的金融人才,成为其持续发展的重要动力。相比之下目前我国的金融专业人才,特别是具有国际化视野的金融高端人才匮乏的情况仍比较严重,难以满足金融业深化改革和扩大对外开放的需要。应当坚持引进、利用和培养并重,加大对金融人才特别是高端人才的培育机制建设。

一是充分利用当前全球金融人才再配置的有利时机,大力吸引海外优秀人才。近年来,受国际金融危机的影响,欧美金融机构对金融人才的需求减少,而亚洲地区金融业快速发展对金融人才的需求日益旺盛。应当抓住有利时机,进一步完善人才引进机制,优化金融人才发展环境,努力做到国际金融人才进得来、留得住、用得好。二是在《内地与香港关于建立更紧密经贸关系安排》（CEPA）、《海峡两岸经济合作框架协议》（ECFA）框架下，适当放宽香港、台湾金融从业人员准入，允许其经过内地法律法规培训后，即可自动获得相应的从业资质，并可以在深圳前海等金融改革试点区域执业。三是充分调动社会资源，积极鼓励金融机构加大国际金融人才培训，支持引进民营资本和海外资金创办民办和中外合资教育培训机构，尤其是要通过加强与国际金融教育培训组织的合作、加强与国际金融机构的培训合作、扩大引进国际金融职业资格认证考试体系、举办国际性金融研讨会等多种形式，提升国际金融人才的能力和水平。

（七）创新社会信用管理体制机制

我国目前信用信息资源主要由三部分构成，一是分散在政府各相关部门内的信用信息资源；二是中国人民银行分别于2002年和2005年实现全国联网运行的企业与个人征信系统；三是工商登记年检系统。由于这三大信息源来自三个不同的系统，并且是建立在自身业务范围基础之上的，缺乏统一标准，具有局限性。同时，三大信息源只对内交流，相互屏蔽，缺乏互通交换、资源共享。这种分散、不完整的信用管理体制，影响了企业信用的评估质量，制约了企业获取银行贷款及社会融资的能力，也影响了金融监管的有效性。

在深圳前海等地区开展企业信用机制创新具有有利条件。一方面，前海引进来的机构基本都是新设的，既有境内的，也有来自境外的，背景比较复杂，需要建立企业的基础性诚信档案。另一方面，前海作为金融对外开放试验示范区，有条件借鉴境外成熟经验，从头开始构建一种全新的信用管理体制。深圳前海可以制定专门的社会信用管理办法，设立独立的机构负责整合工商、税务、公检法、金融（含银行、证券、保险等）、教育、劳保、海关、环保、人事、统计、供电供水等信息源，从企业进驻前海开始就按上述信息源建立一个统一完整的信用档案，根据企业发展情况定期更新，并对公众开放，接受社会监督。同时，应当建立失信惩罚机制，对信用好的企业在政策上予以倾斜，对信用差的企业给予重点关注，督促其加强诚信，对严重背信、损害消费者和投资者合法权益的机构或个人依法采取市场禁入等措施。

深化改革,建设投融资并重的资本市场

刘克崮　王　瑛　李敏波

一、我国资本市场成就巨大

自1990年沪深证券交易所分别设立以来,特别是2004年国务院发布《关于推进资本市场改革开放和稳定发展的若干意见》(即"国九条")后,我国资本市场改革不断深化,基础性制度建设得到加强,陆续推出了创业板、新三板等重要市场层次,初步构建了风险处置和防范的体制机制,为服务国企改革脱困、推进建设现代企业制度、优化资源配置、促进经济结构调整和实体经济发展做出了重要贡献,取得了令人瞩目的成就。

(一)市场规模居世界前列

从股票市场看,截至2012年6月底,沪深两市上市公司2444家,总市值22.6万亿元,股票总市值仅次于美国和日本,全球排名第三。从债券市场看,市场托管量23万亿元,公司信用类债券余额也位居世界第三。从期货市场看,除原油外,国际市场主要商品期货品种基本都已在我国上市交易,金融期货也开始起步,市场规模在世界名列前茅。

（二）促进金融体系现代化

资本市场的建立，拓宽了储蓄转化为投资的渠道，改善我国长期以来单纯依靠银行体系的融资格局，推动金融业向现代金融体系的转变。截至2012年6月底，股市累计筹资4.7万亿元左右，最近4年公司信用类债券年均新发1.57万亿元，为实体经济提供了大量资金。资本市场的发展，增强了金融体系的弹性，维护了金融体系的整体安全。

（三）市场体系逐步完善

经过多年努力，覆盖股权和债权的多层次资本市场初步形成。截至2012年6月底，沪深市场主板、中小板、创业板上市公司分别为1429家、683家和332家，在区域性股权转让市场和产权交易市场挂牌的企业数千家。交易所和银行间市场合计的债券存量，国债7万亿元，金融债10万亿元，公司信用债近6万亿元。股权基金、产业投资基金近年也迅速发展，据估计目前各类创投资金超过1万亿元。

（四）金融业态不断丰富

资本市场催生了上市公司、证券公司等经营机构，推动了投资银行、资产管理等职业的兴起，促进了会计师事务所、律师事务所等中介组织的发展。形成了以证券投资基金为主，包括社保基金、保险基金、企业年金、一般法人投资者等在内的多元化机构投资者队伍。同时也使居民的投资品种由单纯的储蓄扩展到股票、债券、基金等多种理财工具。

二、当前我国资本市场存在的突出问题

与国外成熟市场的自我演进不同，我国资本市场脱胎于计划经济，建立于经济体制转轨初期，既引入了市场经济的要素，又有浓厚的行政色彩。尽管发展迅速、成绩明显，但总体上市场仍十分年轻，体制不顺、运行不畅，还存在一些制度机制性问题。

（一）重融资、轻回报

我国股票市场设立的初衷，是为国有企业改革脱困服务。当时，国有企业改革在经历了"拨改贷"和"债转股"之后，迫切需要开辟新的融资渠道，股票市场应运而生。因此，市场初期以融资功能为重心有其历史客观性。但在经历了20多年的发展后，我国资本市场仍然偏重融资功能，忽视市场投资功能，对投资者的收益考虑不够，一直未洗脱"圈钱市"的恶名，这严重损害市场的健康、持续发展。

首先，上市公司分红少。据公开可得统计数据分析，1991—2011年间上市公司共募集资金4.34万亿元，非发起人股东现金分红仅0.43万亿元（另向发起人股东分红0.8万亿元），现金回报率仅为9.9%，而同期经过加权平均后的储蓄收益率为47.2%，投资者现金分红收益仅为储蓄收益的五分之一。从国际比较看，我国股票市场的现金分红也远低于世界其他市场。2010年，沪深300指数样本股现金分红率（反映上市公司分红水平）为30.5%，同期美国、英国、法国、日本、中国香港分别为60.0%、44.1%、57.6%、73.0%和37.3%；2001—2010年中国上市公司平均股息率（反映投资回报水平）为1.5%，同期美国、德国资本市场的股息率分别为1.9%和2.6%。还应看到的是，上述时期正是中国经济高速增长的时期，其间上市的公司均为行业佼佼者，增长水平远高于同期世界其他主要市场上市公司平均盈利增长。

其次，市场交易成本高。1991—2011年的21年间，投资者共缴纳各项税费0.78万亿元，其中政府收取印花税0.69万亿元、交易所收取经手费0.07万亿元、政府收取的证券监管费0.02万亿元，此外，证券公司收取交易佣金0.53万亿元，投资者共支付的交易成本合计1.31万亿元，是同期非发起人股东获得现金分红0.43万亿元的3倍。

第三，投资者短期炒作频繁。长期以来，我国股票市场的换手率较高，个别年份甚至达到1400%，而成熟市场通常为100%，频繁交易进一步增加了税费等成本支出。从表面看，这有我国投资者中散户多，专业知识欠缺、不够成熟等原因，但更深层次的问题在于，由于在新股发行环节实行严格的实质性审核，一方面公司上市成本高、周期长，另一方面对参与的中介机构缺乏市场化约束机制和事后惩罚机制，新股询价过程中"人情报价"等问题盛行，导致新股发行"三高"普遍存在。高市盈率挤出了二级市场股票价格上涨空间，引导投资者追求通过炒作博取短差。

上市公司分红少、市场交易成本高，加上频繁换手，导致整体投资回报水平低，投资者普遍亏损严重。据统计测算，2010年初到2011年底股市自然人账户累计浮亏约1.8万亿元，2011年度自然人投资者人均浮亏约2.5万元。

（二）资本市场与实体经济不匹配

一是市场层次与实体经济层次结构不匹配。截至2012年6月底，沪深市场主板、中小板、创业板上市公司分别为1429家、683家和332家，"新三板"122家，地方股权交易市场尚未纳入资本市场体系，资本市场结构层次为"倒金字塔"形，与我国实体经济体系中1200多万家小微企业、数十万家中型企业、数万家大型企业形成的"正金字塔"结构呈反向匹配（见图1）。

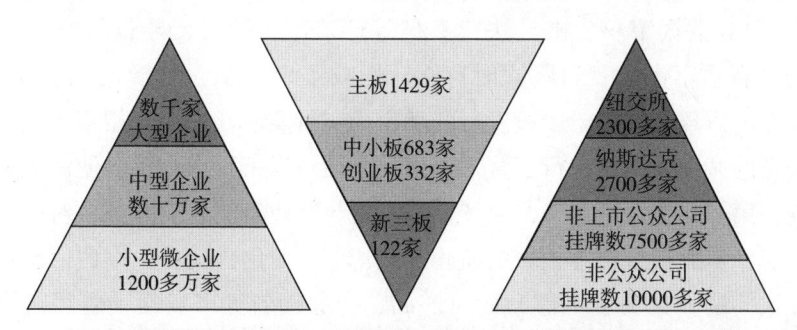

图1 我国资本市场层次与我国企业层次及美国资本市场层次比较
（截至2012年6月底）

注：1 新三板是指中关村科技园区非上市股份有限公司进入代办股份转让系统进行股权转让，是场外市场试点。2 图表中的数据根据相关公开资料整理获得。

二是上市公司覆盖面不足。目前，基本符合上市条件的企业有1万多家，上市公司占比不足20%。在上市公司中，无论是主板、中小板还是创业板市场，实际主要都是大中型、成熟企业，对小微企业和成长型企业几乎没有覆盖。

三是股票债券比例失衡。在成熟市场，大型企业信用较高，大多通过债券进行融资，但我国的公司信用债市场发展相对不足。截至2011年底，我国公司类信用债的余额不到股票市值的四分之一。此外，债券市场结构亦不合理，仍以国债、金融债、政策性银行发的债为主，信用债市场份额低、品种少，资产证券化产品发展不足。

资本市场层次结构、品种与实体经济需求的不匹配，直接融资支持不足，加之间接融资结构不合理，广大中小企业，特别是大量创新型、成长型的小微企业融资难、融资贵问题仍十分突出。

（三）重行政审批，轻市场监管

我国资本市场建立以来，在推进改革和制度建设方面，取得了明显进展，但健全高效的市场运行机制尚未建立，行政与市场边界不够清晰，存在重行政审批、轻市场监管现象。

首先，在新股发行环节，由于实行严格的实质性审核，公司上市周期长、成本高，且监管层在审核过程中存在寻租可能，加之一些中介机构"利字当先"，在财务数据审核、出具法律意见等环节诚信缺失，导致新股发行"三高"与"优质不优价"问题同时存在，影响了市场配置资源的功能和效率。其次，在退市环节，由于新股发行和上市均实行实质性审核，相当于监管层对上市公司的诚信和质量进行了背书，因此往往对退市顾虑重重，使优胜劣汰无法实现。第三，在管理环节，市场监管不足与行政管制过度并存，对投资者权益保护、私募股权基金等领域的监管仍较薄弱，对内幕交易、虚假信息披露等严重违法问题查处力度不够，而对产品、业务创新等市场活动管得过严。同时，交易所、行业协会等约束和监督会员的功能发挥也不充分。

（四）市场主体总体不成熟

一是部分上市公司法制观念淡薄，治理结构不完善，回报股东意识差。二是证券公司、会计师事务所等机构大多专业水平不高，尚未形成信誉度高、有实力的领军机构，与国际一流机构在资产规模、综合竞争力等方面差距明显。我国企业大量参与海外并购重组，但很少有国内中介机构能为其提供服务。三是投资者结构很不合理，行为短期化。我国股市投资者构成是自然人约8000万、一般企业投资人40余万、专业投资机构数百家。其中，散户投机性强、交易频繁，机构也具有散户特征，加剧了市场波动。

三、统一认识、坚定信念

（一）深刻认识资本市场的重要作用

资本市场既是企业融通资金的场所，也是实现资源优化配置和分散金融体系风险的重要场所。当今主要发达国家之所以拥有强大的综合国力，除了经济、科技、军事实力强，成熟的资本市场也是十分重要的因素。一个更为现实的案例是，美国作为本次国际金融危机的发源地和风暴中心，因其有发达的资本市场，充分分散了风险，因而较为迅速地走出危机，欧洲诸国资本市场不如美国发达，过于倚重商业银行体系，危机中损失惨重，加之主权债务危机的叠加影响，至今仍在危机中挣扎。

党的十八大提出"深化金融体制改革，健全促进宏观经济稳定、支持实体经济发展的现代金融体系，加快发展多层次资本市场"、"完善金融监管，推进金融创新，提高银行、证券、保险行业竞争力，维护金融稳定"的要求。国家"十二五"规划部署了"显著提高直接融资比重"、"深化股票发行体制改革"、"积极发展债券市场"、"推进期货和金融衍生品市场发展"、"加强市场基础性制度建设"等具体任务。方向已经明确，因此，各方应凝聚共识，坚定信念，毫不动摇地继续深化改革，努力建设一个投资和融资功能健全、体系结构合理、运行机制完善、国际竞争力较强、为实体经济提供全方位服务的成熟资本市场。

（二）股票市场的价值源泉是上市公司产生的利润

在股票市场，上市公司利用投资者的资金进行扩大再生产，并将所获利润的一部分回馈投资者，这是其基本经济关系。股票上市融资拿走了真金白银，如果上市公司都是"铁公鸡"，不分红的话，股票就丧失了价值源泉。如果把投资者看作一个整体，股票二级市场本身不创造价值，二级市场的交易本质上是一个"零和博弈"，一方投资者的盈利对应的是另一方投资者的亏损，如果考虑交易成本，股票二级市场的交易则是"负和博弈"。实际上，整体投资者对应的是整体实体经济，我们建立资本市场的初衷也是将社会闲散资金转化为生产资本，为实体经济发展服务，同时让投资者分享企业发展成果。如果股票市场重融资、轻投资的局面得不到根本性改变，只顾帮企业得到钱，政府、中介收取税费，却长期忽略投资者回报，多数投资者醒悟后会逐步撤出市场。最近有分析称，2009年至2012年4年间，沪深两市新入市投资者规模连年下降，并呈加速下降趋势。一个成熟的股票市场应该是一个融资、投资双重并重、相得益彰的市场。

（三）充分的信息披露是资本市场的基石

监管者作为公开市场的看门人，确保信息的真实、准确、及时披露是应尽之责。而目前，一个仍有较大分歧的问题是，监管者是否需要对股票发行进行实质性审核。我国资本市场建立初期，由于各方面条件不具备，监管者担负着发展市场和监管市场的双重职责，甚至发展市场的职责更重一些。因此，当时对新股发行进行实质性审核是必要的。但随着市场不断发展，上述两种职责间的内在冲突逐步加剧，对新股发行进行实质性审核的弊端也日益凸显。

首先，监管层要在短期内对大量拟上市企业进行判断，其准确性无法保证，尤其是要基于历史数据评判企业持续盈利能力，这在不断变化的市场条件下基本是一个未知数。同时，实质性审核容易诱导粉饰报表、过度包装甚至公然造假上市。我国股票市场上，新上市公司次年财务大变脸、财务造假上市等案例比比皆是。前有银广夏、蓝田股份，后有万福生科等。近期的绿大地造假上市案尤为典型，云南绿大地生物公司在招股说明书中虚增营业收入2.96亿元，一次性募集资金3.46亿元，财务造假一条龙，骗过了层层审核。可见，实质性审核并没有起到替投资者把好入口关的作用。

其次，实质性审核在本质上是政府对发行人诚信和质量的背书，即使政府背负过多责任，容易"引火烧身"，又在很大程度上"挤出"了投资者自我约束和维权行为，不利于投资者形成风险自担的意识。

对此，我们还可以从成熟市场的发展经验中找到答案。早在1911年，美国堪萨斯州议会通过了授权当局对新股上市进行实质性审核的法案。接着美国多个州通过了类似法案，被统称为"蓝天法案"，意即不能卖给投资者一片蓝天，蕴含着对上市发行进行实质性审核的意思。但随后在1929年的股市大崩盘中发现，即使州政府进行实质性审核，依然欺诈横行。因此，在大萧条后的1933年，美国联邦政府出台的《证券法》将立法理念定位为，建立以信息披露为核心的证券监管体系，奉行美国最高法院大法官布兰代斯的"阳光是最好的杀毒剂，路灯是最好的警察"理念。

实践证明，以信息披露为核心，辅以严厉的监管机制，是行之有效的制度安排。在新股发行改革中弱化行政审批，强化市场监管，维护市场"三公"，让发行人对自己的信息披露负责，让会计师事务所、律师事务所和券商对自己的诚信负责，让投资者为自己的投资决策负责，以此培养成熟的市场主体，维护市场信用基础，提振投资者信心。

四、完善我国资本市场的政策建议

近期来，证券监管部门针对新股发行价格过高、上市公司现金分红少、二级市场交易成本高等问题，采取了一系列措施，取得了一定的效果。但客观来看，资本市场一些深层次问题，沉疴已久，甚至有的如新股发行的发审制已经以法律形式固化下来。因此，继续深化改革是解决资本市场深层次问题的根本出路。

（一）强化市场投资功能刻不容缓

一是提高上市公司分红水平。上市公司分红属于公司自主事项，但如果上市公司对分红水平进行承诺后就构成契约行为。近期监管部门已在鼓励上市公司加大现金分红力度，下一步应加强对上市公司分红的监督，制定体现落实分红承诺情况的差异化再融资政策，并定期对上市公司分红情况进行排队公示。依托交易所和证券公司，教育引导投资者关注上市公司生产经营状况、盈利能力和分红水平，建立非发起人股东发表意见的有效渠道，对上市公司履行分红承诺构成有效的市场约束。

二是全面降低市场交易成本。2012年以来，监管部门已大幅下调了交易经手费，由于我国股票市场交易规模大，下一步继续降低证券监管费率和交易经手费率还有空间；证券公司、会所、律所也应降低服务费率及交易佣金率。同时，进一步调低股票交易印花税率，从整体上减轻投资者负担。

三是改革税收制度，抑制投机炒作、鼓励长期投资。最近，财税部门出台了对股票分红所得按照持股期限实行差别税率的政策，应坚持方向，在实践中进一步完善。在此基础上，恢复征收股票交易个人所得税，也按照持股期限实行差异化税率政策，即对短期持股股票转让收入适用较高税率，对长期持股（一般为1年以上）股票转让所得实行较低税率，并给予弱小投资户一定额度的税基扣除。

（二）构建与实体经济相适应的多层次、多品种资本市场体系

一是继续加强沪深交易所市场建设。办好沪深交易所主板市场，扩大覆盖面和规模，提升对大中型企业的服务能力和效率；深化创业板建设，支持创新型、成长型企业发展。

二是积极探索发展多层次股权柜台交易市场。统筹发展全国性和区域性股权柜台交易市场，主要为中小企业、非上市公众公司和非公众公司提供服务。

三是稳步扩大债券市场规模，完善债券发行管理体制，统一准入和监管标准，建设规范统一的债券市场；发挥市场主体创新能动性，推动符合市场需求的融资、交易工具创新，进一步发展有助于商业银行释放资本的资产证券化产品。

（三）完善市场运行机制

一是加快新股发行由核准制向注册制转换的步伐。目前的发行体制改革仅着眼新股发行价格，未触及新股发行问题的根本，下一步应加快市场化改革步伐，以信息披露为核心，强化市场约束，实现由核准制向注册制转换；改革退市机制，完善退市标准并严格执行，畅通退市渠道；按照宽进严退的原则，建立不同层次板块之间梯次双向的转板机制。

二是建立科学有效的市场运行和监督机制。资本市场对上市公司行为的约束应以信息的真实性、完整性和及时性为核心，相应形成监管机构、交易所、证券公司、会计师事务所、律师事务所、评级机构和上市公司各类主体职责清晰、互相衔接的纵向链条机制。1. 监管机构制定规则并对执行情况进行监督，维护市场"三公"；发挥地方政府对中央监管和市场约束的辅助和补充作用。

2. 交易所加强对会员和上市公司的管理，保证信息披露的及时和市场交易有序顺畅。3. 证券公司要承担保荐责任，推动配合发行人建立对会计师事务所、律师事务所等中介机构的遴选机制，实行扶优限劣，加强自身诚信建设，提升综合实力。4. 会计师事务所、律师事务所等中介机构要将审核企业基础信息作为关键，为提高市场信息质量奠定基础。此外，可借鉴国际上对公众公司会计审计事务加强监管的新举措，研究设立专门的公众公司会计审计监管机构的可行性。5. 上市公司要进一步增强法治观念，确保源头信息真实、完整；国有企业在上市公司中占有突出位置，要区分对上市公司的市场监管行为和对国有控股上市公司国有股东的产权管理行为，明确上市公司必须遵守资本市场相关规则。6. 上市公司协会、证券业协会、会计师协会等自律组织要发挥贴近市场的优势抓好行业自律，促进优胜劣汰，推动市场诚信文化建设。

三是加强证券法制建设，充实证券执法力量，强化调查手段，提高证券犯罪侦查工作专业水平，加强监管机构与司法机关的协调配合，尽快出台资本市场侵权民事责任追究司法解释，逐步建立金融法庭等专业诉讼机构，探索引入行政执法和解、集体诉讼赔偿等机制，提高执法效力。

（四）加强市场主体建设

一是促进上市公司不断完善法人治理结构，提升盈利能力，增强回报投资者意识，自觉遵守信息披露的义务。

二是在风险可控的前提下，适当放松对证券期货经营机构产品、业务等创新活动的管制；发展壮大各类中介机构，打造一批有国际竞争力的证券公司、会计师事务所、律师事务所和信用评级机构。

三是理顺证监会和交易所的关系，充实交易所的行业自律监管权责，保证其有效履行市场组织者和一线监管者的职责。

四是大力发展机构投资者，改善投资者结构。打破行业与市场界限，调整准入门槛，壮大机构投资者队伍，提高专业水平和服务能力，同时为部分社会养老保险资金、住房公积金等大额资金长期入市创造条件。

五是推进投资者适当性管理，明确以证券公司等为责任主体，对投资者分层分类，并在推出新业务时实施，切实提高投资者保护水平。

图书在版编目（CIP）数据

比较. 第 68 辑 / 吴敬琏主编. —北京：中信出版社，2013.10
ISBN 978-7-5086-4242-0

I. ①比… II. ①吴… III. ①比较经济学 IV. ① F064.2

中国版本图书馆 CIP 数据核字 (2013) 第 222294 号

比较·第六十八辑

主　　编：吴敬琏
策　划　者：《比较》编辑室
出　版　者：中信出版股份有限公司
经　销　者：中信出版股份有限公司＋财新传媒有限公司
承　印　者：北京华联印刷有限公司
开　　本：787mm×1092mm1/16　　印　张：14.75　字　数：200千字
版　　次：2013 年 10 月第 1 版　　印　次：2013 年 10 月第 1 次印刷
书　　号：ISBN 978-7-5086-4242-0/F·3016
定　　价：28.00 元

版权所有·侵权必究

凡购买本社图书，如有缺页、倒页、脱页，由发行公司负责退换。　服务热线：400-696-0110
http://www.caixin.com　　　　　　　　　　　　　　　　　　　010-58103380
E-mail: service@caixin.com

比较
Comparative Studies

以比较传递理念、思想和智识

- 《比较》是由著名经济学家吴敬琏主编的经济学前沿出版物。
- 以直面问题为导向，集结国内外学者和政策制定者的缜密思考，体现中国经济体制变迁的现实脉动。是理论界和政策界进行思想交流的平台。
- 《比较》发表的文章已连续获得三届中国经济学最高奖项——孙冶方经济科学奖。

第十三届 白重恩、谢长泰、钱颖一，"中国的资本回报率"，《比较》第28辑。

第十四届 张晓朴，"外资进入对中国银行业的影响"，《比较》第38辑。

第十五届 楼继伟，"中国需要继续深化改革的六项制度"，《比较》第57辑。

编委名单：

白重恩 崔之元 高世楫 郭树清 焦津洪 李剑阁
林毅夫 刘 鹤 楼继伟 卢 迈 钱颖一 荣敬本
王则柯 吴敬琏 吴晓灵 谢 平 许成钢 张春霖
赵人伟 周小川

财新传媒 Caixin media

订阅热线：400-696-0110
客服传真：010-85905190
订阅网站：http://service.caixin.cn
客服邮箱：circ@caixin.com

读 者 问 卷

非常感谢您对《比较》的支持，为了帮助我们提高工作质量，更好地满足您的需求，请您花一些时间填写本问卷，我们深表谢意！

姓　　名：_____　电　话：_____　E-mail：_____
工作单位：_____　部　门：_____
通讯地址：_____　邮　编：_____

1. 包括本辑在内，您已经阅读了_____辑《比较》。
2. 在过去两年中，《比较》发表的哪些文章最让您感兴趣？
_____
_____

3. 《比较》吸引您阅读的主要原因是什么？
_____
_____

4. 您对哪些栏目比较关注？以及其他意见：
_____

5. 您对《比较译丛》中的哪些著作最感兴趣？
_____

6. 您平时最喜欢看的经济学与财经类出版物依次是：
1) _____　2) _____　3) _____　4) _____

7. 您通常阅读《比较》的方式是：
□参考卷首语的介绍阅读　□自己选读有关的文章　□几乎全部阅读　□_____

8. 您在哪些地方购买或发现《比较》？
□图书馆　□书店　□书报亭　□赠阅　□朋友推荐　□单位订阅　□_____

9. 您最希望采用的购买方式是：
□书店零售　□网上购买　□分期邮购　□长期预订　□_____

10. 您所从事的职业是：
□研究人员　□教师　□媒体工作者　□政府职员　□专业技术人士
□在校学生（您的专业是□经济学　□政治学　□法学　□社会学　□_____）
□其他_____

11. 您所在单位的类型是：
□学校　□政府职能部门　□政府研究部门　□民间研究机构
□国有企业　□民营企业　□三资企业　□_____

12. 您的学历背景是：
□大专及以下　□本科　□硕士　□博士及以上

凡在2014年1月31日（以邮戳为准）前认真详细填写此表并寄回的读者，将有机会获赠下辑《比较》一本。

读者调查表请寄：北京市朝阳区西大望路1号温特莱中心A座16层《比较》编辑室收
邮政编码：100026
电话：010—85905281
传真：010—85905288
E-mail: bijiao@citicpub.com